Natural Language Processing with
PyTorch

파이토치로 배우는 자연어 처리

| 표지 설명 |

표지 그림은 대만의 고산지대 침엽수림에 사는 노랑허리상모솔새flamecrest (학명: Regulus goodfellowi)입니다. 대만의 토종 조류 중 가장 작은 새입니다. 목소리, 겉모습, 습관을 봤을 때 아시아 본토에 사는 비슷한 종의 새들과 가장 밀접하게 연관됩니다. goodfellowi란 이름은 처음 이 새를 기록한 영국 야생동물 수집가이자 조류학자인 월터 굿펠로우Walter Goodfellow에서 따왔습니다.

노랑허리상모솔새는 효율적인 식충 동물입니다. 비록 길이가 3~5인치에 불과하고 무게가 1/4온스 밖에 나가지 않지만, 나뭇가지를 이동하면서 작은 곤충들을 사냥하고 일정한 움직임을 유지하면서 나무 사이를 날아다닙니다.

노랑허리상모솔새는 머리 위에 검은 줄무늬가 있고 머리 꼭대기는 귤색입니다. 눈 주위는 흰색이고 옆은 노란색이며 날개는 올리브색입니다. 수컷은 주황색 깃털 부분이 더 큽니다. 영토나 번식 때문에 흥분하면 깃털이 (새의 영어 이름처럼) 불꽃색 다발이 됩니다. 노랑허리상모솔새는 멀리 이동하지 않고 일 년 내내 대만에 거주하며 계절에 따라 산의 고도를 옮깁니다. 거주하는 산이 외딴곳이기 때문에 번식 습관이 잘 알려져 있지 않고 여전히 연구 대상입니다.

노랑허리상모솔새는 대만의 고산 지역에 흔해서 멸종 위기에 처한 종으로 간주하지 않습니다. 하지만 국한된 지역에만 서식하기 때문에 법으로 보호받습니다. 산간 보호지역(대만의 국립공원만 약 3,000 제곱마일에 달함)은 노랑허리상모솔새와 같은 새뿐만 아니라 트래커와 등산객에게도 유익합니다.

오라일리 표지의 동물들은 대부분 멸종위기종입니다. 이 동물들은 모두 우리에게 중요합니다. 이들을 돕고 싶다면 animals.oreilly.com을 방문해주세요. 표지는 『British Birds』 잡지의 흑백 그림을 바탕으로 캐런 몽고메리Karen Montgomery가 그렸습니다.

파이토치로 배우는 자연어 처리

딥러닝을 이용한 자연어 처리 애플리케이션 구축

초판 1쇄 발행 2021년 6월 1일
초판 2쇄 발행 2022년 10월 28일

지은이 델립 라오, 브라이언 맥머핸 / **옮긴이** 박해선 / **펴낸이** 김태헌
펴낸곳 한빛미디어(주) / **주소** 서울시 서대문구 연희로2길 62 한빛미디어(주) IT출판2부
전화 02-325-5544 / **팩스** 02-336-7124
등록 1999년 6월 24일 제25100-2017-000058호 / **ISBN** 979-11-6224-433-3 93000

총괄 송경석 / **책임편집** 서현 / **기획·편집** 서현 / **교정** 김가영
디자인 표지 윤혜원 내지 박정화 / **전산편집** 김민정
영업 김형진, 김진불, 조유미 / **마케팅** 박상용, 한종진, 이행은, 고광일, 성화정 / **제작** 박성우, 김정우

이 책에 대한 의견이나 오탈자 및 잘못된 내용에 대한 수정 정보는 한빛미디어(주)의 홈페이지나 아래 이메일로 알려주십시오. 잘못된 책은 구입하신 서점에서 교환해드립니다. 책값은 뒤표지에 표시되어 있습니다.

한빛미디어 홈페이지 www.hanbit.co.kr / 이메일 ask@hanbit.co.kr

지금 하지 않으면 할 수 없는 일이 있습니다.
책으로 펴내고 싶은 아이디어나 원고를 메일(writer@hanbit.co.kr)로 보내주세요.
한빛미디어(주)는 여러분의 소중한 경험과 지식을 기다리고 있습니다.

Natural Language Processing with PyTorch

PyTorch

파이토치로 배우는 자연어 처리

O'REILLY® ⅠⅢ 한빛미디어
Hanbit Media, Inc.

지은이·옮긴이 소개

지은이 **델립 라오** Delip Rao

프란시스코에 기반을 두고 머신러닝과 자연어 처리 연구에 특화된 컨설팅을 제공하는 회사인 주스트웨어Joostware의 창립자입니다. 또한 뉴스 미디어의 팩트 체크 문제를 해결하고자 해커와 AI 연구자들이 함께 만든 페이크 뉴스 챌린지Fake News Challenge의 공동 창립자입니다. 델립은 이전에 트위터와 아마존(알렉사Alexa)에서 NLP 연구와 제품 개발을 했습니다.

지은이 **브라이언 맥머핸** Brian McMahan

웰스 파고Wells Fargo의 연구 과학자로 주로 자연어 처리를 연구합니다. 이전에는 주스트웨어의 자연어 처리 연구자였습니다.

옮긴이 **박해선** haesunrpark@gmail.com

기계공학을 전공했지만 졸업 후엔 줄곧 코드를 읽고 쓰는 일을 했습니다. 텐서 플로우 블로그 (tensorflow.blog)를 운영하고 있고, 머신러닝과 딥러닝 책을 집필하고 번역하면서 소프트웨어와 과학의 경계를 흥미롭게 탐험하고 있습니다.

『혼자 공부하는 머신러닝+딥러닝』(한빛미디어, 2020), 『Do it! 딥러닝 입문』(이지스퍼블리싱, 2019)을 집필했습니다.

『케라스 창시자에게 배우는 딥러닝 2판』(길벗, 2022), 『개발자를 위한 머신러닝&딥러닝』(한빛미디어, 2022), 『XGBoost와 사이킷런을 활용한 그레이디언트 부스팅』(한빛미디어, 2022), 『구글 브레인 팀에게 배우는 딥러닝 with TensorFlow.js』(길벗, 2022), 『(개정2판)파이썬 라이브러리를 활용한 머신러닝』(한빛미디어, 2022), 『머신러닝 파워드 애플리케이션』(한빛미디어, 2021), 『머신 러닝 교과서 3판』(길벗, 2021), 『딥러닝 일러스트레이티드』(시그마프레스, 2021), 『GAN 인 액션』(한빛미디어, 2020), 『핸즈온 머신러닝 2판』(한빛미디어, 2020), 『미술관에 GAN 딥러닝 실전 프로젝트』(한빛미디어, 2019), 『파이썬을 활용한 머신러닝 쿡북』(한빛미디어, 2019)을 포함하여 여러 권의 책을 우리말로 옮겼습니다.

현재까지 인간이 만든 최고의 언어 지능이라는 찬사를 받은 GPT-3가 2020년 세상에 공개된 이후, 자연어 처리에 대한 관심이 어느 때보다 높아졌습니다. 자연스럽게 자연어 처리에 입문하려는 사람도, 더 체계적으로 공부하려는 사람도 많아지고 있습니다. 시기적절하게 이 책이 우리말로 번역되어 무척 다행입니다.

저는 이 책을 우리말로 옮긴 박해선 님과 작은 인연이 있습니다. 몇 해 전, 제 강연에서 해선 님을 처음 만났습니다. 짧은 만남이었지만 따뜻하고 겸손한 분임을 알 수 있었습니다. 하지만 해선 님이 지금껏 밟아 오신 독특한 자취들까지 바로 짐작하지는 못했습니다. 해선 님은 머신러닝과 딥러닝 분야의 수많은 외국 서적을 한국어로 번역하셨고, 직접 저술도 하셨습니다. 블로그를 운영하면서 오프라인에서도 여러 모임을 이끌어 오셨습니다. 대략 계산해 봐도 '이분이 잠을 자기는 하는 걸까'하는 의심이 듭니다. 역자의 성실성과 집념은 찬사의 대상인 동시에, 이 분야에 몸담은 많은 사람에게 시사하는 바가 큽니다.

추천사를 부탁받고 원고를 살펴보았습니다. 제가 카카오브레인에 있을 때 마지막으로 열정을 쏟았던 뽀로로pororo 패키지에 관한 설명도 있더군요. 뿌듯했습니다. 감사합니다.

딥러닝을 이용한 자연어 처리는 아찔할 만큼 빠르게 성장하는 분야입니다. 파이토치도 버전이 계속 올라가고 있죠. 이처럼 빠르게 발전하는 분야에서 책이라는 매체는 다른 가벼운 글과 다른 무게감도 지니고, 새로운 정보를 담은 글에 비해 뒤처지는 아픔도 안게 되는 것 같습니다. 부디 이 소중한 책이 많은 독자 여러분과 길게 같이하기를 바랍니다.

박규병, 스타트업 튜닙 대표

옮긴이의 말

자연어 처리에 사용되는 기술은 텍스트나 음성을 넘어 딥러닝 전체로 번지고 있습니다. 지금이 이 기술을 배우기 정말 좋은 때입니다. 이 책을 번역하는 도중 카카오브레인 팀에서 뽀로로^{pororo} 패키지를 릴리스했다는 소식을 듣고 정말 기뻤습니다. 뽀로로 덕분에 한글을 사용한 딥러닝 예제를 쉽게 만들어 부록에 추가할 수 있었습니다. 사용하기 편리한 한국어 자연어 처리 라이브러리를 만들어 주신 카카오브레인 팀에게 정말 감사드립니다.

느닷없는 부탁에도 흔쾌히 추천사를 써 주신 박규병 님께 정말 감사드립니다. 또 부록을 읽고 검토해 주신 튜닙^{TUNiB}의 고현웅 님께도 깊이 감사드립니다. 덕분에 제가 마음의 평화를 얻었습니다.

항상 좋은 책을 믿고 맡겨 주시는 한빛미디어와 서현 님께 감사드립니다. 어설픈 번역을 정갈하게 다듬어 준 김가영 님께도 감사드립니다. GDE로 활동할 수 있도록 기회를 준 구글 DevRel 팀과 GDE & GDG 커뮤니티에도 감사합니다. 커뮤니티에 소속되어 있다는 것만으로도 정말 기쁩니다. 항상 격려해 주시는 니트머스 김용재 대표님께 감사합니다. 언제나 명랑한 우리 가족 주연이와 진우에게 고맙고 사랑한다는 말을 전합니다.

이 책의 정오표는 블로그(*https://bit.ly/nlp-pytorch*)에 등록해 놓겠습니다. 책을 보기 전에 꼭 확인해 주세요. 번역서의 모든 코드는 깃허브(*https://bit.ly/nlp-pytorch-git*)에서 주피터 노트북으로 제공합니다. 이 책에 관한 이야기라면 무엇이든 환영합니다. 언제든지 블로그나 이메일로 알려주세요.

2021년 5월

박해선

이 책의 목표는 자연어 처리^{natural language processing(NLP)}와 딥러닝^{deep learning}을 처음 접하는 독자에게 두 분야에서 중요한 주제를 맛보도록 하는 것입니다. 두 분야 모두 급격히 성장하고 있습니다. 구현에 중점을 두어 딥러닝과 NLP를 소개하기 때문에 이 책은 중요한 중간 지점에 자리 잡고 있습니다. 책을 쓰는 동안 제외해야 할 내용을 선택하느라 어렵고 편치 않은 결정을 내려야 했습니다. 책을 통해 독자가 기초적인 토대를 다지고 이 분야의 가능성을 엿볼 수 있기를 바랍니다. 머신러닝, 특히 딥러닝은 지적인 과학이라기보다 경험적인 학문입니다. 각 장의 친절한 엔드 투 엔드^{end-to-end} 예제가 여러분을 이런 경험으로 안내할 것입니다.

책을 쓰기 시작할 때 파이토치 0.2 버전을 사용했습니다. 나중에 예제를 파이토치 0.2에서 0.4 버전으로 업데이트했습니다. 책이 출간될 즈음 파이토치 1.0(*https://pytorch.org/2018/05/02/road-to-1.0.html*)이 릴리스될 예정입니다. 책의 코드 예제는 파이토치 0.4를 사용하지만 파이토치 1.0에서도 잘 동작할 것입니다.[1]

책의 스타일에 관해 언급할 사항이 있습니다. 의도적으로 대부분의 수학 공식을 제외했습니다. 딥러닝 수학이 특히 어려워서가 아니라 책의 주요 목적인 기초적인 토대를 다지는 데 방해가 되기 때문입니다. 이와 마찬가지로 코드와 텍스트에서도 간결함보다는 자세한 설명에 무게를 두었습니다. 사전 지식이 있는 독자나 숙련된 프로그래머는 책의 코드를 간결하게 만들 수 있음을 알겠지만, 가능한 한 많은 독자에게 다가가려고 이런 선택을 했습니다.

---

1 옮긴이_ 번역서의 예제는 코랩과 파이토치 1.8 버전에서 테스트했습니다.

감사의 말

이 책은 버전마다 크게 바뀌면서 발전했습니다. 버전마다 다른 사람들이 (그리고 다른 딥러닝 프레임워크가) 참여했습니다.

이 책의 초반에 참여한 고쿠 모한다스에게 감사합니다. 업무상의 이유로 그만두기 전까지 고쿠는 이 프로젝트에 많은 에너지를 쏟아부었습니다. 파이토치에 대한 고쿠의 열정과 긍정적인 태도는 다른 사람과 비교할 수 없습니다. 저자들은 그를 그리워했습니다. 그가 멋진 일을 해내리라 기대합니다!

테크니컬 리뷰어인 릴링 탄과 데바시시 고쉬의 수준 높은 피드백이 없었다면 기술적으로 높은 품질을 유지하지 못했을 것입니다. 릴링은 최첨단 NLP 제품을 만드는 데 필요한 전문 지식을 제공해 주었습니다. 데바시시는 개발자 입장에서 아주 중요한 피드백을 전달해 주었습니다. 격려의 말을 전해 준 알프레도 칸지아니, 서미스 친탈라와 파이토치 개발 포럼의 많은 사람에게 감사합니다. 또한 매일 트위터에서 #nlproc 해시태그로 NLP에 대해 나눈 대화에서 도움을 많이 받았습니다. 이 책의 많은 아이디어는 저자들의 개인적인 노력뿐만 아니라 커뮤니티의 도움으로 완성되었습니다.

편집자 제프 블레이엘의 지원에 감사를 표하지 않을 수 없습니다. 그의 안내가 없었다면 이 책은 탄생하지 못했을 것입니다. 밥 러셀의 편집과 난 바버의 제작 지원 덕에 원고의 초안이 인쇄할 수 있는 책으로 바뀌었습니다. 또한 책 제작 초반에 도움을 준 섀넌 커트에게도 감사합니다.

이 책의 내용은 대부분 오라일리의 〈AI and Strata〉 콘퍼런스에서 제공한 저자들의 2일짜리 NLP 훈련 과정에 기반을 두고 있습니다. 이 훈련 과정에 도움을 준 벤 로리카, 제이슨 퍼듀, 소피아 데마티니에게 감사합니다.

공동 저자 브라이언 맥머핸에게 감사합니다. 브라이언은 책을 쓰는 데 지원을 아끼지 않았습니다. 책을 만드는 기쁨과 어려움을 브라이언과 함께 나누는 여행이었습니다! 또 원래 NLP 책을 쓰려고 했던 오라일리의 벤 로리카에게 감사를 표합니다.

델립 라오

사라 마누엘의 끊임없는 지원에 감사합니다. 책을 완성할 수 있도록 힘써 준 델립 라오에게도 감사를 표합니다. 델립의 지칠 줄 모르는 인내와 투지가 없었다면 이 책이 나오지 못했을 것입니다.

브라이언 맥머핸

CONTENTS

CHAPTER **1** 소개

CONTENTS

CHAPTER 4 자연어 처리를 위한 피드 포워드 신경망

CHAPTER 5 단어와 타입 임베딩

CONTENTS

CHAPTER 6 자연어 처리를 위한 시퀀스 모델링 – 초급

CONTENTS

소개

에코Echo(알렉사Alexa), 시리Siri, 구글 번역에는 한 가지 공통점이 있습니다. 모두 **자연어 처리** natural language processing(NLP) 애플리케이션을 사용하는 제품이라는 점입니다. NLP는 이 책의 두 가지 주요 주제 중 하나입니다. NLP는 언어학 지식에 상관없이 텍스트를 이해하는 통계적인 방법을 사용해 실전 문제를 해결하는 일련의 기술을 말합니다. 텍스트의 '이해'는 주로 텍스트를 계산 가능한 **표현**representation으로 변환함으로써 이루어집니다. 이 표현은 벡터vector, 텐서tensor, 그래프, 트리 같이 이산적이거나 연속적으로 조합한 구조입니다.

데이터(여기에서는 텍스트를 말합니다)에서 작업에 알맞은 표현을 학습하는 일은 **머신러닝** machine learning의 한 분야입니다. 텍스트 데이터에 머신러닝을 적용한 지는 30년이 넘었습니다. 하지만 최근 10년 동안[1] **딥러닝**deep learning이라는 일련의 머신러닝 기술이 발전을 거듭하여 NLP, 음성, 컴퓨터 비전computer vision 등 여러 가지 **인공 지능**artificial intelligence(AI) 작업에서 효과성을 입증받기 시작했습니다. 딥러닝은 이 책에서 다루는 또 하나의 주요 주제입니다. 즉, 이 책은 NLP와 딥러닝을 배우기 위한 책입니다.

> **NOTE_** 참고 문헌은 각 장의 끝에 제공합니다.

간단히 말해서 딥러닝은 **계산 그래프**computational graph와 수치 최적화 기술을 사용해 데이터에서 표

---

1 신경망과 NLP의 역사가 긴 만큼 많은 사건이 있었지만 콜로버트(Collobert)와 웨스톤(Weston)(2008)이 현대적인 딥러닝을 NLP에 적용한 선구자로 인정받습니다.

현을 효과적으로 학습하는 기술입니다. 구글, 페이스북, 아마존 같은 주요 IT 기업들이 계산 그래프 프레임워크와 라이브러리를 만들어 연구자와 엔지니어의 마음을 사로잡으며 딥러닝과 계산 그래프의 성공을 이끌었습니다. 이 책은 **파이토치**[PyTorch]를 사용합니다. 파이토치는 딥러닝 알고리즘을 구현하는 파이썬 기반의 계산 그래프 프레임워크로 인기가 점점 높아지고 있습니다. 이 장에서 계산 그래프가 무엇인지와 왜 파이토치를 선택했는지 설명하겠습니다.

머신러닝과 딥러닝 분야는 광범위합니다. 이 책은 주로 **지도 학습**[supervised learning]을 다룹니다. 지도 학습은 레이블된 훈련 샘플로 학습합니다. 책을 읽는 데 필요한 기본 개념인 지도 학습부터 설명하겠습니다. 지금까지 나온 용어가 익숙하지 않다면 이 장이 도움이 될 것입니다. 앞으로 몇 개 장에 걸쳐 이런 개념을 명확하게 설명하고 심도 있게 다뤄 보겠습니다. 여기서 언급한 용어와 개념에 익숙하더라도 건너뛰지 않기를 권장합니다. 이 책에서 사용할 용어를 공유하고 나머지 장을 이해하는 데 필요한 개념의 차이를 좁히기 위해서입니다.

이 장의 목표는 다음과 같습니다.

- 지도 학습을 완전하게 이해하고 용어를 익힙니다. 앞으로 다룰 학습 과제의 기초가 되는 개념을 정립합니다.
- 머신러닝 문제에 맞도록 입력을 인코딩하는 방법을 배웁니다.
- 계산 그래프가 무엇인지 이해합니다.
- 파이토치의 기본을 숙달합니다.

그럼 시작해 보죠!

1.1 지도 학습

머신러닝에서 지도 또는 **지도 학습**은 **샘플**[observation][2]에 대응하는 **타깃**[target](예측하는 값)의 정답을 제공하는 방식을 말합니다. 예를 들어 문서 분류 작업에서 샘플은 문서이고 타깃은 범주형 레이블[categorical label][3]입니다. 기계 번역에서 샘플은 한 언어의 문장이고 타깃은 다른 언어의 문장입

----

2 옮긴이_ 원서는 '훈련 데이터 포인트'를 나타낼 때 관측(observation)과 인스턴스(instance)를 혼용하여 사용합니다. 번역서는 혼돈을 피하고 이해하기 쉽게 샘플(sample)이라고 번역합니다.
3 범주형 변수(categorical variable)는 고정된 집합에서 값을 하나 선택합니다. 예를 들어, {TRUE, FALSE}, {VERB, NOUN, ADJECTIVE, …} 등입니다.

니다. 입력 데이터에 대한 이해를 바탕으로 지도 학습 시스템을 [그림 1–1]과 같이 그릴 수 있습니다.

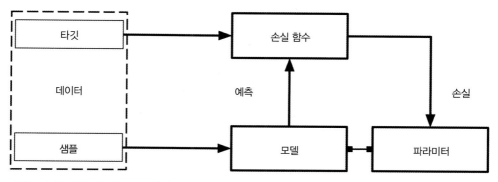

그림 1-1 지도 학습 시스템. 레이블된 입력 데이터에서 시작하는 학습 개념 프레임워크

[그림 1–1]과 같이 지도 학습 시스템의 주요 개념을 6개로 나눌 수 있습니다.

샘플

샘플은 예측에 사용하는 아이템입니다. 샘플은 x로 표시합니다. 이따금 샘플을 **입력**input이라고 부릅니다.

타깃

타깃은 샘플에 상응하는 레이블label[4]입니다. 일반적으로 예측되는 대상입니다. 머신러닝/딥러닝의 표준적인 표기법에 따라 y로 나타냅니다. 이따금 레이블을 **정답**ground truth이라고 부릅니다.

모델

모델(model)은 수학식이나 샘플 x를 받아 타깃 레이블값을 예측하는 함수입니다.

파라미터

파라미터[5]는 이따금 **가중치**weight라고도 부릅니다. 파라미터가 모델을 규정합니다. 기본적으로

---

4 옮긴이_ 분류 문제에서 구분할 클래스 중 하나를 레이블이라고 합니다.
5 옮긴이_ 일반적인 파라미터와 구분하기 위해 모델 파라미터라고 부르기도 합니다. 번역서는 원서를 따라 간단하게 '파라미터'라고 씁니다. 함수나 클래스의 파라미터는 '매개변수'라고 번역합니다.

가중치를 의미하는 w 또는 $\hat{w}$를 사용합니다.

예측

예측[prediction]은 모델이 추측하는 타깃값입니다. **추정**[estimate]이라고도 부릅니다. '햇[hat]' 표기를 사용해 나타냅니다. 예를 들어 타깃 y의 예측은 $\hat{y}$으로 표기합니다.

손실 함수

손실 함수[loss function]는 훈련 데이터에 대한 예측이 타깃과 얼마나 멀리 떨어져 있는지 비교하는 함수입니다. 타깃과 예측이 주어지면 손실 함수는 **손실**[loss]이라 부르는 실수 스칼라값을 계산합니다. 손실이 낮을수록 타깃 예측을 더 잘하는 모델입니다. 손실 함수는 L로 표기합니다.

NLP/딥러닝 모델을 만들거나 이런 책을 쓸 때 수학 이론이 꼭 필요하지는 않습니다. 하지만 지도 학습 시스템을 수학적으로 다시 기술해 보겠습니다. 이 분야의 용어를 처음 접하는 독자에게 arXiv(*https://arxiv.org*)에 등록된 논문에서 볼 수 있는 기호와 문장 스타일에 친숙해질 기회가 될 것입니다.

샘플 n 개로 이루어진 데이터셋 $D = \{X_i,\ y_i\}_{i=1}^{n}$가 있다고 가정해 보죠. 이런 데이터셋이 주어질 때 가중치 w를 파라미터로 받는 함수(모델) f를 학습하려 합니다. 즉 우리가 가정한 f의 구조하에서 학습된 가중치 w의 값이 모델을 완전하게 설명할 것입니다. 모델은 주어진 입력 X에 대한 타깃 $\hat{y}$을 예측합니다.

$$\hat{y} = f(X,\ w)$$

지도 학습에서는 훈련 샘플의 진짜 타깃 y를 압니다. 이 샘플의 손실은 $L(y,\ \hat{y})$입니다. 지도 학습은 샘플 n 개 전체의 누적 손실을 최소화하는 최적의 파라미터 혹은 가중치 w를 찾는 과정입니다.

(확률적) 경사 하강법을 사용한 훈련

지도 학습의 목적은 주어진 데이터셋에서 손실 함수를 최소화하는 파라미터값을 고르는 것입니다. 이는 방정식의 근root 찾기와 같습니다. **경사 하강법**gradient descent은 식의 근을 찾는 일반적인 방법입니다. 전통적인 경사 하강법에서는 근(파라미터)의 초깃값을 추측한 다음 목적 함수objective function(손실 함수)의 값이 수용할만한 임계점(수렴 조건) 아래로 내려갈 때까지 파라미터를 반복해서 업데이트합니다. 데이터셋이 크면 메모리 제약 때문에 전체 데이터셋을 사용하는 전통적인 경사 하강법[6]을 적용하기 어렵고 계산 비용이 높아 매우 느립니다. 따라서 경사 하강법 대신 근사 버전인 **확률적 경사 하강법**stochastic gradient descent(SGD)을 사용합니다. 확률적인 방법에서는 데이터 포인트data point를 하나 또는 일부 랜덤하게 선택하여 그레이디언트gradient[7]를 계산합니다. 데이터 포인트를 하나 사용하는 방법은 순수 SGDpure SGD, 여러 개(두 개 이상) 사용하는 방법은 **미니배치** SGDminibatch SGD라고 부릅니다. 문맥으로 사용하는 방법을 명확히 알 수 있으면 '순수'나 '미니배치'란 접두어를 빼고 사용하기도 합니다. 순수 SGD는 업데이트에 잡음이 많아 수렴이 매우 느리므로 실전에서 거의 사용하지 않습니다. 일반적인 SGD 알고리즘의 수렴 속도를 높이는 여러 가지 파생 알고리즘이 생겼습니다. 이 장의 끝에서 그레이디언트를 업데이트하는 방법과 함께 이런 파생 알고리즘 몇 가지를 살펴보겠습니다. 파라미터를 반복적으로 업데이트하는 과정을 **역전파**backpropagation라고 부릅니다. 역전파의 각 단계(또는 에포크epoch)는 **정방향 계산**forward pass과 **역방향 계산**backward pass으로 구성됩니다. 정방향 계산은 현재 파라미터값으로 입력을 평가하여 손실 함수를 계산합니다. 역방향 계산은 손실의 그레이디언트를 사용하여 파라미터를 업데이트합니다.

지금까지 살펴본 내용은 딥러닝이나 신경망에 특화된 것이 아닙니다.[8] [그림 1-1]의 화살표 방향은 시스템이 훈련하는 동안 데이터의 '흐름'을 나타냅니다. '계산 그래프(1.3절)'에서 '흐름' 개념과 훈련을 더 자세히 알아보겠습니다. 하지만 먼저 NLP 문제에서 모델을 훈련하고 출력을 예측하도록 입력과 타깃을 표현하는 방법을 살펴보겠습니다.

---

6 옮긴이_ 이를 배치(batch) 경사 하강법이라고도 부릅니다.

7 옮긴이_ '지도 학습 훈련 알아보기(3.4절)'에서 그레이디언트 계산을 자세히 설명합니다.

8 딥러닝은 2006년 이전의 논문에 등장하는 전통적인 신경망과 구분됩니다. 딥러닝은 네트워크에 더 많은 층을 추가해서 성능을 높이는 많은 기술을 의미합니다. 이것이 왜 중요한지 3장과 4장에서 배우겠습니다.

1.2 샘플과 타깃의 인코딩

샘플(텍스트)을 머신러닝 알고리즘에 사용하려면 수치로 표현해야 합니다. [그림 1-2]에서 이를 설명합니다.

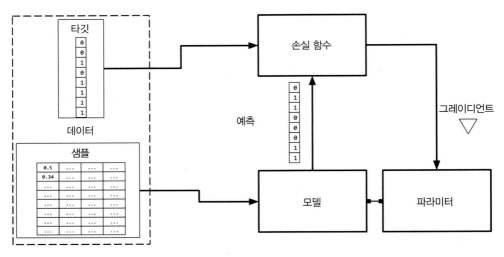

그림 1-2 샘플과 타깃 인코딩: [그림 1-1]의 샘플과 타깃을 벡터나 텐서의 수치로 표현합니다. 이를 입력 '인코딩encoding'이라고 통칭합니다.

수치 벡터는 텍스트를 표현하는 간단한 방법입니다. 이런 매핑이나 표현을 수행하는 방법은 수없이 많습니다. 사실 이 책의 많은 부분은 데이터에서 이런 표현을 학습하는 데 중점을 둡니다. 휴리스틱 기반의 단순한 카운트 방식 표현으로 시작해 보겠습니다. 단순하지만 아주 강력해서 풍부한 표현을 익히는 출발점으로 적절합니다. 카운트 기반 표현은 모두 고정된 차원의 벡터로 시작합니다.

1.2.1 원-핫 표현

이름에서 알 수 있듯이 **원-핫 표현**one-hot representation은 0 벡터에서 시작해 문장이나 문서에 등장하는 단어에 상응하는 원소를 1로 설정합니다. 다음 두 문장을 예로 들어 보죠.

```
Time flies like an arrow.
Fruit flies like a banana.
```

문장을 토큰^{token}으로 나누고 구두점을 무시한 다음 모두 소문자로 바꾸면 **어휘 사전**^{vocabulary} 크기는 다음과 같이 8이 됩니다. {time, fruit, flies, like, a, an, arrow, banana} 입니다. 따라서 각 단어를 8차원 원-핫 벡터로 표현할 수 있습니다. 이 책에서 1_w는 토큰 또는 단어 w의 원-핫 표현을 의미합니다.

구, 문장, 문서의 원-핫 벡터는 이를 구성하는 단어의 원-핫 표현을 단순하게 논리합^{logical OR}한 것입니다. [그림 1-3]의 인코딩을 사용하면 'like a banana'의 원-핫 표현은 3×8 크기 **행렬**^{matrix}이 됩니다. 여기에서 행은 8차원 원-핫 벡터입니다. 텍스트/구를 어휘 사전 크기의 벡터 하나로 표현하는 이진 인코딩도 종종 볼 수 있습니다. 여기에서는 0과 1이 한 단어의 등장 여부를 나타냅니다. 'like a banana'의 이진 인코딩은 [0, 0, 0, 1, 1, 0, 0, 1]입니다.

	time	fruit	flies	like	a	an	arrow	banana
1_{time}	1	0	0	0	0	0	0	0
1_{fruit}	0	1	0	0	0	0	0	0
1_{flies}	0	0	1	0	0	0	0	0
1_{like}	0	0	0	1	0	0	0	0
1_{a}	0	0	0	0	1	0	0	0
1_{an}	0	0	0	0	0	1	0	0
1_{arrow}	0	0	0	0	0	0	1	0
1_{banana}	0	0	0	0	0	0	0	1

그림 1-3 'Time flies like an arrow'와 'Fruit flies like a banana.' 문장을 인코딩하기 위한 원-핫 표현

> **NOTE_** 서로 뜻이 다른 'flies' 두 개가 하나로 합쳐졌음을 눈치챘다면 칭찬해주고 싶습니다. 언어는 아주 모호합니다. 하지만 굉장히 단순한 가정을 바탕으로 쓸만한 솔루션을 만들 수 있습니다. 의미가 있는 표현도 학습할 수 있지만 지금은 그냥 진행하겠습니다.

이 책에서는 입력으로 거의 원-핫 표현만 사용하지만 **문서 빈도**^{Term-Frequency(TF)}와 **TF-IDF**^{Term-Frequency-Inverse-Document-Frequency} 표현도 잠시 소개하겠습니다. 역사적으로 NLP에서 인기가 높고

성숙한 기법이기 때문입니다. 이런 표현은 **정보 검색**information retrieval(IR) 분야에서 역사가 깊으며 요즘 상용 NLP 시스템에서도 활발히 사용합니다.

1.2.2 TF 표현

구, 문장, 문서의 TF 표현은 단순히 소속 단어의 원-핫 표현을 합해 만듭니다. 예를 들어 앞에서 언급한 원-핫 인코딩 방식을 사용한 'Fruit flies like time flies a fruit'의 TF 표현은 다음과 같습니다. [1, 2, 2, 1, 1, 0, 0, 0] 각 원소는 해당 단어가 문장(말뭉치)[9]에 등장하는 횟수입니다.[10] 단어 w의 TF는 $TF(w)$라고 표기합니다.

코드 1-1 사이킷런을 사용하여 원-핫 벡터 또는 이진 표현 만들기[11]

```python
from sklearn.feature_extraction.text import CountVectorizer
import seaborn as sns

corpus = ['Time flies like an arrow.',
          'Fruit flies like a banana.']
one_hot_vectorizer = CountVectorizer(binary=True)
one_hot = one_hot_vectorizer.fit_transform(corpus).toarray()
vocab = one_hot_vectorizer.get_feature_names()
sns.heatmap(one_hot, annot=True,
            cbar=False, xticklabels=vocab,
            yticklabels=['Sentence 1', 'Sentence 2'])
```

---

9 옮긴이_ NLP 분야에서는 데이터셋을 '말뭉치' 또는 '코퍼스'라고 부릅니다.

10 옮긴이_ 이 표현 방법을 단어 가방 모델(Bag of Words, BoW)이라고도 부릅니다.

11 옮긴이_ CountVectorizer 클래스에서 binary=True로 지정해서 원-핫 인코딩으로 변환했습니다. binary 매개변수의 기본값은 False 로 단어 등장 횟수를 기록한 TF 표현을 만듭니다. 또 이 클래스는 기본적으로 글자 하나로 이루어진 단어를 무시합니다. 이 때문에 [그림 1-4]에 단어 'a'가 없습니다. CountVectorizer는 희소 행렬(sparse matrix)을 반환하므로 toarray() 메서드를 사용해 밀집 행렬 (dense matrix)로 바꿔 출력했습니다.

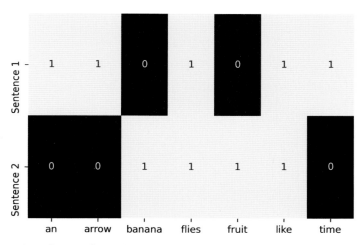

그림 1-4 [코드 1-1]에서 생성한 문장의 원-핫 벡터

1.2.3 TF-IDF 표현

특허 문서 묶음이 있다고 가정해 보죠. 문서 대부분에 'claim', 'system', 'method', 'procedure' 같은 단어가 여러 번 반복해서 나올 것이라고 예상할 수 있습니다. TF는 등장 횟수에 비례하여 단어에 가중치를 부여합니다. 하지만 'claim' 같이 흔한 단어에는 특정 특허와 관련한 어떤 정보도 담겨있지 않습니다. 반대로 ('tetrafluoroethylene'[12]와 같이) 희귀한 단어는 자주 나오지 않지만 특허 문서의 특징을 잘 나타냅니다. 이런 상황에는 **역문서 빈도**Inverse-Document-Frequency(IDF)가 적합합니다.

IDF는 벡터 표현에서 흔한 토큰의 점수를 낮추고 드문 토큰의 점수를 높입니다. 토큰 w의 $IDF(w)$는 말뭉치 하나를 다음과 같이 정의합니다.

$$IDF(w) = \log \frac{N}{n_w}$$

n_w는 단어 w를 포함한 문서의 개수이고 N은 전체 문서 개수입니다. TF-IDF 점수는 TF와

---

12 옮긴이_ 테트라플루오로에틸렌(화학식 C2H4) 은 열에 강하고 내화학성이 좋아 프라이팬 코팅 등에 많이 사용됩니다. 듀폰의 테프론 제품이 대표적이며 인체 유해성 논란이 있습니다.

IDF를 곱한 *TF(w)*IDF(w)*입니다. 모든 문서에 등장하는 (즉 $n_w = N$) 매우 흔한 단어는 *IDF(w)*가 0이고 TF-IDF 점수가 0입니다. 따라서 이 단어를 완전히 제외합니다. 반면 단어가 한 문서에만 등장하는 것처럼 아주 드물면 IDF는 최댓값 $log\ N$이 됩니다. [코드 1-2]는 사이킷런scikit-learn을 사용해 corpus 리스트에 담긴 문장의 TF-IDF 표현을 만드는 방법입니다.

코드 1-2 사이킷런을 사용해 TF-IDF 표현 만들기

```python
from sklearn.feature_extraction.text import TfidfVectorizer
import seaborn as sns

tfidf_vectorizer = TfidfVectorizer()
tfidf = tfidf_vectorizer.fit_transform(corpus).toarray()
sns.heatmap(tfidf, annot=True, cbar=False, xticklabels=vocab,
            yticklabels= ['Sentence 1', 'Sentence 2'])
```

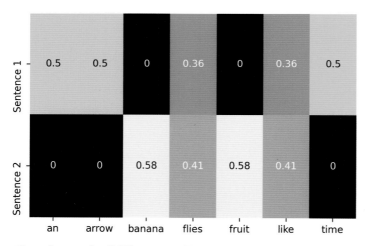

그림 1-5 [코드 1-2]로 생성한 TF-IDF 표현

딥러닝의 목적은 표현 학습이므로 보통 TF-IDF와 같이 경험적인 방법으로 입력을 인코딩하지 않습니다. 주로 정수 인덱스를 사용한 원-핫 인코딩과 특수한 '임베딩 룩업embedding lookup' 층으로 신경망의 입력을 구성합니다. 이어지는 장에서 관련 예제를 몇 개 살펴보겠습니다.

1.2.4 타깃 인코딩

'지도 학습(1.1 절)'에서 언급했듯이 타깃 변수의 정확한 형태는 풀려는 NLP 문제에 따라 다릅니다. 예를 들어 기계 번역, 요약, 질의응답 문제에서는 타깃도 텍스트이며 앞서 설명한 원-핫 인코딩과 같은 방식으로 인코딩합니다.

사실 많은 NLP 작업은 범주형 레이블을 사용합니다. 모델은 고정된 한 세트의 레이블 중 하나를 예측해야 합니다. 이를 인코딩할 때는 레이블마다 고유한 인덱스를 부여하는 방법을 가장 많이 사용합니다. 하지만 이런 간단한 표현은 출력 레이블 수가 너무 커지면 문제가 됩니다. 이전에 본 단어를 입력하면 다음 단어를 예측하는 **언어 모델링**language modeling이 그런 예입니다.

레이블 규모가 한 언어의 전체 어휘가 됩니다. 특수 문자, 이름 등을 포함하여 금방 수십만 개로 늘어날 수 있습니다. 이어지는 장에서 이 문제를 다시 들여다보고 해결 방법을 찾아보겠습니다.

일부 NLP 문제는 주어진 텍스트에서 수치를 예측합니다. 예를 들어 어떤 수필에 숫자 등급이나 가독성 점수를 매겨야 하거나, 음식점 리뷰의 소수점 첫째 자리까지 평점을 예측해야 할 수 있습니다. 트윗 문장을 보고 사용자의 연령대를 예측해야 할 수도 있습니다. 수치 타깃을 인코딩하는 방법은 몇 가지가 있습니다. 간단히 타깃을 '0–18', '19–25', '25–30'과 같은 범주형 '구간^{bin}'으로 바꾸고 순서가 있는 분류 문제로 다루는 방법이 있습니다.[13] 구간은 균등하지 않아도 되며 데이터에 따라 나눌 수 있습니다. 여기서는 자세히 설명하지 않지만, 이런 경우 타깃 인코딩이 성능에 아주 큰 영향을 미치니 주의를 기울여야 합니다. 1995년 도허티^{Dougherty} 등의 논문과 여기서 인용한 문헌을 참고하세요.

1.3 계산 그래프

[그림 1–1]은 데이터 흐름 구조로 요약한 지도 학습(훈련) 시스템입니다. 모델(수학식)은 입력을 변환해서 예측을 얻습니다. 손실 함수(또 다른 수학식)는 모델의 파라미터를 조정하는 피드백 신호를 제공합니다. 계산 그래프 데이터 구조를 사용하면 이런 데이터 흐름을 간편하게 구현할 수 있습니다.[14] 기술적으로 보면 계산 그래프는 수학식을 추상적으로 모델링한 것입니다. 딥러닝에서는 씨아노^{Theano}, 텐서플로^{TensorFlow}, 파이토치와 같은 계산 그래프의 구현이 부가적으로 자동 미분$^{automatic\ differentiation}$을 구현합니다. 자동 미분은 지도 학습 시스템에서 훈련하는 동안 파라미터의 그레이디언트를 얻는 데 필요합니다. 이는 '파이토치 기초(1.4 절)'에서 자세히 살펴보겠습니다. 추론^{inference} (또는 예측)은 단순히 식에 대한 평가입니다(계산 그래프의 정방향 계산). 계산 그래프가 식을 어떻게 모델링하는지 알아보죠. 다음과 같은 식을 가정해 보겠습니다.

---

13 순서가 있는 분류는 레이블 사이에 부분적으로 순서가 존재하는 다중 분류 문제입니다. 나이 예제를 보면 범주 '0–18'이 '19–25'보다 앞서 있는 식입니다.

14 세포 린나인마(Seppo Linnainmaa) (*http://bit.ly/2Rnmdao*)가 1970년 석사 논문의 일부로 계산 그래프에서 자동 미분 (automatic differentiation) 아이디어를 처음 소개했습니다. 여기에서 파생된 것이 씨아노(Theano), 텐서플로(TensorFlow), 파이토치(PyTorch)와 같은 현대 딥러닝 프레임워크의 기초가 되었습니다.

$$y = wx + b$$

이 식은 $z = wx$와 $y = z + b$로 나누어 쓸 수 있습니다. 그다음 유향 비순환 그래프^{directed acyclic} graph(DAG)를 사용하여 원래 식을 표현할 수 있습니다. 이 그래프의 **노드**^{node}는 곱셈이나 덧셈 같은 수학 연산을 나타냅니다. 연산의 입력은 노드로 들어가는 **에지**^{edge}이고 연산의 출력은 노드에서 나가는 에지입니다. 식의 계산 그래프는 [그림 1-6]과 같습니다. 다음 절에서는 파이토치를 사용해 계산 그래프를 손쉽게 만드는 방법을 알아보겠습니다. 또한 그레이디언트를 어떻게 자동으로 계산하는지 살펴보겠습니다.

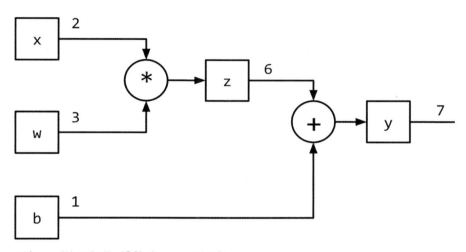

그림 1-6 계산 그래프를 사용한 식 $y = wx + b$의 표현

1.4 파이토치 기초

이 책은 파이토치를 사용해서 딥러닝 모델을 만듭니다. 파이토치는 오픈 소스이고 커뮤니티가 주도하는 딥러닝 프레임워크입니다. 씨아노, 카페^{Caffe}, 텐서플로와 달리 파이토치는 테이프^{tape} 기반 자동 미분(*http://bit.ly/2Jrntq1*) 방식을 구현합니다. 이 방식은 계산 그래프를 동적으로 정의하고 실행할 수 있습니다. 디버깅이 아주 편리하며 복잡한 모델을 손쉽게 만들게 해줍니다.

파이토치는 다양한 딥러닝용 패키지를 제공하는 최적화된 텐서 조작 라이브러리입니다. 파이토치의 핵심은 텐서입니다. 텐서는 다차원 데이터를 담은 수학 객체입니다. 0차 텐서는 하나의 숫자 또는 스칼라scalar입니다. 1차 텐서는 숫자 배열 또는 벡터입니다. 2차 텐서는 벡터의 배열 또는 행렬입니다. [그림 1–7]에서 볼 수 있듯이 텐서는 n차원 스칼라 배열로 일반화할 수 있습니다.

스칼라   스칼라   스칼라   랭크 3 텐서
랭크 0 텐서   랭크 1 텐서   랭크 2 텐서

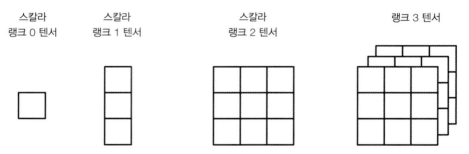

그림 1-7 텐서는 다차원 배열로 일반화할 수 있습니다.

이 절에서 파이토치를 처음 사용해 보면서 다음과 같은 파이토치 연산을 배워보겠습니다.

- 텐서 만들기
- 텐서로 연산하기
- 텐서로 인덱싱, 슬라이싱, 연결하기

---

15 텐서플로 1.7.0 버전부터 그래프를 실행하기 전에 컴파일할 필요가 없는 '즉시 실행 모드'(eager mode)를 제공합니다. 하지만 텐서플로의 중심은 정적 그래프입니다. 옮긴이_ 2019년 9월에 릴리스된 텐서플로 2.0버전부터 즉시 실행 모드가 기본이 되었습니다.

- 텐서로 그레이디언트 계산하기
- GPU와 함께 CUDA 텐서 사용하기

파이토치가 설치된 파이썬 3.6+ 노트북 환경을 사용해 코드 예제[16]를 실행하기를 권장합니다. 나중에 이 장의 연습문제도 풀어 보세요.

1.4.1 파이토치 설치

가장 먼저 pytorch.org를 참고하여 자신의 컴퓨터 환경에 맞도록 파이토치를 설치해야 합니다. 운영 체제와 패키지 관리자(conda나 pip를 권장합니다)를 선택합니다.[17] 그러면 파이토치 설치용 명령이 생성됩니다. 이 글을 쓰는 시점에 CUDA를 사용하지 않는 윈도우Windows와 conda 환경의 설치 명령은 다음과 같습니다.

```
conda install pytorch torchvision torchaudio cpuonly -c pytorch
```

> NOTE_ CUDA를 지원하는 GPU가 있다면 적절한 CUDA 버전을 선택해야 합니다. 자세한 내용은 설치 안내(*http://bit.ly/2DqhmCv*)를 참고하세요.

1.4.2 텐서 만들기

먼저 헬퍼 함수 describe(x)를 정의합니다. 텐서 타입, 차원, 값 같은 텐서의 속성을 출력합니다.

```
In[0]  def describe(x):
           print("타입: {}".format(x.type()))
           print("크기: {}".format(x.shape))
           print("값: \n{}".format(x))
```

---

16 이 장의 코드는 책의 깃허브 저장소(*http://bit.ly/nlp-pytorch-git*)의 chapter_1 폴더 안에 있는 PyTorch_Basics.ipynb 노트북에 있습니다. 옮긴이_ 번역서의 모든 노트북은 구글 코랩(Colab)(*https://colab.research.google.com*)에서 실행할 수 있습니다.

17 옮긴이_ 현재 파이토치는 파이썬 3.6, 3.7, 3.8, 3.9 버전과 윈도우, 리눅스, macOS 환경을 지원합니다.

파이토치에서는 torch 패키지를 사용해 다양한 방법으로 텐서를 만들 수 있습니다. 우선 [코드 1-3]과 같이 차원을 지정하여 텐서를 랜덤하게 초기화하는 방법이 있습니다.

코드 1-3 파이토치에서 torch.Tensor로 텐서 만들기

```
In[0]  import torch
       describe(torch.Tensor(2, 3))

Out[0] 타입: torch.FloatTensor
       크기: torch.Size([2, 3])
       값:
       tensor([[ 3.2018e-05,  4.5747e-41,  2.5058e+25],
               [ 3.0813e-41,  4.4842e-44,  0.0000e+00]])
```

[0, 1) 범위의 균등 분포에서 샘플링한 값으로 랜덤하게 초기화한 텐서를 만들 수도 있습니다. 또는 [코드 1-4]처럼 표준 정규 분포[18]에서 텐서를 만들 수 있습니다. 3장과 4장에서 살펴보겠지만 텐서를 균등 분포에서 랜덤하게 초기화하는 것이 중요합니다.

코드 1-4 랜덤하게 초기화한 텐서 만들기

```
In[0]  import torch
       describe(torch.rand(2, 3))   # 균등 분포
       describe(torch.randn(2, 3))  # 표준 정규 분포

Out[0] 타입:  torch.FloatTensor
       크기:  torch.Size([2, 3])
       값:
       tensor([[ 0.0242,  0.6630,  0.9787],
               [ 0.1037,   0.3920,  0.6084]])

       타입: torch.FloatTensor
       크기: torch.Size([2, 3])
       값:
       tensor([[ -0.1330, -2.9222, -1.3649],
               [  2.3648,  1.1561,  1.5042]])
```

---

18 표준 정규 분포는 평균이 0이고 분산이 1인 정규 분포입니다.

동일한 스칼라값으로 채운 텐서를 만들 수도 있습니다. 내장함수로 0 또는 1로 채운 텐서를 만들거나 fill_() 메서드를 사용해서 특정값으로 채울 수 있습니다. 밑줄 문자(_)가 있는 파이토치 인−플레이스[in-place] 메서드는 텐서값을 바꾸는 연산을 의미합니다.[19] 즉 [코드 1−5]처럼 새로운 객체를 만들지 않고 현잿값을 변경합니다.

코드 1-5 fill_( ) 메서드 사용하기

```
In[0]   import torch
        describe(torch.zeros(2, 3))
        x = torch.ones(2, 3)
        describe(x)
        x.fill_(5)
        describe(x)

Out[0]  타입: torch.FloatTensor
        크기: torch.Size([2, 3])
        값:
        tensor([[ 0.,  0.,  0.],
                [ 0.,  0.,  0.]])

        타입: torch.FloatTensor
        크기: torch.Size([2, 3])
        값:
        tensor([[ 1.,  1.,  1.],
                [ 1.,  1.,  1.]])

        타입: torch.FloatTensor
        크기: torch.Size([2, 3])
        값:
        tensor([[ 5.,  5.,  5.],
                [ 5.,  5.,  5.]])
```

----

19 옮긴이_ fill_() 메서드와 비슷하게 정규 분포를 사용하는 normal_(), 균등 분포를 사용하는 uniform_() 등 랜덤 샘플링에 유용한 인−플레이스 메서드가 있습니다. torch.Tensor(3, 2).uniform_()과 같이 인−플레이스 메서드를 연결하여 텐서를 초기화할 수 있습니다. 랜덤 샘플링에 유용한 인−플레이스 메서드 전체 목록은 *https://pytorch.org/docs/stable/torch.html#inplace-random-sampling*을 참고하세요.

[코드 1-6]은 파이썬 리스트를 사용해 텐서를 만드는 방법을 보여줍니다.

코드 1-6 파이썬 리스트로 텐서를 만들고 초기화하기

```
In[0]  x = torch.Tensor([[1, 2, 3],
                         [4, 5, 6]])
       describe(x)

Out[0] 타입: torch.FloatTensor
       크기: torch.Size([2, 3])
       값:
       tensor([[ 1.,  2.,  3.],
               [ 4.,  5.,  6.]])
```

앞선 예제처럼 값은 리스트로 전달하거나 넘파이 배열로 전달할 수 있습니다. 물론 언제든지 파이토치 텐서를 넘파이 배열로 바꿀 수 있습니다. 넘파이 배열을 사용하면 텐서 타입이 기본 FloatTensor가 아니라 DoubleTensor가 됩니다(텐서 타입은 다음 절을 참고하세요). [코드 1-7]에서 볼 수 있듯이 랜덤한 넘파이 배열의 기본 데이터 타입이 float64이기 때문입니다.

코드 1-7 넘파이로 텐서를 만들고 초기화하기

```
In[0]  import torch
       import numpy as np
       npy = np.random.rand(2, 3)
       describe(torch.from_numpy(npy))

Out[0] 타입: torch.DoubleTensor
       크기: torch.Size([2, 3])
       값:
       tensor([[ 0.8360,  0.8836,  0.0545],
               [ 0.6928,  0.2333,  0.7984]], dtype=torch.float64)
```

넘파이 배열과 파이토치 텐서 사이를 변환하는 기능은 넘파이 포맷의 수치 데이터를 사용하는 레거시legacy 라이브러리를 사용할 때 중요합니다.

1.4.3 텐서 타입과 크기

텐서에는 타입과 크기가 있습니다. torch.Tensor 생성자를 사용할 때 기본 텐서 타입은 torch.FloatTensor입니다. 텐서 타입은 초기화할 때 지정하거나 나중에 타입 캐스팅^{casting} 메서드를 사용해 다른 타입(float, long, double 등)으로 바꿀 수 있습니다. 초기화할 때 타입을 지정하는 방법은 두 가지입니다. [코드 1-8]처럼 FloatTensor와 LongTensor 같은 특정 텐서 타입의 생성자를 직접 호출하거나 torch.tensor() 메서드와 dtype 매개변수를 사용하는 방법입니다.

코드 1-8 텐서 속성

```
In[0]  x = torch.FloatTensor([[1, 2, 3],
                              [4, 5, 6]])
       describe(x)

Out[0] 타입: torch.FloatTensor
       크기: torch.Size([2, 3])
       값:
       tensor([[ 1.,  2.,  3.],
               [ 4.,  5.,  6.]])

In[1]  x = x.long()
       describe(x)

Out[1] 타입: torch.LongTensor
       크기: torch.Size([2, 3])
       값:
       tensor([[ 1,  2,  3],
               [ 4,  5,  6]])

In[2]  x = torch.tensor([[1, 2, 3],
                         [4, 5, 6]], dtype=torch.int64)
       describe(x)

Out[2] 타입: torch.LongTensor
       크기: torch.Size([2, 3])
       값:
       tensor([[ 1,  2,  3],
               [ 4,  5,  6]])

In[3]  x = x.float()
```

```
        describe(x)

Out[3] 타입: torch.FloatTensor
       크기: torch.Size([2, 3])
       값:
       tensor([[ 1.,  2.,  3.],
               [ 4.,  5.,  6.]])
```

텐서 객체의 shape 속성과 size() 메서드를 사용해 텐서의 차원을 확인할 수 있습니다. 이 두 방법은 거의 같은 작업을 수행합니다. 파이토치 코드를 디버깅할 때는 텐서 크기를 꼭 조사해야 합니다.

1.4.4 텐서 연산

텐서를 만든 후 일반적인 프로그래밍 언어처럼 +, −, *, /를 사용해 연산을 수행할 수 있습니다. [코드 1-9]에서 보듯이 연산자 대신에 이에 대응하는 .add() 같은 함수를 사용해도 됩니다.[20]

코드 1-9 텐서 연산: 덧셈

```
In[0]   import torch
        x = torch.randn(2, 3)
        describe(x)

Out[0]  타입: torch.FloatTensor
        크기: torch.Size([2, 3])
        값:
        tensor([[ 0.0461,  0.4024, -1.0115],
                [ 0.2167, -0.6123,  0.5036]])

In[1]   describe(torch.add(x, x))

Out[1]  타입: torch.FloatTensor
        크기: torch.Size([2, 3])
        값:
        tensor([[ 0.0923,  0.8048, -2.0231],
```

---

20 옮긴이_ 다른 함수는 수학 함수 목록(*https://pytorch.org/docs/stable/torch.html#math-operations*)을 참고하세요.

```
                [ 0.4335, -1.2245,  1.0072]])

In[2]  describe(x + x)

Out[2] 타입: torch.FloatTensor
       크기: torch.Size([2, 3])
       값:
       tensor([[ 0.0923,  0.8048, -2.0231],
               [ 0.4335, -1.2245,  1.0072]])
```

텐서의 특정 차원에 적용할 수 있는 연산도 있습니다. [코드 1-10]처럼 2D 텐서는 행을 차원 0, 열을 차원 1로 표현합니다.

코드 1-10 차원별 텐서 연산

```
In[0]²¹ import torch
        x = torch.arange(6)
        describe(x)

Out[0] 타입: torch.LongTensor
       크기: torch.Size([6])
       값:
       tensor([ 0.,  1.,  2.,  3.,  4.,  5.])

In[1]²² x = x.view(2, 3)
        describe(x)

Out[1] 타입: torch.LongTensor
       크기: torch.Size([2, 3])
       값:
       tensor([[ 0.,  1.,  2.],
               [ 3.,  4.,  5.]])
```

----

21 옮긴이_ arange() 함수는 0에서 시작해서 지정한 값 이전까지 1씩 증가하는 텐서를 만듭니다. start 매개변수(기본값 0)로 시작값을 지정하고 step 매개변수(기본값 1)로 증가 폭을 지정할 수 있습니다. 이 메서드는 넘파이 arange() 메서드와 배우 비슷합니다. 파이토치에는 넘파이와 인터페이스가 비슷한 함수와 메서드가 많습니다.

22 옮긴이_ view() 메서드는 동일한 데이터를 공유하는 새로운 텐서를 만듭니다. 텐서의 data_ptr() 메서드를 사용하면 원본 텐서와 뷰 텐서가 같은 저장 위치를 가리키고 있다는 것을 확인할 수 있습니다. 뷰 텐서를 만드는 전체 메서드 목록은 https://pytorch.org/docs/stable/tensor_view.html를 참조하세요.

```
In[2]  describe(torch.sum(x, dim=0))

Out[2] 타입: torch.LongTensor
       크기: torch.Size([3])
       값:
       tensor([ 3.,  5.,  7.])

In[3]  describe(torch.sum(x, dim=1))

Out[3] 타입: torch.LongTensor
       크기: torch.Size([2])
       값:
       tensor([ 3.,  12.])

In[4][23] describe(torch.transpose(x, 0, 1))

Out[4] 타입: torch.LongTensor
       크기: torch.Size([3, 2])
       값:
       tensor([[ 0.,   3.],
               [ 1.,   4.],
               [ 2.,   5.]])
```

종종 인덱싱, 슬라이싱, 연결, 변경을 포함한 복잡한 연산이 필요합니다. 넘파이 등 수치 라이브러리와 마찬가지로 파이토치도 이런 텐서 조작을 매우 쉽게 하는 내장 함수를 제공합니다.

1.4.5 인덱싱, 슬라이싱, 연결

넘파이를 사용한 적이 있다면 [코드 1-11]의 파이토치 인덱싱과 슬라이싱 구조가 매우 익숙할 것입니다.

코드 1-11 텐서 슬라이싱과 인덱싱

```
In[0]  import torch
       x = torch.arange(6).view(2, 3)
       describe(x)
```

---

23 옮긴이_ transpose() 함수는 두 번째와 세 번째 매개변수로 전달된 차원을 전치한 텐서를 만듭니다.

```
Out[0] 타입: torch.LongTensor
       크기: torch.Size([2, 3])
       값:
       tensor([[ 0.,  1.,  2.],
               [ 3.,  4.,  5.]])

In[1]  describe(x[:1, :2])

Out[1] 타입: torch.LongTensor
       크기: torch.Size([1, 2])
       값:
       tensor([[ 0.,  1.]])

In[2]  describe(x[0, 1])

Out[2] 타입: torch.LongTensor
       크기: torch.Size([])
       값:
       1.0
```

[코드 1-12]에 복잡한 인덱싱과 슬라이싱에 유용한 파이토치 함수가 있습니다. 이런 함수는 텐서에서 연속적이지 않은 위치를 참조할 때 유용합니다.

코드 1-12 복잡한 인덱싱. 연속적이지 않은 텐서 인덱스 참조하기[24]

```
In[0]  indices = torch.LongTensor([0, 2])
       describe(torch.index_select(x, dim=1, index=indices))

Out[0] 타입: torch.LongTensor
       크기: torch.Size([2, 2])
       값:
       tensor([[ 0.,  2.],
               [ 3.,  5.]])

In[1]  indices = torch.LongTensor([0, 0])
       describe(torch.index_select(x, dim=0, index=indices))

Out[1] 타입: torch.LongTensor
```

---

24 옮긴이_ index_select() 함수가 반환하는 텐서는 dim 매개변수에 지정한 차원의 크기가 index 매개변수에 지정한 텐서의 길이와 같습니다. 나머지 차원은 원본 텐서와 크기가 같습니다. 세 번째 예에서 보듯이 텐서는 배열 인덱싱이 가능하므로 첫 번째와 두 번째 예를 x[:, [0, 2]]와 x[[0, 0], :] 같이 쓸 수 있습니다.

```
크기: torch.Size([2, 3])
값:
tensor([[ 0.,  1.,  2.],
        [ 0.,  1.,  2.]])
```

```
In[2]  row_indices = torch.arange(2).long()
       col_indices = torch.LongTensor([0, 1])
       describe(x[row_indices, col_indices])
```

```
Out[2] 타입: torch.LongTensor
       크기: torch.Size([2])
       값:
       tensor([ 0.,  4.])
```

인덱스가 LongTensor라는 점에 주목하세요. 파이토치 함수를 사용할 때 필수 조건입니다. [코드 1-13]처럼 내장 함수로 차원을 지정하여 텐서를 연결할 수도 있습니다.

코드 1-13 텐서 연결

```
In[0]  import torch
       x = torch.arange(6).view(2,3)
       describe(x)
```

```
Out[0] 타입: torch.LongTensor
       크기: torch.Size([2, 3])
       값:
       tensor([[ 0.,  1.,  2.],
               [ 3.,  4.,  5.]])
```

```
In[1]  describe(torch.cat([x, x], dim=0))
```

```
Out[1] 타입: torch.LongTensor
       크기: torch.Size([4, 3])
       값:
       tensor([[ 0.,  1.,  2.],
               [ 3.,  4.,  5.],
               [ 0.,  1.,  2.],
               [ 3.,  4.,  5.]])
```

```
In[2]  describe(torch.cat([x, x], dim=1))
```

```
Out[2] 타입: torch.LongTensor
```

```
       크기: torch.Size([2, 6])
       값:
       tensor([[ 0.,  1.,  2.,  0.,  1.,  2.],
               [ 3.,  4.,  5.,  3.,  4.,  5.]])


In[3]  describe(torch.stack([x, x]))

Out[3] 타입: torch.LongTensor
       크기: torch.Size([2, 2, 3])
       값:
       tensor([[[ 0.,  1.,  2.],
                [ 3.,  4.,  5.]],

                [[ 0.,  1.,  2.],
                 [ 3.,  4.,  5.]]])
```

파이토치는 텐서에서 매우 효율적인 선형 대수 연산을 제공합니다. [코드 1-14]에서와 같이 행렬 곱셈(mm), 역행렬(inverse, pinverse), 대각합(trace) 등이 있습니다.

코드 1-14 텐서의 선형 대수 계산: 행렬 곱셈

```
In[0]  import torch
       x1 = torch.arange(6).view(2, 3).float()
       describe(x1)

Out[0] 타입: torch.FloatTensor
       크기: torch.Size([2, 3])
       값:
       tensor([[ 0.,  1.,  2.],
               [ 3.,  4.,  5.]])

In[1]  x2 = torch.ones(3, 2)
       x2[:, 1] += 1
       describe(x2)

Out[1] 타입: torch.FloatTensor
       크기: torch.Size([3, 2])
       값:
       tensor([[ 1.,  2.],
               [ 1.,  2.],
               [ 1.,  2.]])
```

```
In[2]   describe(torch.mm(x1, x2))

Out[2]  타입: torch.FloatTensor
        크기: torch.Size([2, 2])
        값:
        tensor([[  3.,   6.],
                [ 12.,  24.]])
```

지금까지 파이토치의 상수 텐서를 만들고 조작하는 방법을 살펴보았습니다. (파이썬 같은) 프로그래밍 언어에는 데이터와 데이터의 추가 정보(예를 들면 데이터를 저장한 메모리 주소)를 담은 변수가 있습니다. 파이토치도 머신러닝에 사용하는 계산 그래프를 만드는 데 필요한 부가 정보를 다룰 수 있습니다. 이렇게 하려면 텐서 객체를 만들 때 불리언 매개변수만 설정하면 됩니다.

1.4.6 텐서와 계산 그래프

파이토치 tensor 클래스는 (텐서 그 자체인) 데이터와 대수 연산, 인덱싱, 크기 변경 같은 다양한 연산을 캡슐화합니다. [코드 1-15]에서 보듯이 텐서의 requires_grad 불리언 매개변수를 True로 지정하면 ('지도 학습(1.1 절)'에서 설명한) 그레이디언트 기반 학습에 필요한 손실 함수와 텐서의 그레이디언트를 기록하는 부가 연산을 활성화합니다.

코드 1-15 그레이디언트 연산을 할 수 있는 텐서 만들기

```
In[0]   import torch
        x = torch.ones(2, 2, requires_grad=True)
        describe(x)
        print(x.grad is None)

Out[0]  타입: torch.FloatTensor
        크기: torch.Size([2, 2])
        값:
        tensor([[ 1.,  1.],
                [ 1.,  1.]])
        True

In[1]   y = (x + 2) * (x + 5) + 3
        describe(y)
```

```
        print(x.grad is None)

Out[1] 타입: torch.FloatTensor
       크기: torch.Size([2, 2])
       값:
       tensor([[ 21.,   21.],
               [ 21.,   21.]])
       True

In[2]  z = y.mean()
       describe(z)
       z.backward()
       print(x.grad is None)

Out[2] 타입: torch.FloatTensor
       크기: torch.Size([])
       값:
       21.0
       False
```

requires_grad=True로 텐서를 만들면 파이토치는 그레이디언트 계산에 사용하는 부가 정보를 관리합니다. 먼저 파이토치가 정방향 계산의 값을 기록합니다. 계산이 끝나면 스칼라값 하나를 사용해 역방향 계산을 수행합니다. 역방향 계산은 손실 함수의 평가 결과로 얻은 텐서에서 backward() 메서드를 호출해 시작합니다. 역방향 계산은 정방향 계산에 참여한 텐서 객체에 대한 그레이디언트값을 계산합니다.

일반적으로 그레이디언트는 함수 입력에 대한 함수 출력의 기울기를 나타내는 값입니다. 계산 그래프에서 그레이디언트는 모델의 파라미터마다 존재하고 오류 신호에 대한 파라미터의 기여로 생각할 수 있습니다. 파이토치에서 계산 그래프에 있는 노드에 대한 그레이디언트를 .grad 속성으로 참조할 수 있습니다. 옵티마이저는 .grad 속성을 사용해서 파라미터값을 업데이트합니다.

1.4.7 CUDA 텐서

지금까지 텐서를 CPU 메모리에 할당했습니다. GPU가 있다면 선형 대수 연산을 수행할 때 되도록 사용하세요. GPU를 사용하려면 먼저 텐서를 GPU 메모리에 할당해야 합니다. CUDA

API를 사용해 GPU를 활용할 수 있습니다. CUDA API는 NVIDIA에서 만들었고 NVIDIA GPU에서만 사용됩니다.[25] 파이토치는 내부적인 할당 방식만 다를 뿐 CPU 텐서와 사용법이 같은 CUDA 텐서 객체를 제공합니다.

파이토치는 타입을 유지하면서 텐서를 CPU에서 GPU로 전송하여 CUDA 텐서를 매우 쉽게 만들 수 있습니다. 파이토치에서는 GPU나 CPU 같은 장치에 상관없이 동작하는 코드를 작성하는 것이 바람직합니다. [코드 1-16]에서는 torch.cuda.is_available()로 GPU를 사용할 수 있는지 확인하고 torch.device()로 장치 이름을 가져옵니다. 그다음 .to(device) 메서드를 사용해 향후 초기화되는 모든 텐서를 타깃 장치로 이동합니다.

코드 1-16 CUDA 텐서 만들기

```
In[0]  import torch
       print (torch.cuda.is_available())

Out[0] True

In[1]  # 바람직한 방법: 장치에 무관한 텐서 초기화
       device = torch.device("cuda" if torch.cuda.is_available() else "cpu")
       print (device)

Out[1] cuda

In[2]  x = torch.rand(3, 3).to(device)
       describe(x)

Out[2] 타입: torch.cuda.FloatTensor
       크기: torch.Size([3, 3])
       값:
       tensor([[ 0.9149,  0.3993,  0.1100],
               [ 0.2541,  0.4333,  0.4451],
               [ 0.4966,  0.7865,  0.6604]], device='cuda:0')
```

CUDA 객체와 CUDA가 아닌 객체를 다루려면 두 객체가 같은 장치에 있는지 확인해야 합니다. 그렇지 않으면 [코드 1-17]처럼 오류가 발생합니다. 이런 상황은 계산 그래프의 일부가 아닌 측정 지표를 계산할 때 발생할 수 있습니다. 두 텐서 객체로 연산을 수행할 때 같은 장치에

----

25 현재로서는 NVIDIA GPU가 아닌 AMD나 ARM에서 CUDA API를 사용할 수 없다는 의미입니다(물론 CPU만으로 파이토치를 사용할 수는 있습니다). 하지만 앞으로는 바뀔 수 있습니다.

있는지 확인하세요.

코드 1-17 CUDA 텐서와 CPU 텐서 더하기

```
In[0]   y = torch.rand(3, 3)
        x + y

Out[0]  ----------------------------------------------------------------
        RuntimeError                      Traceback (most recent call last)
             1 y = torch.rand(3, 3)
        ----> 2 x + y
        RuntimeError: Expected object of type
        torch.cuda.FloatTensor but found type torch.FloatTensor for argument
        #3 'other'

In[1]   cpu_device = torch.device("cpu")
        y = y.to(cpu_device)
        x = x.to(cpu_device)
        x + y

Out[1]  tensor([[ 0.7159,  1.0685,  1.3509],
                [ 0.3912,  0.2838,  1.3202],
                [ 0.2967,  0.0420,  0.6559]])
```

GPU로 데이터를 넣고 꺼내는 작업은 비용이 많이 든다는 점을 기억하세요. 따라서 병렬 계산은 일반적으로 GPU에서 수행하고 최종 결과만 CPU로 전송하는 방식으로 이루어집니다. 이렇게 하면 GPU를 최대로 활용할 수 있습니다. CUDA 장치가 여럿(즉 GPU가 여럿)이라면 프로그램을 실행할 때 다음처럼 CUDA_VISIBLE_DEVICES 환경 변수를 사용할 수 있습니다.

```
CUDA_VISIBLE_DEVICES=0,1,2,3 python main.py
```

이 책에서는 병렬화와 다중 GPU 훈련을 다루지 않습니다. 하지만 대규모 실험이나 큰 용량의 모델을 훈련할 때 필수적인 부분입니다. 이 주제에 관한 지원과 도움말은 파이토치 문서(*http://bit.ly/2PqdsPF*)와 포럼을 참고하세요.

1.5 연습문제

문제 풀어보기는 파이토치 기초를 마스터하는 가장 좋은 방법입니다. 여기에 기초적인 문제 몇 개를 담았습니다. 문제는 대부분 공식 문서($http://bit.ly/3c7Bfyq$)에서 관련 함수를 찾아야 해결할 수 있습니다. 정답은 부록 B에 있습니다.

1. 2D 텐서를 만들고 차원 0 위치에 크기가 1인 차원을 추가하세요.

2. 이전 텐서에 추가한 차원을 삭제하세요.

3. 범위가 [3, 7)이고 크기가 5x3인 랜덤한 텐서를 만드세요.

4. 정규 분포(평균=0, 표준편차=1)를 사용해 텐서를 만드세요.

5. 텐서 torch.Tensor([1, 1, 1, 0, 1])에서 0이 아닌 원소의 인덱스를 추출하세요.

6. 크기가 (3,1)인 랜덤한 텐서를 만들고 네 벌을 복사해 쌓으세요.

7. 2차원 행렬 두 개(a=torch.rand(3,4,5), b=torch.rand(3,5,4))의 배치 행렬 곱셈batch matrix–matrix product을 계산하세요.

8. 3차원 행렬(a=torch.rand(3,4,5))과 2차원 행렬(b=torch.rand(5,4))의 배치 행렬 곱셈을 계산하세요.

1.6 요약

1장에서는 이 책의 주요 주제인 NLP와 딥러닝을 소개하고 지도 학습 패러다임을 설명했습니다. 이제 샘플, 타깃, 모델, 파라미터, 예측, 손실 함수, 표현, 학습/훈련, 추론 같은 용어에 익숙해졌거나 적어도 이해했을 것입니다. 또한 원-핫 인코딩을 사용해 학습에 필요한 입력(샘플과 타깃)을 인코딩하는 방법과 TF와 TF-IDF 같은 카운트 기반의 표현을 살펴보았습니다. 그다음 계산 그래프가 무엇인지 알아보고, 정적 계산 그래프와 동적 계산 그래프의 차이를 이해하고, 파이토치의 텐서 연산을 배우면서 파이토치에 첫발을 내디뎠습니다. 2장에서 전통적인 NLP를 소개하겠습니다. 1장과 2장에는 NLP와 딥러닝을 처음 접하는 독자에게 도움이 되고 나머지 장의 내용을 따라가는 데 꼭 필요한 기초적인 내용을 담았습니다.

1.7 참고 문헌

1. 파이토치 공식 문서(*http://bit.ly/3c7Bfyq*)

2. Dougherty, James, Ron Kohavi, and Mehran Sahami. (1995). "Supervised and Unsupervised Discretization of Continuous Features." *Proceedings of the 12th International Conference on Machine Learning.*

3. Collobert, Ronan, and Jason Weston. (2008). "A Unified Architecture for Natural Language Processing: Deep Neural Networks with Multitask Learning." *Proceedings of the 25th International Conference on Machine Learning.*

## CHAPTER 2

NLP 기술 빠르게 훑어보기

이전 장에서 소개한 자연어 처리(NLP)와 **전산 언어학**computational linguistics(CL)은 컴퓨터를 사용한 언어 연구 분야입니다. NLP의 목적은 정보 추출, 자동 음성 인식, 기계 번역, 감성 분석, 질의응답, 요약 같은 실용적인 문제를 해결하는 방법을 개발하는 것입니다. 반면 전산 언어학은 언어의 특징을 이해하는 방법을 개발합니다. 우리는 어떻게 언어를 이해하나요? 어떻게 언어를 생산하나요? 어떻게 언어를 배우나요? 언어 간에는 어떤 관계가 있나요?

전산 언어학의 방법론과 연구자를 NLP 논문에서 보거나 그 반대인 경우가 흔합니다. 전산 언어학에서 배운 언어적 지식을 NLP의 사전 지식으로 사용할 수 있습니다. NLP의 확률적인 방법과 머신러닝 방법을 적용해 전산 언어학이 찾으려는 답을 찾을 수 있습니다. 사실 전산 언어학의 질문들은 음운론, 형태론, 구문론, 의미론, 화용론 같은 자체 분야로 발전했습니다.

이 책에서는 NLP만 다루지만 필요하면 전산 언어학에서 아이디어를 빌려오겠습니다. NLP를 위한 신경망으로 완전히 뛰어들기 전에 이 장에서는 전통적인 NLP 개념과 방법론을 둘러보겠습니다.

NLP 관련 배경지식이 있다면 이 장을 건너뛰어도 괜찮습니다. 하지만 향수도 불러일으키고 앞으로 나올 용어를 공유하기 위해 계속 읽기를 권장합니다.

2.1 말뭉치, 토큰, 타입

고전이나 현대의 모든 NLP 작업은 **말뭉치**corpus, 복수형 corpora라 부르는 텍스트 데이터로 시작합니다. 말뭉치는 일반적으로 원시 텍스트(ASCII나 UTF-8 형태)와 이 텍스트에 연관된 메타데이터metadata를 포함합니다. 원시 텍스트는 문자(바이트) 시퀀스지만 일반적으로 문자를 **토큰**token이라는 연속된 단위로 묶었을 때 유용합니다. 영어에서 토큰은 공백 문자나 구두점으로 구분되는 단어와 숫자에 해당합니다.

메타데이터는 식별자, 레이블, 타임스탬프 등 텍스트와 관련된 어떤 부가 정보도 될 수 있습니다. 머신러닝 분야에서는 메타데이터가 붙은 텍스트를 **샘플**sample 또는 **데이터 포인트**data point라고 부릅니다. 샘플의 모음인 말뭉치(그림 2-1)는 **데이터셋**dataset이라고 부릅니다. 이 책은 머신러닝에 초점을 맞추므로 말뭉치와 데이터셋이란 용어를 혼용하여 사용하겠습니다.

그림 2-1 코퍼스: NLP 작업의 시작 지점

토큰화tokenization는 텍스트를 토큰으로 나누는 과정을 의미합니다. 예를 들어 에스페란토Esperanto 문장인 "Maria frapis la verda sorĉistino[1]"에는 토큰이 6개 있습니다. [그림 2-2]에서 볼 수 있듯이 토큰화는 알파벳과 숫자가 아닌 문자를 기준으로 텍스트를 나누는 작업보다 더 복잡할 수 있습니다. 터키어와 같은 교착어는 공백 문자와 구두점으로 나누는 것으로 충분하지 않습니다

---

1 번역하면 "메리는 녹색 마녀를 때렸다"입니다. 이 장에서는 예제로 이 문장을 사용합니다. 다소 폭력적인 문장이지만 많은 NLP 연구자들이 예시로 사용합니다. 이 시대 가장 유명한 인공 지능 교과서인 러셀과 노빅의 『인공 지능: 현대적 접근 방법』(제이펍, 2016)에 경의를 표하기 위해 채택했습니다. 옮긴이_ 이 문장은 NLP 연구자인 케빈 나이트(Kevin Knight) 박사가 1999년 워크숍에서 처음 사용했다고 알려졌습니다(*https://kevincrawfordknight.github.io/papers/wkbk.pdf*). 케빈은 현재 중국의 차량 공유 서비스 회사인 디디추싱의 NLP 분야 수석 과학자입니다. 파이토치 코리아 그룹(*https://www.facebook.com/groups/PyTorchKR*)에서 이 문장의 기원을 찾아주신 양철웅 님께 감사드립니다.

다.[2] 더 전문 기술이 필요합니다. 4장과 6장에서 살펴보겠지만, 텍스트를 바이트 스트림으로 신경망에 표현하여 토큰화 문제를 완전히 피해 갈 수 있습니다. 이런 특징은 교착어에는 매우 중요합니다.

터키어	영어
kork(-mak)	(to) fear
korku	fear
korkusuz	fearless
korkusuzlaş (-mak)	(to) become fearless
korkusuzlaşmış	One who has become fearless
korkusuzlaştır(-mak)	(to) make one fearless
korkusuzlaştırıl(-mak)	(to) be made fearless
korkusuzlaştırılmış	One who has been made fearless
korkusuzlaştırılabil(-mek)	(to) be able to be made fearless
korkusuzlaştırılabilecek	One who will be able to be made fearless
korkusuzlaştırabileceklerimiz	Ones who we can make fearless
korkusuzlaştırabileceklerimizden	From the ones who we can make fearless
korkusuzlaştırabileceklerimizdenmiş	I gather that one is one of those we can make fearless
korkusuzlaştırabileceklerimizdenmişçesine	As if that one is one of those we can make fearless
korkusuzlaştırabileceklerimizdenmişçesineyken	when it seems like that one is one of those we can make fearless

그림 2-2 터키어와 같은 교착어에서 토큰화는 금방 복잡해집니다.

다음과 같은 트윗을 생각해 보죠.

트윗을 토큰화하려면 해시태그, @ 멘션, :-)와 같은 스마일리, URL을 하나의 단위로 인식해야 합니다. #MakeAMovieCold 해시태그는 토큰이 하나일까요? 아니면 4개일까요? 연구 논문은 보통 이런 문제에 큰 관심이 없습니다. 토큰화의 기준은 저마다 다릅니다. 하지만 이런 결

---

2 옮긴이_ 교착어는 어근과 접사가 단어의 기능을 결정하는 언어입니다. 한국어도 교착어입니다.

정은 실제 정확도에 생각보다 더 큰 영향을 미칠 수 있습니다. 오픈 소스 NLP 패키지는 대부분 기본적인 토큰화를 제공해서 고된 전처리 작업을 덜어줍니다. [코드 2-1]에서 텍스트 처리 분야에 널리 사용되는 패키지인 NLTK(*http://www.nltk.org/*)와 spaCy(*https://spacy.io/*)의 예를 볼 수 있습니다.

코드 2-1 텍스트 토큰화

```
In[0]   import spacy
        nlp = spacy.load('en_core_web_sm')
        text = "Mary, don't slap the green witch."
        print([str(token) for token in nlp(text.lower())])

Out[0]  ['mary', ',', 'do', "n't", 'slap', 'the', 'green', 'witch', '.']

In[1]   from nltk.tokenize import TweetTokenizer
        tweet=u"Snow White and the Seven Degrees
            #MakeAMovieCold@midnight:-)"
        tokenizer = TweetTokenizer()
        print(tokenizer.tokenize(tweet.lower()))

Out[1]  ['snow', 'white', 'and', 'the', 'seven', 'degrees',
         '#makeamoviecold', '@midnight', ':-)']
```

타입type은 말뭉치에 등장하는 고유한 토큰입니다. 말뭉치에 있는 모든 타입의 집합이 어휘 사전 또는 어휘lexicon입니다. 단어는 내용어content words와 불용어stopword로 구분됩니다. 관사와 전치사 같은 불용어는 대부분 내용어를 보충하는 문법적인 용도로 사용합니다.[3]

특성 공학

특성 공학feature engineering은 언어학을 이해하고 NLP 문제 해결에 적용하는 과정을 의미합니다. 여기에서는 언어 간의 모델 이식성과 편리성을 높이기 위해 최소한으로 사용합니다. 최근에 반대 주장이 있긴 하지만 실제 제품 시스템을 개발하고 구축할 때는 특성 공학이 필수입니다. 일반적인 특성 공학에 대한 설명은 젱Zheng과 카사리Casari의 책을 참고하세요.[3]

---

3   옮긴이_ 이 책의 번역서는 『피처 엔지니어링, 제대로 시작하기』(에이콘, 2018)입니다. 파이썬 과학 패키지를 사용한 다양한 전처리 방법을 레시피별로 정리한 『파이썬을 활용한 머신러닝 쿡북』(한빛미디어, 2019)도 추천합니다.

2.2 유니그램, 바이그램, 트라이그램, …, n-그램

n-그램n-gram은 텍스트에 있는 고정 길이(n)의 연속된 토큰 시퀀스입니다. 바이그램bigram은 토큰 두 개, 유니그램unigram은 토큰 한 개로 이루어집니다. [코드 2-2]에서 보듯이 텍스트에서 n-그램을 만드는 일은 간단합니다. spaCy와 NLTK 같은 패키지에서도 n-그램을 편리하게 만드는 도구를 제공합니다.

코드 2-2 텍스트에서 n-그램 만들기

```
In[0]  def n_grams(text, n):
           '''
           takes tokens or text, returns a list of n-grams
           '''
           return [text[i:i+n] for i in range(len(text)-n+1)]

       cleaned = ['mary', ',', "n't", 'slap', 'green', 'witch', '.']
       print(n_grams(cleaned, 3))


Out[0] [['mary', ',', "n't"],
        [',', "n't", 'slap'],
        ["n't", 'slap', 'green'],
        ['slap', 'green', 'witch'],
        ['green', 'witch', '.']]
```

부분 단어subword 자체가 유용한 정보를 전달한다면 문자 n-그램을 생성할 수 있습니다. 예를 들어 'methanol'의 접미사 '-ol'은 알코올 종류를 나타냅니다. 유기 화합물 이름을 구분하는 작업에서는 n-그램으로 찾은 부분 단어의 정보가 유용할 것입니다. 이런 경우에 같은 코드를 재사용할 수 있지만 모든 문자의 n-그램을 토큰 하나로 취급합니다.[4]

---

4 4장과 6장에서 이런 부분 구조를 암묵적이고 효과적으로 감지하는 딥러닝 모델을 알아보겠습니다.

2.3 표제어와 어간

표제어lemma는 단어의 기본형입니다.[5] 동사 'fly'를 생각해 보죠. flow, flew, flies, flown, flowing 등 어미가 바뀌면서 여러 단어로 변형됩니다. fly는 이런 모든 단어의 표제어입니다. 토큰을 표제어로 바꾸어 벡터 표현의 차원을 줄이는 방법이 종종 도움이 됩니다. 이런 축소를 표제어 추출lemmatization이라고 합니다. [코드 2-3]에 관련 코드가 있습니다.

코드 2-3 표제어 추출: 단어를 표제어로 바꿉니다.

```
In[0]   import spacy
        nlp = spacy.load('en_core_web_sm')
        doc = nlp(u"he was running late")
        for token in doc:
            print('{} --> {}'.format(token, token.lemma_))

Out[0]  he --> he
        was --> be
        running --> run
        late --> late
```

예를 들어 spaCy는 사전에 정의된 WordNet 사전을 사용해 표제어를 추출합니다. 하지만 표제어 추출은 언어의 형태론을 이해하려는 머신러닝의 문제로 나타낼 수 있습니다.

어간 추출stemming은 표제어 추출 대신에 사용하는 축소 기법입니다.[6] 수동으로 만든 규칙을 사용해 단어의 끝을 잘라 어간stem이라는 공통 형태로 축소합니다. 오픈 소스 패키지에 구현된 Porter와 Snowball 어간 추출기가 유명합니다. 어간 추출에 적합한 spaCy/NLTK API를 찾는 일은 독자들에게 숙제로 남겨 두겠습니다.

....

5 옮긴이_ 쉽게 생각해서 표제어는 사전에 등재된 단어입니다.

6 단어 'geese'를 예로 들어 표제어 추출과 어간 추출의 차이점을 알아보죠. 표제어 추출을 하면 'goose'가 생성되고 어간 추출을 하면 'gees'가 생성됩니다.

2.4 문장과 문서 분류하기

문서를 분류하는 작업은 NLP 분야의 초기 애플리케이션 중 하나입니다. 1장에서 소개한 TF와 TF−IDF 표현이 문서나 문장 같은 긴 텍스트 뭉치를 분류하는 데 유용합니다. 토픽^{topic} 레이블 할당, 리뷰의 감성 예측, 스팸 이메일 필터링, 언어 식별, 이메일 분류 같은 작업은 지도 학습 기반의 문서 분류 문제입니다(이 책에서 다루지는 않지만 레이블된 데이터셋이 적을 때는 준지도 학습이 매우 유용합니다).

2.5 단어 분류하기: 품사 태깅

문서에 레이블을 할당하는 개념을 단어나 토큰으로 확장할 수 있습니다. 단어 분류 작업의 예로는 **품사**^{part−of−speech(POS)} **태깅**^{tagging}이 있습니다(코드 2−4).

코드 2-4 품사 태깅

```
In[0]  import spacy
       nlp = spacy.load('en_core_web_sm')
       doc = nlp(u"Mary slapped the green witch.")
       for token in doc:
           print('{} - {}'.format(token, token.pos_))

Out[0] Mary - PROPN
       slapped - VERB
       the - DET
       green - ADJ
       witch - NOUN
       . - PUNCT
```

2.6 청크 나누기와 개체명 인식

종종 연속된 여러 토큰으로 구분되는 텍스트 구에 레이블을 할당해야 합니다. "Mary slapped the green witch." 문장을 예로 들어 보죠. 다음처럼 명사구(NP)와 동사구(VP)를 구별해야 합니다.

```
[NP Mary] [VP slapped] [the green witch].
```

이를 청크 나누기^{chunking}[7] 또는 부분 구문 분석^{shallow parsing}이라고 합니다. 부분 구문 분석의 목적은 명사, 동사, 형용사 같은 문법 요소로 구성된 고차원의 단위를 유도해 내는 것입니다. 부분 구문 분석 모델 훈련에 사용할 데이터가 없다면 품사 태깅에 정규식^{regular expression}을 적용해 부분 구문 분석을 근사할 수 있습니다. 다행히 영어 등 널리 사용하는 언어에는 이미 이런 데이터와 사전 훈련된 모델이 있습니다. [코드 2-5]는 spaCy를 사용해 부분 구문 분석을 수행하는 예를 보여줍니다.

코드 2-5 명사구(NP) 부분 구문 분석

```
In[0]  import spacy
       nlp = spacy.load('en_core_web_sm')
       doc = nlp(u"Mary slapped the green witch.")
       for chunk in doc.noun_chunks:
           print ('{} - {}'.format(chunk, chunk.label_))

Out[0] Mary - NP
       the green witch - NP
```

또 다른 유용한 단위는 개체명^{named entity}입니다. 개체명은 사람, 장소, 회사, 약 이름과 같은 실제 세상의 개념을 의미하는 문자열입니다. 개체명의 예는 다음과 같습니다.

John PERSON was born in Chicken GPE , Alaska GPE , and studies at Cranberry Lemon University ORG .

---

7 옮긴이_ 청크는 하나의 의미가 있는 말 덩어리입니다.

2.7 문장 구조

구 단위를 식별하는 부분 구문 분석과 달리 구 사이의 관계를 파악하는 작업을 구문 분석parsing 이라고 합니다. 문장을 분석해서 [그림 2–3]과 같은 다이어그램으로 그릴 수 있습니다.

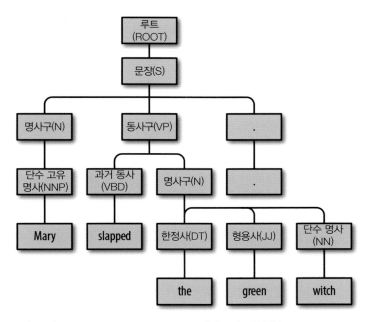

그림 2-3 "Mary slapped the green witch."의 구성 구문 분석

구분 분석 트리parse tree는 문장 안의 문법 요소가 계층적으로 어떻게 관련되는지 보여줍니다. [그림 2–3]의 트리는 **구성 구문 분석**constituent parsing이라 부릅니다. 관계를 표시하는 또 다른 방법 은 [그림 2–4]의 **의존 구문 분석**dependency parsing입니다.

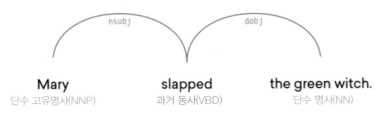

그림 2-4 "Mary slapped the green witch."의 의존 구문 분석

전통적인 구문 분석에 관해 더 자세한 내용은 이 장의 끝에 있는 참고 문헌을 살펴보세요.

2.8 단어 의미와 의미론

단어에는 의미가 하나 이상 있습니다. 단어가 나타내는 각각의 뜻을 단어의 의미^{sense}라고 합니다. 프린스턴 대학교에서 장기간 진행하고 있는 어휘 사전 프로젝트인 WordNet(*https://wordnet.princeton.edu*)은 (거의) 모든 영어 단어의 관계와 의미를 수집하는 것이 목표입니다.[8] 단어 'plane'을 예로 들어 보죠. [그림 2-5]는 이 단어의 다양한 의미를 보여줍니다.

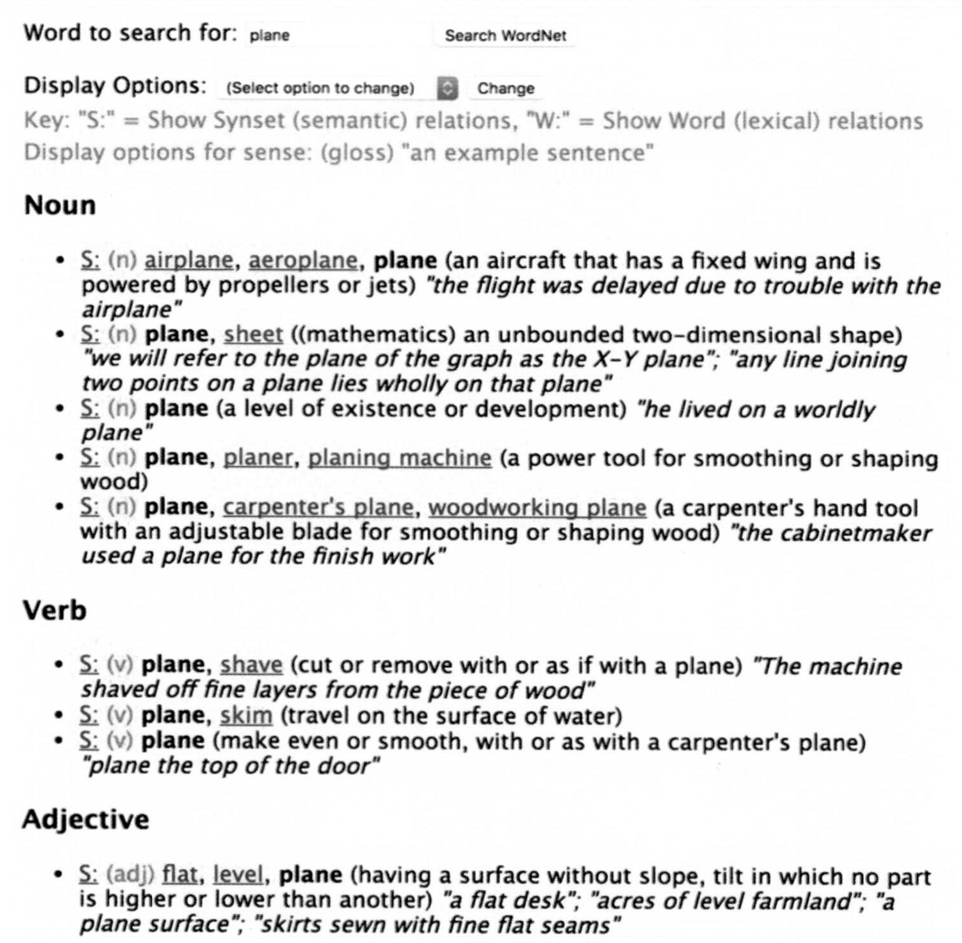

Word to search for: plane   Search WordNet

Display Options: (Select option to change) ⬚ Change
Key: "S:" = Show Synset (semantic) relations, "W:" = Show Word (lexical) relations
Display options for sense: (gloss) "an example sentence"

Noun

- S: (n) <u>airplane</u>, <u>aeroplane</u>, **plane** (an aircraft that has a fixed wing and is powered by propellers or jets) *"the flight was delayed due to trouble with the airplane"*
- S: (n) **plane**, <u>sheet</u> ((mathematics) an unbounded two-dimensional shape) *"we will refer to the plane of the graph as the X-Y plane"; "any line joining two points on a plane lies wholly on that plane"*
- S: (n) **plane** (a level of existence or development) *"he lived on a worldly plane"*
- S: (n) **plane**, <u>planer</u>, <u>planing machine</u> (a power tool for smoothing or shaping wood)
- S: (n) **plane**, <u>carpenter's plane</u>, <u>woodworking plane</u> (a carpenter's hand tool with an adjustable blade for smoothing or shaping wood) *"the cabinetmaker used a plane for the finish work"*

Verb

- S: (v) **plane**, <u>shave</u> (cut or remove with or as if with a plane) *"The machine shaved off fine layers from the piece of wood"*
- S: (v) **plane**, <u>skim</u> (travel on the surface of water)
- S: (v) **plane** (make even or smooth, with or as with a carpenter's plane) *"plane the top of the door"*

Adjective

- S: (adj) <u>flat</u>, <u>level</u>, **plane** (having a surface without slope, tilt in which no part is higher or lower than another) *"a flat desk"; "acres of level farmland"; "a plane surface"; "skirts sewn with fine flat seams"*

그림 2-5 단어 'plane'의 의미(출처: WordNet)

---

8 WordNet의 다중 언어 버전을 만드는 시도가 있습니다. BabelNet(*https://babelnet.org/*)을 참고하세요.

WordNet과 같은 프로젝트에 쏟은 수십 년간의 노력은 현대적인 접근 방법에도 유용합니다. 이 책 후반부에 신경망과 딥러닝에서 기존 언어 자료를 사용하는 예를 살펴보겠습니다.

단어 의미는 문맥으로 결정될 수도 있습니다. 텍스트에서 단어 의미를 자동으로 찾는 일은 실제로 NLP에 적용된 첫 번째 준지도 학습semi-supervised learning입니다. 이 책에서 다루지는 않지만 쥬라프스키Jurafsky와 마틴Martin 책(2장 참고 문헌 3)의 17장과 매닝Manning과 슈체Schütze 책(2장 참고 문헌 1)의 7장을 참고하세요.

2.9 요약

이 장에서는 다음 장을 이해하는 데 필요한 기본적인 NLP 용어와 개념을 살펴보았습니다. 여기서 다룬 내용은 전통적인 NLP가 제공하는 기능의 극히 일부분입니다. 이 책은 NLP에 딥러닝을 적용하는 데 초점을 맞추려 전통적인 NLP 설명은 많이 생략했습니다. 그러나 신경망을 사용하지 않지만 (제품 시스템을 만드는 데 널리 사용하는) 중요한 NLP 연구가 많다는 점은 알아두기 바랍니다. 일반적으로 신경망 기반의 방법은 전통적인 방법을 대체하지 않으며 보조적으로 사용합니다. 숙련된 기술자들은 양쪽 진영의 기술을 사용해 최고 수준의 시스템을 구축합니다. NLP의 전통적인 방법에 관한 더 자세한 내용은 다음 절의 참고 문헌을 살펴보세요.

2.10 참고 문헌

1. Manning, Christopher D., and Hinrich Schütze. (1999). *Foundations of Statistical Natural Language Processing*. MIT press.

2. Bird, Steven, Ewan Klein, and Edward Loper. (2009). *Natural Language Processing with Python: Analyzing Text with the Natural Language Toolkit*. O'Reilly.

3. Smith, Noah A. (2011). *Linguistic Structure prediction*. Morgan and Claypool.

4. Jurafsky, Dan, and James H. Martin. (2014). *Speech and Language Processing*,

Vol. 3. Pearson.

5. Russell, Stuart J., and Peter Norvig. (2016). *Artificial Intelligence: A Modern Approach*. Pearson.

6. Zheng, Alice, and Casari, Amanda. (2018). *Feature Engineering for Machine Learning: Principles and Techniques for Data Scientists*. O'Reilly.

## CHAPTER 3

신경망의 기본 구성 요소

이 장에서는 활성화 함수, 손실 함수, 옵티마이저optimizer, 지도 학습 훈련 방법 등을 소개합니다. 이후 장에서 신경망을 구축하는 데 필요한 기본 요소입니다. 먼저 유닛unit이 하나 있는 신경망인 퍼셉트론으로 시작해서 여러 가지 개념을 연결해 나가겠습니다. 퍼셉트론은 그 자체가 복잡한 신경망의 구성 요소입니다. 이런 패턴은 책 전반에 걸쳐 반복됩니다. 우리가 논의하는 구조와 신경망은 모두 독립적으로 사용하거나 더 복잡한 신경망의 구성 요소로 사용할 수 있습니다. 이런 조합 능력은 계산 그래프를 설명하고 책을 읽어 나가면서 더욱 명확해질 것입니다.

3.1 퍼셉트론: 가장 간단한 신경망

퍼셉트론perceptron은 가장 간단한 신경망으로 생물학적 뉴런을 대략 본떠 만들었습니다. [그림 3-1]에서 볼 수 있듯이 생물학적 뉴런과 마찬가지로 입력과 출력이 있고 '신호'는 입력에서 출력으로 흐릅니다.

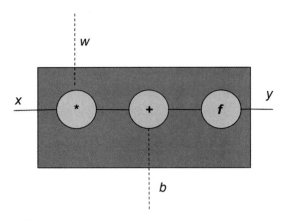

그림 3-1 입력(x)과 출력(y)이 있는 퍼셉트론의 계산 그래프. 모델의 파라미터는 가중치(w)와 절편(b)입니다.

퍼셉트론 유닛에는 입력(x), 출력(y)과 3개의 다이얼이 있습니다. 가중치(w), 절편(b), 활성화 함수(f)입니다. 가중치^{weight}와 절편^{bias}은 데이터에서 학습됩니다. 활성화 함수^{activation function}는 신경망과 타깃 출력을 기반으로 설계자의 직관에 따라 결정됩니다. 이를 수학적으로 다음과 같이 표현할 수 있습니다.

$$y = f(w \times x + b)$$

일반적으로 퍼셉트론에는 입력을 하나 이상 사용합니다. 이런 일반적인 상황을 벡터로 표현할 수 있습니다. 즉 $\boldsymbol{x}$와 $\boldsymbol{w}$는 벡터이고 $\boldsymbol{x}$와 $\boldsymbol{w}$의 곱셈은 점곱^{dot product}으로 바뀝니다.

$$y = f(\boldsymbol{wx} + b)$$

f로 표시한 활성화 함수는 일반적으로 비선형 함수입니다. 선형 함수는 그래프가 직선인 함수입니다.[1] 이 예시의 $\boldsymbol{wx} + b$는 선형 함수입니다. 즉 퍼셉트론은 선형 함수와 비선형 함수의 조합입니다. 선형 함수 표현인 $\boldsymbol{wx} + b$를 아핀 변환^{affine transform}이라고도 부릅니다.

[코드 3-1]에 파이토치로 퍼셉트론 구현했습니다. 임의 개수의 입력을 받아 아핀 변환을 수행하고 활성화 함수를 적용한 후 출력 하나를 만듭니다.

---

1 **옮긴이_** 최고 차수가 1 이하인 다항 함수를 의미합니다.

```python
import torch
import torch.nn as nn

class Perceptron(nn.Module):
    """ 퍼셉트론은 하나의 선형 층입니다 """
    def __init__(self, input_dim):
        """
        매개변수:
            input_dim (int): 입력 특성의 크기
        """
        super(Perceptron, self).__init__()
        self.fc1 = nn.Linear(input_dim, 1)

    def forward(self, x_in):
        """퍼셉트론의 정방향 계산

        매개변수:
            x_in (torch.Tensor): 입력 데이터 텐서
                x_in.shape는 (batch, num_features)입니다.
        반환값:
            결과 텐서. tensor.shape는 (batch,)입니다.
        """
        return torch.sigmoid(self.fc1(x_in)).squeeze()
```

편리하게도 파이토치는 **torch.nn** 모듈 아래 가중치와 절편에 필요한 부가 작업과 아핀 변환을 수행해 주는 편리한 **Linear** 클래스를 제공합니다.[2] '지도 학습 훈련 알아보기(3.4절)'에서 가중치 w와 절편 b의 값을 데이터에서 어떻게 학습하는지 알아보겠습니다. 앞의 예에서 사용한 활성화 함수는 시그모이드 함수^{sigmoid function}입니다. 이 함수를 포함해서 많이 사용하는 활성화 함수를 몇 가지 살펴보겠습니다.

---

2 가중치와 절편은 **nn.Linear** 클래스 안에서 관리됩니다. 드물게 절편이 없는 모델이 필요하면 **nn.Linear** 생성자를 호출할 때 **bias=False**로 지정할 수 있습니다.

3.2 활성화 함수

활성화 함수는 비선형 함수로, 신경망에서 데이터의 복잡한 관계를 감지하는 데 사용합니다. '지도 학습 훈련 알아보기(3.4절)'와 '다층 퍼셉트론(4.1절)'에서 비선형 함수가 학습에 왜 필요한지 자세히 알아보겠습니다. 그전에 널리 사용하는 비선형 함수부터 살펴보겠습니다.[3]

3.2.1 시그모이드

시그모이드는 신경망 분야의 초창기부터 사용한 활성화 함수입니다. 임의의 실숫값을 받아 0과 1 사이의 범위로 압축합니다. 시그모이드 함수의 공식은 다음과 같습니다.

$$f(x) = \frac{1}{1 + e^{-x}}$$

공식을 보면 시그모이드 함수가 미분할 수 있는 부드러운 함수라는 점을 알 수 있습니다. [코드 3-2]와 같이 파이토치는 torch.sigmoid()로 시그모이드 함수를 구현했습니다.

코드 3-2 시그모이드 활성화 함수

```
import torch
import matplotlib.pyplot as plt

x = torch.range(-5., 5., 0.1)
y = torch.sigmoid(x)
plt.plot(x.numpy(), y.numpy())
plt.show()
```

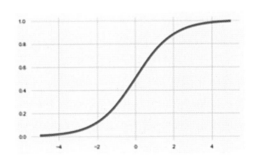

그래프에서 볼 수 있듯이 시그모이드 함수는 입력 범위 대부분에서 매우 빠르게 포화됩니다 (즉 극단적인 출력을 만듭니다). 이로 인해 그레이디언트가 0이 되거나 발산하여 부동소수 오

---

3   여러 종류의 활성화 함수가 있습니다. 파이토치는 함수를 20개 이상 제공합니다. 이 장의 내용을 숙지하고 나서 전체 활성화 함수 목록은 공식 문서를 참고하세요. 옮긴이_ 파이토치가 제공하는 전체 활성화 함수 목록은 *http://bit.ly/pytorch-activation*에 있습니다.

버플로가 되는 문제가 발생합니다. 이런 현상을 각각 **그레이디언트 소실 문제**^{vanishing gradient problem}

와 **그레이디언트 폭주 문제**^{exploding gradient problem}라고 부릅니다. 이 때문에 신경망에서 시그모이드 활성화 함수는 거의 출력층에서만 사용합니다. 출력층에서는 출력을 확률로 압축하는 데 시그모이드 함수를 사용합니다.

3.2.2 하이퍼볼릭 탄젠트

하이퍼볼릭 탄젠트^{hyperbolic tangent(tanh)} 활성화 함수는 시그모이드 함수의 변종입니다. 이 함수의 공식을 보면 잘 알 수 있습니다.

$$f(x) = tanh\ x = \frac{e^x - e^{-x}}{e^x + e^{-x}}$$

약간의 수학 지식을 적용해보면 하이퍼볼릭 탄젠트는 [코드 3-3]에서 볼 수 있듯이 시그모이드 함수의 선형 변환임을 알 수 있습니다(이 부분은 숙제로 남겨 놓겠습니다).

NOTE_ (옮긴이)하이퍼볼릭 탄젠트 함수의 분모와 분자에 e^{-x}를 곱해 다음과 같이 정리할 수 있습니다.

$$tanh\ x = \frac{e^x - e^{-x}}{e^x + e^{-x}} = \frac{1 - e^{-2x}}{1 + e^{-2x}}$$

그다음 분자를 다음과 같이 바꿔서 정리해보죠.

$$= \frac{2 - (1 + e^{-2x})}{1 + e^{-2x}} = \frac{2}{1 + e^{-2x}} - 1$$

이 식은 시그모이드 함수 σ로 다음과 같이 바꿔 쓸 수 있습니다.

$$= 2\sigma(2x) - 1$$

파이토치의 tanh( ) 함수로 그래프를 그려보면 잘 알 수 있습니다. 시그모이드처럼 하이퍼볼릭 탄젠트도 압축 함수입니다. 다만 $(-\infty, +\infty)$ 범위의 실숫값을 $[-1, +1]$로 바꾸는 점이 다릅니다.

코드 3-3 하이퍼볼릭 탄젠트 활성화 함수

```
import torch
import matplotlib.pyplot as plt

x = torch.range(-5., 5., 0.1)
y = torch.tanh(x)

plt.plot(x.numpy(), y.numpy())
plt.show()
```

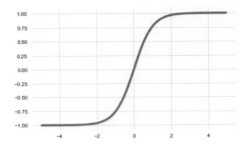

3.2.3 렐루

렐루rectified linear unit(ReLU)는 가장 중요한 활성화 함수입니다. 렐루가 없었다면 최근 딥러닝 혁신의 상당수가 불가능했을 것이라고 말할 수 있습니다. 이렇게 중요하지만 놀랍게도 신경망의 활성화 함수로는 최근에 등장했습니다. 또한 놀랍도록 간단합니다.

$$f(x) = max(0, \ x)$$

렐루가 하는 일은 [코드 3-4]처럼 음숫값을 0으로 자르는 것입니다.

코드 3-4 렐루 활성화 함수

```
import torch
import matplotlib.pyplot as plt

relu = torch.nn.ReLU()
x = torch.range(-5., 5., 0.1)
y = relu(x)

plt.plot(x.numpy(), y.numpy())
plt.show()
```

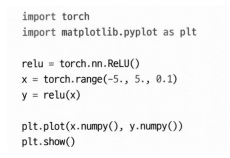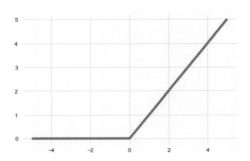

렐루는 음수를 제거해 그레이디언트 소실 문제에 도움이 됩니다. 하지만 시간이 지나서 신경망의 특정 출력이 0이 되면 다시 돌아오지 않는다는 문제가 있습니다. 이를 '죽은 렐루' 문제라고 합니다. 이런 현상을 줄이기 위해 리키 렐루LeakyReLU와 PReLUParametric ReLU 활성화 함수 같은 변

종이 개발되었습니다. PReLU의 누수 파라미터 a는 학습되는 파라미터입니다.[4] [코드 3–5]에
PReLU 그래프가 있습니다.

$$f(x) = max(x, ax)$$

코드 3-5 PReLU 활성화 함수

```
import torch
import matplotlib.pyplot as plt

prelu = torch.nn.PReLU(num_parameters=1)
x = torch.range(-5., 5., 0.1)
y = prelu(x)

plt.plot(x.numpy(), y.detach().numpy())
plt.show()
```

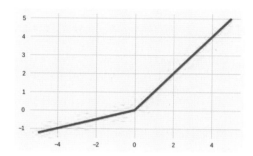

3.2.4 소프트맥스

또 다른 활성화 함수는 소프트맥스softmax입니다. [코드 3–6]에서 볼 수 있듯이 소프트맥스 함수
는 시그모이드 함수처럼 신경망 유닛의 출력을 0과 1 사이로 압축합니다. 소프트맥스 함수는
모든 출력의 합으로 각 출력을 나누어 k 개 클래스에 대한 이산 확률 분포[5]를 만듭니다.

$$softmax(x_i) = \frac{e^{x_i}}{\sum_{f=1}^{k} e^{x_f}}$$

소프트맥스 출력의 합은 1이 됩니다. 이는 분류 작업의 출력을 해석하는 데 매우 유용합니다.[6]
따라서 이 함수는 보통 확률 기반의 목적 함수인 범주형 크로스 엔트로피와 함께 사용합니다.
이는 '지도 학습 훈련 알아보기(3.4절)'에서 자세히 알아보겠습니다.

---

4 옮긴이_ 이와 달리 리키 렐루의 누수 파라미터는 사전에 설정하는 하이퍼파라미터입니다.

5 '확률'과 '분포'란 단어를 나누어 생각해 보죠. '확률'은 출력값이 0과 1 범위에 있다는 뜻입니다. '분포'는 출력의 합이 1이라는 의미입니다.

6 옮긴이_ 출력층의 활성화 함수로 이진 분류에는 시그모이드 함수를 사용하고 다중 분류에는 소프트맥스 함수를 사용합니다.

```
In[0]  import torch.nn as nn
       import torch

       softmax = nn.Softmax(dim=1)
       x_input = torch.randn(1, 3)
       y_output = softmax(x_input)
       print(x_input)
       print(y_output)
       print(torch.sum(y_output, dim=1))

Out[0] tensor([[ 0.5836, -1.3749, -1.1229]])
       tensor([[ 0.7561,  0.1067,  0.1372]])
       tensor([ 1.])
```

이 절에서 중요한 활성화 함수 4개(시그모이드, 하이퍼볼릭 탄젠트, 렐루, 소프트맥스)를 배웠습니다. 이외에도 신경망을 구축하는 데 사용할 수 있는 활성화 함수는 다양합니다. 책을 읽어나가면서 어떤 활성화 함수를 어디에 사용해야 하는지 점점 명확해질 것입니다. 하지만 일반적으로는 널리 사용되는 방식을 따르는 것이 좋습니다.

3.3 손실 함수

1장에서는 일반적인 지도 학습 머신러닝 구조를 살펴보았습니다. 또 손실 함수나 목적 함수가 데이터에서 올바른 파라미터를 선택하도록 훈련 알고리즘을 돕는 방법을 알아보았습니다. 손실 함수는 정답(y)과 예측($\hat{y}$)을 입력으로 받아 실숫값 점수를 만듭니다. 이 점수가 높을수록 모델의 예측 성능이 나빠집니다. 파이토치는 nn 패키지 아래 손실 함수를 많이 구현해 놓았습니다. 여기서 모두 다룰 수는 없지만 가장 널리 사용하는 손실 함수 몇 개를 살펴보겠습니다.

3.3.1 평균 제곱 오차 손실

평균 제곱 오차mean squared error(MSE)는 신경망의 출력($\hat{y}$)과 타깃(y)이 연속값인 회귀 문제에서 널리 사용하는 손실 함수입니다.

$$L_{MSE}(y, \hat{y}) = \frac{1}{n} \sum_{i=1}^{n} (y - \hat{y})^2$$

평균 제곱 오차는 예측과 타깃값의 차이를 제곱하여 평균한 값입니다. 회귀 문제에 사용할 수 있는 다른 손실 함수는 평균 절댓값 오차mean absolute error(MAE)와 평균 제곱근 오차root mean squared error(RMSE)가 있습니다. 이 함수들은 모두 출력과 타깃 사이의 거리를 실숫값으로 계산합니다. [코드 3-7]은 파이토치를 사용해 평균 제곱 오차 손실을 계산하는 방법을 보여줍니다.

코드 3-7 평균 제곱 오차 손실

```
In[0]  import torch
       import torch.nn as nn

       mse_loss = nn.MSELoss()
       outputs = torch.randn(3, 5, requires_grad=True)
       targets = torch.randn(3, 5)
       loss = mse_loss(outputs, targets)
       print(loss)

Out[0] tensor(3.8618)
```

3.3.2 범주형 크로스 엔트로피 손실

범주형 크로스 엔트로피categorical cross-entropy 손실은 일반적으로 출력을 클래스 소속 확률에 대한 예측으로 이해할 수 있는 다중 분류 문제에 사용합니다. 타깃은 모든 클래스에 대한 다항 분포 multinomial distribution[7]를 나타내는 원소 n 개로 이루어진 벡터입니다. 하나의 클래스만 정답이면 이 벡터는 원-핫 벡터입니다. 신경망의 출력(y)도 원소 n 개로 구성된 벡터이며 다항 분포에 대한 신경망의 예측을 나타냅니다. 범주형 크로스 엔트로피는 이 두 벡터(y, $\hat{y}$)를 비교해 손실을 계산합니다.

$$L_{cross\_entropy}(y, \hat{y}) = -\sum_i y_i \, log(\hat{y}_i)$$

---

7   다항 분포 벡터에는 두 개의 성질이 필요합니다. 벡터에 있는 원소의 합이 1이고 벡터의 모든 원소는 양수여야 합니다.

크로스 엔트로피와 이 공식은 정보 이론$^{information\ theory}$에서 유래했습니다. 하지만 이 절의 목적에 맞게 두 분포의 차이를 계산하는 방법으로 생각하겠습니다. 정답 클래스의 확률은 1에 가깝고 다른 클래스의 확률은 0에 가까운 상태가 바람직합니다.

파이토치 함수를 제대로 사용하려면 신경망 출력 간의 관계와 손실 함수 계산 방법, 부동 소수 표현에서 생기는 일종의 계산 제약 사항을 이해해야 합니다. 특히 신경망 출력과 손실 함수 간의 미묘한 관계를 결정하는 정보가 4가지 있습니다. 첫째, 수의 범위 제한이 있습니다. 둘째, 소프트맥스 함수에 사용한 지수 함수의 입력이 음수이면 그 결과는 기하급수적으로 작은 수가 되고 양수이면 기하급수적으로 큰 수가 됩니다. 셋째, 신경망의 출력은 소프트맥스 함수[8]를 적용하기 직전의 벡터라고 가정합니다. 넷째, 로그 함수는 지수 함수의 역함수이고 $log(exp(x))$는 x와 같습니다.[9] 이 4가지 정보를 기반으로 소프트맥스 함수의 핵심인 지수 함수와 크로스 엔트로피 계산에 사용되는 로그 함수를 수학적으로 간소화해서, 수치적으로 안정적인 계산을 수행하고 너무 작거나 큰 값을 피합니다. 이런 간소화의 결과로 소프트맥스 함수를 사용하지 않고 신경망의 출력을 파이토치의 `CrossEntropyLoss()`와 함께 사용해 확률 분포를 최적화할 수 있습니다.

NOTE_ (옮긴이)지수 함수는 입력값이 클수록 기하급수적으로 커지므로 보통 소프트맥스 함수의 분모와 분자에서 가장 큰 출력값을 빼서 안정적인 계산을 수행하도록 변경합니다.

$$\text{softmax}(x_i) = \frac{e^{x_i}}{\sum_{j=1}^{k} e^{x_j}} = \frac{e^{x_i}/e^{x_{max}}}{\sum_{j=1}^{k} e^{x_j}/e^{x_{max}}} = \frac{e^{x_i - x_{max}}}{\sum_{j=1}^{k} e^{x_j - x_{max}}}$$

파이토치의 `LogSoftmax()` 클래스는 여기에 다음처럼 로그를 취해 로그 확률을 계산합니다.

$$\log\_\text{softmax}(x_i) = \log\left(\frac{e^{x_i - x_{max}}}{\sum_{j=1}^{k} e^{x_j - x_{max}}}\right) = (x_i - x_{max}) - \log \sum_{j=1}^{k} e^{x_j - x_{max}}$$

로그 확률을 얻고 나면 크로스 엔트로피 손실 계산은 타깃과 로그 확률의 곱으로 간단해집니다. 정답 클래스의 타깃만 1이고 나머지 클래스는 모두 0이므로 크로스 엔트로피 손실은 덧셈 기호를 제거하고 다음과 같이 간단히 쓸 수 있습니다. 여기에서 $\hat{p}$가 로그 확률입니다.

---

8 파이토치에는 소프트맥스 함수가 두 개 있습니다. `Softmax()`와 `LogSoftmax()`입니다. `LogSoftmax()`는 로그 확률을 만듭니다. 로그 확률은 두 숫자 사이의 상대적인 비율은 유지하면서 수치적인 문제가 발생하지 않습니다.

9 로그 함수의 밑이 파이토치 로그처럼 자연 상수 e일 때에 해당합니다.

$$L_{cross-entropy}(y, \hat{y}) = -1 \times \hat{p}$$

이렇게 계산하는 손실 함수가 파이토치의 `NLLLoss()` 클래스입니다. 따라서 이 두 클래스는 항상 같이 사용해야 합니다. `CrossEntropyLoss()`는 이 두 클래스를 감싸서 편리하게 사용할 수 있도록 도와줍니다.

신경망이 훈련되면 [코드 3-6]과 같이 소프트맥스 함수를 사용해 확률 분포를 만들 수 있습니다.

코드 3-8 크로스 엔트로피 손실

```
In[0]  import torch
       import torch.nn as nn

       ce_loss = nn.CrossEntropyLoss()
       outputs = torch.randn(3, 5, requires_grad=True)
       targets = torch.tensor([1, 0, 3], dtype=torch.int64)
       loss = ce_loss(outputs, targets)
       print(loss)

Out[0] tensor(2.7256)
```

이 코드에서는 먼저 랜덤한 벡터를 신경망의 출력으로 가정합니다. 그다음 정답 벡터 `targets`를 정수 벡터로 만듭니다. 파이토치 `CrossEntropyLoss()` 클래스는 각 입력이 클래스 하나에 속하고 각 클래스에는 고유한 인덱스가 있다고 가정하기 때문입니다. 그래서 `targets`가 각 샘플의 정답 클래스에 해당하는 인덱스를 나타내는 원소 3개로 이루어져 있습니다. 이런 가정하에 이 클래스는 인덱스를 모델 출력으로 변환하는 매우 효율적인 계산을 수행합니다.[10]

3.3.3 이진 크로스 엔트로피 손실

이전 절에서 본 범주형 크로스 엔트로피 함수는 다중 클래스 분류 문제에 유용합니다. 클래스 두 개를 구별하는 작업은 **이진 분류**binary classification라고 합니다. 여기에는 이진 크로스 엔트로피 binary cross-entropy(BCE) 손실 함수가 효율적입니다. '예제: 레스토랑 리뷰 감성 분류하기(3.6절)'에

----

10 크로스 엔트로피 공식에서 원-핫 인코딩을 고려하면 하나의 곱셈을 제외하고 나머지는 모두 0이 됩니다. 이런 곱셈은 계산 낭비입니다.

서 실제로 이 손실 함수를 사용해 보겠습니다.

[코드 3-9]에서 신경망의 출력을 가장한 랜덤 벡터에 시그모이드 활성화 함수를 적용해 이진 확률 벡터인 probabilities을 만듭니다. 그다음 정답 targets를 0과 1로 이루어진 벡터로 만듭니다.[11] 마지막으로 이진 확률 벡터와 정답 벡터를 사용해 이진 크로스 엔트로피 손실을 계산합니다.[12]

코드 3-9 이진 크로스 엔트로피 손실

```
In[0] bce_loss = nn.BCELoss()
      sigmoid = nn.Sigmoid()
      probabilities = sigmoid(torch.randn(4, 1, requires_grad=True))
      targets = torch.tensor([1, 0, 1, 0], dtype=torch.float32).view(4, 1)
      loss = bce_loss(probabilities, targets)
      print(probabilities)
      print(loss)

Out[0] tensor([[ 0.1625],
               [ 0.5546],
               [ 0.6596],
               [ 0.4284]])
       tensor(0.9003)
```

3.4 지도 학습 훈련 알아보기

지도 학습은 레이블된 데이터를 주면 지정된 **타깃**에 새로운 **샘플**을 매핑하는 방법을 학습하는 문제입니다. 이 절에서 조금 더 자세히 알아보겠습니다. 특히 모델 **예측**과 **손실 함수**를 사용해 모델의 **파라미터**를 그레이디언트 기반의 방법으로 최적화하는 방법을 구체적으로 설명하겠습니다. 이 절은 나머지 장의 기반이 되는 중요한 부분입니다. 따라서 지도 학습에 어느 정도 익숙하더라도 자세히 읽어 보기 바랍니다.

....

11 코드를 보면 정답 벡터는 실수 벡터입니다. 이진 크로스 엔트로피는 (두 개의 클래스라는 것만 빼면) 범주형 크로스 엔트로피와 거의 같습니다. 하지만 범주형 크로스 엔트로피처럼 인덱스를 사용하지 않고 이진 크로스 엔트로피 공식에 0과 1 값을 적용하여 계산합니다.

12 옮긴이_ 이진 크로스 엔트로피 손실 함수의 공식은 다음과 같습니다.

$$L_{BCE} = -(y \log \hat{y} + (1-y) \log(1-\hat{y}))$$

1장의 내용을 떠올려 보죠. 지도 학습에는 모델, 손실 함수, 훈련 데이터, 최적화 알고리즘이 필요합니다. 지도 학습의 훈련 데이터는 샘플과 타깃의 쌍입니다. 모델은 샘플에 대한 예측을 계산하고 손실 함수는 타깃과 비교하여 예측의 오차를 측정합니다. 훈련 목표는 그레이디언트 기반의 최적화 알고리즘으로 모델의 파라미터를 조정하여 가능한 한 낮은 손실을 내는 것입니다.

이 절의 나머지 부분에서 2차원 데이터 포인트를 클래스 두 개 중 하나로 분류하는 간단한 예제를 다루겠습니다. 2차원이므로 직선 하나를 학습한다는 의미입니다. 이를 한 클래스 포인트를 다른 클래스와 구별하는 **결정 경계**decision boundary 또는 **초평면**hyperplane이라고 합니다. 데이터 생성, 모델 선택, 손실 함수 선택, 최적화 알고리즘 설정, 그리고 마지막으로 이를 모두 합쳐 실행하는 단계를 순서대로 설명하겠습니다.

3.4.1 예제 데이터 만들기

머신러닝에서는 알고리즘을 이해하고자 할 때 일반적으로 설명하기 쉬운 성질의 합성 데이터를 만듭니다. 이 절에서는 2차원 데이터 포인트를 클래스 두 개 중 하나로 분류하는 작업에 합성 데이터를 사용합니다. xy 평면의 두 영역에서 포인트를 샘플링해서 모델이 학습하기 쉬운 데이터를 만듭니다.[13] [그림 3-2]에 이 샘플을 나타냈습니다. 이 모델의 목표는 별(★) 클래스와 원(○) 클래스를 구별하는 것입니다. 오른쪽 그림에 이를 나타냈습니다. 직선 위의 모든 포인트는 직선 아래의 포인트와 다르게 구별됩니다. 이 데이터를 만드는 코드는 이 장의 주피터 노트북에 있는 `get_toy_data()` 파이썬 함수입니다.

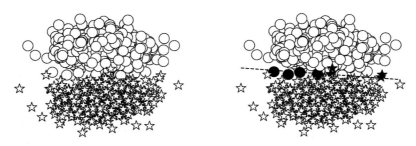

그림 3-2 선형적으로 구분할 수 있는 예제 데이터 만들기. 이 데이터셋은 (클래스마다 하나씩) 정규 분포 두 개에서 샘플링했습니다. 이 분류 작업은 데이터 포인트가 두 분포 중 어디에 속하는지 구별하는 작업입니다.

---

13 단위 분산이 있는 두 개의 가우스 분포(Gaussian distribution)에서 샘플링합니다. 이해하기 어려우면 데이터가 그림에 보이는 형태로 놓여 있다고 생각하세요.

3.4.2 모델 선택

여기서 사용할 모델은 이 장의 서두에서 소개한 퍼셉트론입니다. 퍼셉트론은 어떤 크기의 입력도 다룰 수 있습니다. 일반적인 모델 구축 과정에서 입력 크기는 문제와 데이터에 따라 결정됩니다. 앞에서 만든 예제 데이터셋에서는 2차원 평면에 들어갈 데이터를 만들었으니 입력 크기는 2입니다. 클래스가 두 개 있는 이 문제를 위해 클래스에 인덱스 0과 1을 할당합니다. 클래스 인덱스에 ★와 ○를 매핑하는 순서는 자유입니다. 데이터 전처리, 훈련, 평가, 테스트를 진행하는 동안 일정하기만 하면 됩니다. 출력 형태도 이 모델의 중요한 특징입니다. 퍼셉트론의 활성화 함수가 시그모이드이므로 퍼셉트론의 출력은 데이터 포인트(x)가 클래스 1일 확률, 즉 $P(y=1|x)$입니다.

3.4.3 확률을 클래스로 변환하기

이진 분류 문제에서는 결정 경계 δ를 적용해 출력 확률을 두 개의 클래스로 바꾸어야 합니다. 예측 확률 $P(y=1|x) > \delta$이면 예측 클래스는 1이고 아니면 0입니다. 일반적으로 결정 경계는 0.5로 지정합니다. 하지만 실전에서 만족스러운 분류 정밀도precision[14]를 얻으려면 (검증 데이터셋으로) 이 하이퍼파라미터를 튜닝해야 할 수 있습니다.

3.4.4 손실 함수 선택

지도 학습에는 데이터를 준비하고 모델 구조를 고른 뒤 선택할 중요한 요소가 2개 더 있습니다. 손실 함수와 옵티마이저optimizer입니다. 모델의 출력이 확률이라면 가장 적절한 손실 함수는 크로스 엔트로피 기반의 손실 함수입니다. 이 예제 데이터에서는 모델이 이진 출력을 만들므로 이진 크로스 엔트로피 손실 함수를 사용합니다.

3.4.5 옵티마이저 선택

이 예제에서 마지막으로 선택할 요소는 옵티마이저입니다. 모델이 예측을 만들고 손실 함수가

---

14 옮긴이_ 정밀도는 클래스 1로 예측한 것 중에 진짜 클래스 1인 샘플의 비율입니다. 결정 경계 기준(δ)을 높이면 정밀도는 높아집니다.

예측과 타깃 사이의 오차를 측정하면 옵티마이저가 이 오차 신호를 사용해 모델의 가중치를 업데이트합니다.[15] 가장 간단한 구조에서는 하이퍼파라미터 하나로 옵티마이저의 업데이트 동작을 제어합니다. **학습률**learning rate이라고 부르는 이 하이퍼파라미터는 오차 신호가 가중치 업데이트에 영향을 얼마나 미치는지 조절합니다. 다양한 학습률을 시도해서 결과를 비교해 봐야 합니다. 학습률이 크면 가중치가 크게 바뀌고 수렴에 영향을 미칠 수 있습니다. 학습률이 너무 작으면 훈련 진행 속도가 심하게 느려질 수 있습니다.

파이토치 라이브러리는 여러 종류의 옵티마이저를 제공합니다. 확률적 경사 하강법(SGD)은 고전적인 알고리즘입니다. 하지만 어려운 최적화 문제에서는 SGD에 수렴 문제가 있어 종종 나쁜 모델을 만듭니다. 현재 선호하는 옵티마이저는 Adagrad나 Adam 같은 적응형 옵티마이저입니다. 이런 옵티마이저는 시간에 따라 업데이트 정보를 사용합니다.[16] 다음 예에서는 Adam을 사용합니다. 하지만 항상 여러 옵티마이저를 시도해봐야 한다는 점을 기억하세요. Adam의 기본 학습률은 0.001입니다. 논문에서 특정 값을 권장하는 상황이 아니라면 학습률 같은 하이퍼파라미터는 항상 기본값을 먼저 사용하는 편이 좋습니다.

코드 3-10 Adam 옵티마이저 준비

```
In[0]   import torch.nn as nn
        import torch.optim as optim

        input_dim = 2
        lr = 0.001

        perceptron = Perceptron(input_dim=input_dim)
        bce_loss = nn.BCELoss()
        optimizer = optim.Adam(params=perceptron.parameters(), lr=lr)
```

---

15 옮긴이_ 머신러닝에서는 종종 절편을 따로 언급하지 않고 가중치를 모델 파라미터와 동일한 의미로 사용합니다. 이 책에서도 두 가지를 혼용하여 사용합니다.

16 머신러닝과 최적화 커뮤니티에서는 SGD의 장단점에 대한 논란이 계속 있습니다. 이런 토론은 지적 호기심을 자극하지만 학습에는 방해가 됩니다. 옮긴이_ 적응형 옵티마이저에 대한 자세한 설명은 이 책의 범위를 넘어섭니다. 『핸즈온 머신러닝 2판』(한빛미디어, 2020)의 11장을 참고하세요.

3.4.6 모두 합치기: 그레이디언트 기반의 지도 학습

학습은 손실 계산에서 시작합니다. 즉 모델의 예측이 타깃에서 얼마나 멀리 떨어져 있는지 측정합니다. 결국 손실의 그레이디언트는 모델 파라미터를 얼마나 많이 바꿔야 하는지를 나타내는 신호가 됩니다. 각 파라미터의 그레이디언트는 이 파라미터에 대한 손실값의 순간 변화율을 의미합니다. 이는 각 파라미터가 손실 함수에 얼마나 많이 기여하는지를 알 수 있다는 의미입니다. 당연하지만 이 변화율은 기울기입니다. 각 파라미터가 언덕 위에 서 있고 언덕을 따라 올라가거나 내려가길 원한다고 생각해 보세요. 가장 간단한 형태에서 그레이디언트 기반의 모델 훈련에는 각 파라미터에 대한 손실의 그레이디언트로 해당 파라미터를 반복해서 업데이트하는 작업이 필요합니다.

그레이디언트 업데이트 알고리즘이 어떻게 동작하는지 알아보죠. 먼저 모델(perceptron) 객체 안에 저장된 그레이디언트와 같은 부가 정보를 zero_grad() 함수로 초기화합니다. 그다음 모델이 입력 데이터(x_data)에 대한 출력(y_pred)을 계산합니다. 그다음 모델 출력(y_pred)과 기대하는 타깃(y_target)을 비교해 손실을 계산합니다. 이것이 지도 학습 훈련의 지도에 해당합니다. 파이토치 손실 객체(criterion)에는 backward() 메서드가 있습니다. 이 메서드를 사용해 계산 그래프를 거슬러 손실을 반복해서 전파하고 각 파라미터에 대한 그레이디언트를 계산합니다. 마지막으로 옵티마이저(opt)는 step() 함수로 파라미터에 그레이디언트를 업데이트하는 방법을 지시합니다.

전체 훈련 데이터셋은 배치batch로 분할됩니다. 그레이디언트 각 단계는 배치 하나에서 수행됩니다. 하이퍼파라미터 batch_size는 배치 크기를 지정합니다. 훈련 데이터셋은 고정되어 있으므로 배치 크기를 늘리면 배치 개수는 줄어듭니다.

> NOTE_ 이 책을 포함한 여러 문헌에서 **미니배치**minibatch란 용어는 각 배치가 훈련 데이터 크기보다 훨씬 작다는 점을 부각하는 데 사용합니다.[21] 예를 들어 훈련 데이터 크기가 수백만 개이더라도 미니배치 크기는 몇 백 개가 될 수 있습니다.

고정된 크기의 데이터셋에서 만든 여러 배치를 반복한 후 훈련 반복은 하나의 에포크epoch를 완료합니다. 에포크는 완전한 훈련 반복 한 번을 의미합니다. 에포크 당 배치 개수가 데이터셋의 배치 개수와 같다면 에포크가 데이터셋에 대한 완전한 반복 한 번이 됩니다. 모델은 여러 에포크 동안 훈련됩니다. 훈련할 에포크 횟수는 고르기 쉽지 않지만 멈출 시기를 결정하는 방법이 있습니다. 잠시 후에 설명하겠습니다. [코드 3-11]에서 알 수 있듯이 지도 학습의 반복문은 중첩됩니다. 내부 반복문은 데이터셋 또는 배치 개수에 대해 순회하고, 외부 반복문은 지정된 에포크 횟수나 다른 종료 조건을 만족할 때까지 내부 반복문을 반복합니다.

코드 3-11 퍼셉트론과 이진 분류를 위한 지도 학습 훈련 반복

```
# 각 에포크는 전체 훈련 데이터를 사용합니다
for epoch_i in range(n_epochs):
    # 내부 반복은 데이터셋에 있는 배치에 대해 수행됩니다
    for batch_i in range(n_batches):

        # 0단계: 데이터 가져오기
        x_data, y_target = get_toy_data(batch_size)

        # 1단계: 그레이디언트 초기화
        perceptron.zero_grad()

        # 2단계: 모델의 정방향 계산 수행하기
        y_pred = perceptron(x_data, apply_sigmoid=True)

        # 3단계: 최적하려는 손실 계산하기
        loss = bce_loss(y_pred, y_target)

        # 4단계: 손실 신호를 거꾸로 전파하기
        loss.backward()
        # 5단계: 옵티마이저로 업데이트하기
        optimizer.step()
```

---

17 옮긴이_ 배치 경사 하강법은 전체 데이터를 사용하는 경사 하강법 알고리즘을 의미합니다. 배치는 문맥에 따라 전체 데이터 또는 미니배치를 의미할 수 있습니다.

3.5 부가적인 훈련 개념

그레이디언트 기반 지도 학습의 핵심 아이디어는 간단합니다. 모델을 정의하고 출력을 계산한 다음 손실 함수로 그레이디언트를 계산합니다. 그리고 최적화 알고리즘을 사용해 그레이디언트로 모델 파라미터를 업데이트합니다. 하지만 훈련 과정에 중요한 부가 개념이 몇 가지 있습니다. 이 절에서 그중 일부를 다루겠습니다.

3.5.1 모델 성능 올바르게 측정하기: 평가 지표

핵심 지도 학습 훈련 반복 이외에 가장 중요한 요소는 모델이 훈련에 사용하지 않은 데이터를 사용해 성능을 측정하는 것입니다. 모델은 **평가 지표**evaluation metric를 하나 이상 사용해 평가됩니다. NLP에는 이런 지표가 여러 가지 있습니다. 가장 널리 사용하는 평가 지표는 **정확도**accuracy이며 이 장에서도 사용합니다. 정확도는 훈련하는 동안 만나지 못한 데이터에 대해 올바르게 예측한 비율입니다.

3.5.2 모델 성능 올바르게 측정하기: 데이터 분할

최종 목표는 진짜 데이터 분포에 잘 **일반화**시키는 것임을 항상 기억해야 합니다. 이 말이 무슨 뜻일까요? 무한한 데이터를 수집할 수 있다고 가정했을 때 존재하는 데이터 분포가 있습니다 ('본 적 없는 진짜 분포'). 하지만 이는 불가능한 일입니다. 우리에겐 유한한 샘플로 이루어진 훈련 데이터만 있습니다. 이 샘플의 데이터 분포는 진짜 분포의 근사 또는 불완전한 그림입니다. 훈련 데이터의 샘플뿐만 아니라 본 적없는 분포의 샘플에서도 오차를 줄일 때 **일반화가 잘된** 모델이라고 말합니다. 모델이 훈련 데이터에서 손실을 낮출수록 진짜 데이터 분포에 없는 특징에 적응하여 '과대적합overfit'될 수 있습니다.

좋은 일반화를 달성하려면 데이터셋을 랜덤하게 샘플링하여 3개(**훈련**training 데이터셋, **검증** validation 데이터셋, **테스트**test 데이터셋)로 나누거나 **k-겹 교차 검증**k-fold cross validation을 사용하는 것이 표준입니다. 데이터셋을 3개로 나누는 방법은 계산이 한 번만 필요하기에 더 간단합니다. 하지만 3개로 분할했을 때 클래스 비율이 같도록 유지해야 합니다. 즉 클래스 레이블을 기준으로 데이터셋을 분할한 다음 이를 랜덤하게 훈련, 검증, 테스트 데이터셋으로 나누는 방법이 바람직합니다. 일반적인 분할 비율은 훈련에 70%, 검증에 15%, 테스트에 15%입니다. 하지만 이는 고정된 규칙이 아닙니다.

때로는 훈련, 검증, 테스트 데이터셋이 미리 준비되기도 합니다. 벤치마크에 사용하는 데이터셋이 그렇습니다. 이럴 때는 훈련 데이터만 사용해 모델 파라미터를 업데이트하고, 검증 데이터를 사용해 에포크마다 모델 성능을 측정합니다. 모든 모델의 하이퍼파라미터를 선택하고 난 후 마지막 결과를 출력할 때 테스트 데이터를 딱 한 번 사용합니다. 마지막 단계가 매우 중요합니다. 테스트 데이터셋으로 모델의 성능을 더 많이 측정할수록 머신러닝 엔지니어는 테스트 세트에서 좋은 성능을 내는 하이퍼파라미터를 선택하게 되기 때문입니다. 이렇게 되면 더 많은 데이터를 수집하지 않고서는 본 적 없는 데이터에서 모델이 얼마나 잘 동작할지 알 수 없습니다.

k-겹 교차 검증을 사용한 모델 평가는 훈련, 검증, 테스트 분할을 사용한 평가와 매우 비슷합니다. 하지만 먼저 데이터셋을 같은 크기의 폴드^{fold} k 개로 나눕니다.[18] 폴드 하나를 평가에 사용하고 나머지 k-1개를 훈련에 사용합니다. 평가에 사용할 폴드를 바꿔가며 이 과정을 반복합니다. 폴드가 k 개 있으므로 모든 폴드에 평가 폴드가 될 기회가 있으며 k 개의 정확도 값을 만듭니다. 최종 정확도는 간단하게 평균과 표준 편차를 계산합니다. k-겹 평가는 계산 비용이 많이 들지만 작은 데이터셋에는 매우 유용합니다. 이런 데이터셋은 분할을 잘못하면 (테스트 데이터가 너무 쉬워서) 과도하게 낙관적이거나 (테스트 데이터가 너무 어려워서) 비관적인 결과로 이어질 수 있기 때문입니다.

3.5.3 훈련 중지 시점 파악하기

앞의 예제는 고정된 에포크 횟수만큼 모델을 훈련합니다. 간단한 방법이지만 임의적이고 필수도 아닙니다. 올바른 모델 성능을 측정하는 이유는 이 값을 사용해 훈련을 멈출 때를 결정하기 위해서입니다. 가장 널리 사용하는 방법은 **조기 종료**$^{early\ stopping}$입니다. 조기 종료는 에포크마다 검증 데이터셋에 대한 성능을 기록하고 이 성능이 더는 좋아지지 않을 때를 감지합니다. 그다음 성능이 계속 좋아지지 않으면 훈련을 종료합니다. 훈련을 종료하기 전에 기다리는 에포크 횟수를 **인내**^{patience}라고 부릅니다. 일반적으로 모델이 어떤 데이터셋에서 개선되지 않는 지점을

---

18 옮긴이_ 일반적으로 k-겹 검증은 전체 데이터셋에서 테스트 세트를 덜어낸 후 남은 데이터셋으로 수행합니다.

모델이 **수렴**된 곳이라 합니다. 실전에서 모델이 완전히 수렴되도록 기다리는 일은 드뭅니다. 수렴은 시간이 오래 걸리고 과대적합을 만들 수 있기 때문입니다.

3.5.4 최적의 하이퍼파라미터 찾기

옵티마이저는 미니배치라는 일부 훈련 데이터로 파라미터(또는 가중치)의 실숫값을 조정한다고 배웠습니다. **하이퍼파라미터**는 모델의 파라미터 개수와 값에 영향을 미치는 모든 모델 설정입니다. 모델 훈련 방식을 결정하는 선택 옵션이 많습니다. 여기에는 손실 함수, 옵티마이저, 옵티마이저의 학습률, (4장에서 다룰) 층 크기, 조기 종료하기 전에 인내할 에포크 수, (4장에서 다룰) 다양한 규제 방법 등이 포함됩니다. 이런 선택이 모델의 수렴과 성능에 큰 영향을 미칠 수 있다는 점을 염두에 두고 여러 선택 옵션을 체계적으로 테스트해야 합니다.

3.5.5 규제

규제regularization는 딥러닝에서 (그리고 일반적으로 머신러닝에서) 가장 중요한 개념에 속합니다. 규제라는 개념은 수치 최적화 이론에서 유래했습니다. 대부분의 머신러닝 알고리즘은 손실 함수를 최적화해서 샘플을 가장 잘 설명하는 (즉 손실을 가장 작게 내는) 파라미터값(또는 모델)을 찾습니다. 대부분의 데이터셋과 작업에서 이런 최적화 문제에 적용할 수 있는 여러 솔루션(가능한 모델)이 있습니다. 그럼 우리는 (또는 옵티마이저가) 무엇을 선택해야 할까요? 직관적으로 이해하기 위해 [그림 3-3]처럼 일련의 포인트를 관통하도록 곡선을 맞춘다고 가정해보죠.

두 곡선은 모두 포인트를 지나갑니다. 어떤 것이 현실성이 없나요? 오컴의 면도날 이론에 따라서 간단한 설명이 복잡한 것보다 낫다는 점을 알 수 있습니다. 머신러닝에서 이렇게 부드럽게 만드는 제약을 **L2 규제**라고 합니다. 파이토치에서는 옵티마이저의 `weight_decay`로 부드러운 수준을 조절할 수 있습니다. `weight_decay` 값이 클수록 옵티마이저는 부드러운 모델을 선택합니다(즉 L2 규제가 강해집니다).

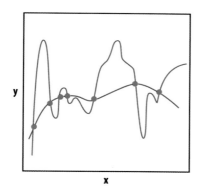

그림 3-3 두 곡선은 모두 포인트를 지나갑니다. 하지만 둘 중에 하나가 더 합리적입니다. 규제는 더 합리적인 표현을 선택하도록 돕습니다(출처: 위키피디아(*http://bit.ly/2qAU18y*))

L1 규제도 인기 있는 규제 방법입니다. L1은 주로 희소한 솔루션을 만드는 데 사용합니다. 즉 대부분의 모델 파라미터가 0에 가깝습니다. 4장에서 구조적인 규제 방법인 **드롭아웃**dropout을 알아보겠습니다. 모델 규제는 활발한 연구 분야입니다. 파이토치는 유연한 프레임워크이므로 사용자 정의 규제를 적용할 수 있습니다.

3.6 예제: 레스토랑 리뷰 감성 분류하기

이전 절에서는 작은 합성 데이터를 사용해 지도 학습 훈련을 자세히 알아보고 중요한 기본 개념을 설명했습니다. 이 절에서도 연습을 반복하겠지만 이번에는 실전 데이터셋과 문제를 다룹니다. 퍼셉트론과 지도 학습 훈련 방법을 사용해 옐프Yelp의 레스토랑 리뷰가 긍정적인지 부정적인지 분류하는 작업입니다. 이 책에 처음 등장하는 완전한 NLP 예제이니 데이터 구조와 훈련 과정을 아주 자세히 설명하겠습니다. 이어지는 장의 예제도 매우 비슷한 패턴을 따릅니다. 따라서 이 장의 예제를 주의 깊게 따라 하고 필요할 때 다시 참조하세요.[19]

이 책에서는 예제를 시작할 때 먼저 사용할 데이터셋을 설명합니다. 이 예제는 리뷰와 감성 레이블(긍정 또는 부정)이 쌍을 이루는 옐프 데이터셋을 사용합니다. 데이터를 정제하고 훈련, 검증, 테스트 세트로 나누는 전처리 단계 몇 가지를 추가로 설명하겠습니다.

------

19 옐프의 리뷰 감성 분류 코드는 이 책의 깃허브 저장소(*http://bit.ly/nlp-pytorch-git*)에도 있습니다.

데이터셋을 이해하고 난 후 보조 클래스 3개를 정의합니다(이 책에서는 이런 패턴을 반복합니다). Vocabulary, Vectorizer, 파이토치의 DataLoader 클래스를 사용해 텍스트 데이터를 벡터 형태로 변환합니다. Vocabulary는 '샘플과 타깃의 인코딩(1.2절)'에서 설명한 정수–토큰 매핑을 수행합니다. Vocabulary 클래스를 사용해 텍스트 토큰과 클래스 레이블을 정수로 매핑하겠습니다. 그다음 Vectorizer 클래스를 사용해 어휘 사전을 캡슐화하고 리뷰 텍스트 같은 문자열 데이터를 훈련 과정에 사용할 수치 벡터로 변환합니다. 마지막 클래스인 파이토치의 DataLoader를 사용해 개별 벡터 데이터 포인트를 미니배치로 모읍니다.[20]

이어지는 절은 퍼셉트론 분류기와 훈련 과정을 설명합니다. 이 책의 모든 예제는 같은 훈련 방법을 사용합니다. 하지만 이 절에서 조금 더 자세히 설명하므로 이 예제를 잘 숙지하고 다른 예제의 참고 자료로 사용하세요. 훈련 결과와 모델이 훈련한 내용을 살펴보며 예제를 마치겠습니다.

3.6.1 옐프 리뷰 데이터셋

2015년, 옐프는 리뷰를 바탕으로 레스토랑의 등급을 예측하는 대회를 열었습니다. 2015년 장[Zhang], 자오[Zhao], 러찬[Lecun]은 이 데이터셋을 단순화하여 별 1, 2개는 음성 클래스로 바꾸고 별 3, 4개는 양성 클래스로 바꾸었습니다. 그다음 훈련 샘플 560,000개와 테스트 샘플 38,000개로 나누었습니다. 이 예제에서는 두 가지 사소한 차이가 있는 간소화한 이 옐프 데이터셋을 사용합니다. 이 절의 나머지에서 데이터 정제를 최소한으로 수행하여 최종 데이터셋을 얻는 과정을 소개합니다. 그다음 파이토치의 Dataset 클래스를 사용한 구현을 설명합니다.

첫 번째 차이점은 여기에서는 데이터셋의 '라이트' 버전을 사용한다는 점입니다. 데이터셋 전체 훈련 샘플의 10%만 사용합니다.[21] 여기에는 두 가지 이유가 있습니다. 첫째, 작은 데이터셋을 사용하면 훈련–테스트 반복이 빠릅니다. 따라서 실험 속도를 높일 수 있습니다. 둘째, 전체 데이터를 사용할 때보다 모델이 낮은 정확도를 달성합니다. 낮은 정확도는 일반적으로 큰 문제가

---

20 옮긴이_ 사용자 정의 데이터셋을 만들고 DataLoader 클래스를 사용하는 방법을 설명하는 파이토치 공식 튜토리얼도 함께 참고하면 좋습니다(http://bit.ly/pytorch-custom-dataset).

21 깃허브(http://bit.ly/nlp-pytorch-git)에서 옐프 리뷰 데이터셋의 '풀 버전(3_5_yelp_dataset_preprocessing_FULL.ipynb)'과 '라이트 버전(3_5_yelp_dataset_preprocessing_LITE.ipynb)'을 바꿔 사용할 수 있습니다. 옮긴이_ 라이트 버전은 이미 전처리된 데이터를 제공하므로 전처리 노트북을 따로 실행할 필요 없이 바로 3_5_Classifying_Yelp_Review_Sentiment.ipynb 노트북을 실행할 수 있습니다.

되지 않습니다. 작은 데이터셋에서 얻은 지식을 사용해 전체 데이터셋으로 모델을 다시 훈련할 수 있기 때문입니다. 훈련 데이터양이 아주 많을 때 딥러닝 모델을 훈련할 수 있는 매우 유용한 방법입니다.

작은 데이터셋을 훈련, 검증, 테스트용 데이터셋 3개로 나눕니다. 원본 데이터셋은 2개로 나뉘지만 검증 세트를 준비하는 것이 중요합니다. 머신러닝에서는 훈련 세트로 모델을 훈련하고 따로 떼어 놓은 검증 세트로 모델이 얼마나 잘 동작하는지 평가합니다. 검증 세트를 기반으로 모델을 선택하면 불가피하게 모델이 검증 세트에 더 잘 수행되도록 편향됩니다. 모델이 점차 개선되는지 측정해야 하므로 가능한 한 평가에 적게 사용할 세 번째 세트를 준비해서 이 문제를 해결할 수 있습니다.

요약하면 모델 파라미터를 추정하는 데 훈련 세트를 사용하고 (모델의 구조를 결정하는) 하이퍼파라미터를 선택하는 데 검증 세트를 사용합니다. 테스트 세트는 마지막 평가와 보고에 사용합니다.[22] [코드 3-12]는 데이터셋을 분할하는 방법을 보여줍니다. 랜덤 시드random seed는 고정된 숫자로 설정하고 클래스 분포를 균일하게 유지하도록 먼저 클래스 레이블을 기준으로 데이터를 모읍니다.

코드 3-12 훈련, 검증, 테스트 세트 만들기

```
# 별점 기준으로 나누어 훈련, 검증, 테스트를 만듭니다.
by_rating = collections.defaultdict(list)
for _, row in review_subset.iterrows():
    by_rating[row.rating].append(row.to_dict())

# 분할 데이터를 만듭니다.
final_list = []
np.random.seed(args.seed)

for _, item_list in sorted(by_rating.items()):
    np.random.shuffle(item_list)
    n_total = len(item_list)
    n_train = int(args.train_proportion * n_total)
    n_val = int(args.val_proportion * n_total)
    n_test = int(args.test_proportion * n_total)
```

----

22 훈련, 검증, 테스트 세트로 나누는 방법은 대량의 데이터셋에 잘 맞습니다. 훈련 데이터가 많지 않을 때는 k-겹 교차 검증을 권장합니다. 그럼 얼만큼이 대량인가요? 이는 훈련하려는 신경망, 작업의 복잡도, 입력 샘플의 크기 등에 따라 다릅니다. 하지만 많은 NLP 작업에서 보통 수십만 또는 수백만 개의 샘플이 있을 때 '대량'이라 합니다.

```
    # 데이터 포인터에 분할 속성을 추가합니다
    for item in item_list[:n_train]:
        item['split'] = 'train'

    for item in item_list[n_train:n_train+n_val]:
        item['split'] = 'val'

    for item in item_list[n_train+n_val:n_train+n_val+n_test]:
        item['split'] = 'test'

    # 최종 리스트에 추가합니다
    final_list.extend(item_list)

final_reviews = pd.DataFrame(final_list)
```

훈련, 검증, 테스트 세트를 만드는 작업 외에도 구두점 기호 앞뒤에 공백을 넣고 구두점이 아닌 기호를 제거하는 데이터 정제 작업을 모든 세트에서 수행합니다(코드 3-13).[23]

코드 3-13 최소한의 데이터 정제 작업

```
def preprocess_text(text):
    text = text.lower()
    text = re.sub(r"([.,!?])", r" \1 ", text)
    text = re.sub(r"[^a-zA-Z.,!?]+", r" ", text)
    return text

final_reviews.review = final_reviews.review.apply(preprocess_text)
```

3.6.2 파이토치 데이터셋 이해하기

[코드 3-14]의 ReviewDataset 클래스는 데이터셋이 최소한으로 정제되고 3개로 나뉘었다고 가정합니다. 특히 이 데이터셋은 리뷰를 공백을 기준으로 나눠서 토큰 리스트를 얻을 수 있다

---

23 데이터 정제나 전처리는 중요하지만 많은 머신러닝 책에서 (심지어 논문에서도!) 자세히 언급하지 않습니다. 여기서는 의도적으로 개념을 간단하게 유지하려고 모델링에 초점을 더 맞추지만 NLTK와 spaCy 같은 텍스트 전처리 도구를 공부해서 사용하기를 적극 권장합니다. 데이터와 작업에 따라 전처리가 정확도를 높이거나 낮출 수 있습니다. 앞선 연구의 권고 사항을 따르고 작은 데이터셋으로 실험을 많이 수행해 보세요. 논문을 코드로 구현할 때 전처리 관련 정보를 찾을 수 없거나 명확하지 않다면 저자에게 물어 보세요!

고 가정합니다.[24] 또한 샘플이 훈련, 검증, 테스트 중 어느 세트에 있는지 표시되었다고 가정합니다. 파이썬 classmethod 데코레이터[25]를 사용하여 이 데이터셋 클래스의 시작 메서드를 나타내겠습니다. 이런 패턴을 책 전체에 사용합니다.

파이토치는 Dataset 클래스로 데이터셋을 추상화합니다. Dataset 클래스는 추상화된 반복자iterator입니다. 파이토치에서 새로운 데이터셋을 사용할 때는 먼저 Dataset 클래스를 상속하여 __getitem__()와 __len__() 메서드를 구현해야 합니다. 이 예에서는 Dataset 클래스를 상속하여 ReviewDataset 클래스를 만들고 __getitem__()와 __len__() 메서드를 구현합니다. ReviewDataset 클래스 안에서 예제 데이터셋과 함께 다양한 파이토치 유틸리티를 사용합니다. 이런 유틸리티 중 하나인 DataLoader를 다음 절에서 다룹니다. 이 클래스는 ReviewVectorizer 클래스에 크게 의존합니다. 다음 절에서 자세히 설명하겠지만, 우선 ReviewVectorizer는 리뷰 텍스트를 수치 벡터로 변환하는 클래스라고 생각하면 됩니다. 벡터화 단계를 거쳐야 신경망이 텍스트 데이터를 다룰 수 있습니다. 전체적인 설계는 데이터 포인트 하나에 벡터화 로직을 적용하는 데이터셋 클래스를 구현하는 것입니다. 그다음 파이토치 DataLoader 클래스(다음 절에서 설명합니다)가 데이터셋에서 샘플링하고 모아서 미니배치를 만듭니다.

코드 3-14 엘프 리뷰 데이터를 위한 파이토치 데이터셋 클래스[26]

```python
from torch.utils.data import Dataset

class ReviewDataset(Dataset):
    def __init__(self, review_df, vectorizer):
        """
        매개변수:
            review_df (pandas.DataFrame): 데이터셋
            vectorizer (ReviewVectorizer): ReviewVectorizer 객체
        """
        self.review_df = review_df
        self._vectorizer = vectorizer
```

---

24 2장에서 보았듯이 일부 언어에서는 공백이 분할 기준으로 적합하지 않을 수 있습니다. 하지만 여기서는 정제된 영어 리뷰를 사용합니다. 자세한 내용은 '말뭉치, 토큰, 타입(2.1절)'을 다시 살펴보세요.

25 옮긴이_ classmethod 데코레이터는 클래스 인스턴스를 만들지 않고 호출할 수 있는 정적 메서드를 만듭니다. 이 메서드의 첫 번째 인자는 클래스 객체 자체입니다.

26 옮긴이_ 책에는 구현의 일부만 담았습니다. 전체 클래스 메서드는 깃허브(*http://bit.ly/nlp-pytorch-git*)를 참고하세요.

```python
        self.train_df = self.review_df[self.review_df.split=='train']
        self.train_size = len(self.train_df)

        self.val_df = self.review_df[self.review_df.split=='val']
        self.validation_size = len(self.val_df)

        self.test_df = self.review_df[self.review_df.split=='test']
        self.test_size = len(self.test_df)

        self._lookup_dict = {'train': (self.train_df, self.train_size),
                             'val': (self.val_df, self.validation_size),
                             'test': (self.test_df, self.test_size)}

        self.set_split('train')

    @classmethod
    def load_dataset_and_make_vectorizer(cls, review_csv):
        """데이터셋을 로드하고 새로운 ReviewVectorizer 객체를 만듭니다

        매개변수:
            review_csv (str): 데이터셋의 위치
        반환값:
            ReviewDataset의 인스턴스
        """
        review_df = pd.read_csv(review_csv)
        return cls(review_df, ReviewVectorizer.from_dataframe(review_df))

    def get_vectorizer(self):
        """ ReviewVectorizer 객체를 반환합니다 """
        return self._vectorizer

    def set_split(self, split="train"):
        """ 데이터프레임에 있는 열을 사용해 분할 세트를 선택합니다

        매개변수:
            split (str): "train", "val", "test" 중 하나
        """
        self._target_split = split
        self._target_df, self._target_size = self._lookup_dict[split]

    def __len__(self):
        return self._target_size

    def __getitem__(self, index):
```

```
""" 파이토치 데이터셋의 주요 진입 메서드

매개변수:
    index (int): 데이터 포인트의 인덱스
반환값:
    데이터 포인트의 특성(x_data)과 레이블(y_target)로 이루어진 딕셔너리
"""
row = self._target_df.iloc[index]

review_vector = \
    self._vectorizer.vectorize(row.review)

rating_index = \
    self._vectorizer.rating_vocab.lookup_token(row.rating)

return {'x_data': review_vector,
        'y_target': rating_index}

def get_num_batches(self, batch_size):
    """ 배치 크기가 주어지면 데이터셋으로 만들 수 있는 배치 개수를 반환합니다

    매개변수:
        batch_size (int)
    반환값:
        배치 개수
    """
    return len(self) // batch_size
```

3.6.3 Vocabulary, Vectorizer, DataLoader 클래스

이 책의 예제는 대부분 Vocabulary, Vectorizer, DataLoader 클래스를 사용해 중요한 파이 프라인을 수행합니다. 텍스트 입력을 벡터의 미니배치로 바꿉니다. 이 파이프라인은 전처리된 텍스트를 사용합니다. 즉, 각 데이터 포인트는 토큰의 집합입니다. 이 예에서 토큰은 단어에 해 당합니다. 4장과 6장에서 보겠지만 토큰은 문자일 수도 있습니다. 이어지는 절에 등장하는 세 클래스는 각 토큰을 정수에 매핑하고, 이 매핑을 각 데이터 포인트에 적용해 벡터 형태로 변환 합니다. 그다음 벡터로 변환한 데이터 포인트를 모델을 위해 미니배치로 모읍니다.

Vocabulary

텍스트를 벡터의 미니배치로 바꾸는 첫 번째 단계는 토큰을 정수로 매핑하기입니다. 토큰과 정수 사이를 일대일 매핑하는 방법이 표준입니다. 이렇게 하면 반대로 매핑할 수 있습니다. 파이썬에서는 딕셔너리 두 개를 사용하면 간단합니다. [코드 3-15]처럼 두 딕셔너리를 Vocabulary 클래스에 캡슐화합니다. Vocabulary 클래스는 딕셔너리에 사용자가 토큰을 추가하면 자동으로 인덱스를 증가시키고 UNK('unknown'을 의미)라는 특별 토큰도 관리합니다.[27] UNK 토큰을 사용하면 테스트할 때 훈련에서 본 적이 없는 토큰을 처리할 수 있습니다 (예를 들어 훈련 데이터셋에 없는 단어를 만날 수 있습니다). Vectorizer 클래스에서 보겠지만 Vocabulary에서 자주 등장하지 않은 토큰을 제한할 것입니다. 이런 토큰이 훈련 과정에서 UNK 토큰으로 나타납니다. 이는 Vocabulary 클래스가 사용하는 메모리를 제한하는 데 필수입니다.[28] Vocabulary에 새로운 토큰을 추가하기 위해 add_token()을 호출합니다. 토큰에 해당하는 인덱스를 추출할 때는 lookup_token()을 호출하고 특정 인덱스에 해당하는 토큰을 추출할 때는 lookup_index()을 호출합니다.

코드 3-15 머신러닝 파이프라인에 필요한 토큰과 정수 매핑을 관리하는 Vocabulary 클래스[29]

```
class Vocabulary(object):
    """ 매핑을 위해 텍스트를 처리하고 어휘 사전을 만드는 클래스 """

    def __init__(self, token_to_idx=None, add_unk=True, unk_token="<UNK>"):
        """
        매개변수:
            token_to_idx (dict): 기존 토큰-인덱스 매핑 딕셔너리
            add_unk (bool): UNK 토큰을 추가할지 지정하는 플래그
            unk_token (str): Vocabulary에 추가할 UNK 토큰
        """

        if token_to_idx is None:
            token_to_idx = {}
```

---

27 6장에서 시퀀스 모델을 다룰 때 특별 토큰을 더 보게 될 것입니다.

28 모든 언어의 단어는 멱법칙(power law) 분포를 따릅니다. 말뭉치의 고유 단어 수는 수백만 단위일 수 있습니다. 이런 단어는 대부분 훈련 데이터셋에 단 몇 번만 등장합니다. 모델의 어휘 사전에 이런 단어를 포함할 수 있지만 10배 이상의 메모리가 더 필요할 것입니다. 옮긴이_ 멱법칙은 한 수가 다른 수의 거듭제곱으로 표현되는 것을 의미합니다. 말뭉치에 나오는 단어를 많이 등장하는 순으로 나열했을 때 단어의 빈도수는 순서에 반비례하며 이를 발견한 조지 킹슬리 지프(George Kingsley Zipf)의 이름을 따서 지프의 법칙(Zipf's law)이라고도 부릅니다.

29 옮긴이_ 책에는 구현의 일부만 담겨 있습니다. 전체 클래스 메서드는 깃허브(*http://bit.ly/nlp-pytorch-git*)를 참고하세요.

```python
        self._token_to_idx = token_to_idx

        self._idx_to_token = {idx: token
                              for token, idx in self._token_to_idx.items()}

        self._add_unk = add_unk
        self._unk_token = unk_token

        self.unk_index = -1
        if add_unk:
            self.unk_index = self.add_token(unk_token)


    def to_serializable(self):
        """ 직렬화할 수 있는 딕셔너리를 반환합니다 """
        return {'token_to_idx': self._token_to_idx,
                'add_unk': self._add_unk,
                'unk_token': self._unk_token}

    @classmethod
    def from_serializable(cls, contents):
        """ 직렬화된 딕셔너리에서 Vocabulary 객체를 만듭니다 """
        return cls(**contents)

    def add_token(self, token):
        """ 토큰을 기반으로 매핑 딕셔너리를 업데이트합니다

        매개변수:
            token (str): Vocabulary에 추가할 토큰
        반환값:
            index (int): 토큰에 상응하는 정수
        """
        if token in self._token_to_idx:
            index = self._token_to_idx[token]
        else:
            index = len(self._token_to_idx)
            self._token_to_idx[token] = index
            self._idx_to_token[index] = token
        return index

    def lookup_token(self, token):
        """ 토큰에 대응하는 인덱스를 추출합니다.
        토큰이 없으면 UNK 인덱스를 반환합니다.
```

```
    매개변수:
        token (str): 찾을 토큰
    반환값:
        index (int): 토큰에 해당하는 인덱스
    노트:
        UNK 토큰을 사용하려면 (Vocabulary에 추가하기 위해)
`unk_index`가 0보다 커야 합니다.
    """
    if self.add_unk:
        return self._token_to_idx.get(token, self.unk_index)
    else:
        return self._token_to_idx[token]

def lookup_index(self, index):
    """ 인덱스에 해당하는 토큰을 반환합니다.

    매개변수:
        index (int): 찾을 인덱스
    반환값:
        token (str): 인덱스에 해당하는 토큰
    에러:
        KeyError: 인덱스가 Vocabulary에 없을 때 발생합니다.
    """
    if index not in self._idx_to_token:
        raise KeyError("Vocabulary에 인덱스(%d)가 없습니다." % index)
    return self._idx_to_token[index]

def __str__(self):
    return "<Vocabulary(size=%d)>" % len(self)

def __len__(self):
    return len(self._token_to_idx)
```

Vectorizer

텍스트 데이터를 벡터의 미니배치로 바꾸는 두 번째 단계는 입력 데이터 포인트의 토큰을 순회하면서 각 토큰을 정수로 바꾸기입니다. 이 반복 과정의 결과는 벡터입니다. 이 벡터가 다른 데이터 포인트에서 만든 벡터와 합쳐지므로 Vectorizer에서 만든 벡터는 항상 길이가 같아야 합니다.

이를 위해 Vectorizer 클래스는 리뷰의 단어를 정수로 매핑한 Vocabulary를 캡슐화합니다.

[코드 3-16]에서 Vectorizer 클래스는 파이썬의 @classmethod 데코레이터를 사용해 from_
dataframe() 메서드가 Vectorizer 클래스를 초기화하는 진입점임을 나타냅니다. from_
dataframe() 메서드는 판다스 데이터프레임DataFrame을 순회하면서 두 가지 작업을 수행합
니다. 첫 번째 작업은 데이터셋에 있는 모든 토큰의 빈도수를 카운트합니다. 두 번째 작업
은 키워드 매개변수 cutoff에 지정한 수보다 빈도가 높은 토큰만 사용하는 Vocabulary 객
체를 만듭니다. 실제로 이 메서드는 최소한 cutoff 횟수보다 많이 등장하는 단어를 모두 찾
아 Vocabulary 객체에 추가합니다. UNK 토큰도 Vocabulary에 추가하므로 Vocabulary의
lookup_token() 메서드를 호출할 때 포함되지 않은 단어는 모두 unk_index를 반환합니다.

vectorize() 메서드는 Vectorizer 클래스의 핵심 기능을 캡슐화합니다. 이 메서드는 매개
변수로 리뷰 문자열을 받고 이 리뷰의 벡터 표현을 반환합니다. 이 예에서는 1장에서 소개한
'원-핫 표현'을 사용합니다. 이 표현은 Vocabulary의 크기와 길이가 같고 0과 1로 이루어진 이
진 벡터를 만듭니다. 이 벡터에서 리뷰의 단어에 해당하는 위치가 1이 됩니다. 이런 표현은 몇
가지 제약이 있습니다. 첫 번째는 희소한 배열이라는 점입니다. 한 리뷰의 고유 단어 수는 항상
Vocabulary의 전체 단어 수보다 훨씬 작습니다. 두 번째는 리뷰에 등장하는 단어 순서를 무시
한다는 점입니다(BoW 방식입니다). 이어지는 장에서 이러한 제약을 줄이는 다른 방법을 알
아보겠습니다.

코드 3-16 텍스트를 수치 벡터로 변환하는 Vectorizer 클래스

```python
class ReviewVectorizer(object):
    """ 어휘 사전을 생성하고 관리합니다 """
    def __init__(self, review_vocab, rating_vocab):
        """
        매개변수:
            review_vocab (Vocabulary): 단어를 정수에 매핑하는 Vocabulary
            rating_vocab (Vocabulary): 클래스 레이블을 정수에 매핑하는 Vocabulary
        """
        self.review_vocab = review_vocab
        self.rating_vocab = rating_vocab
    def vectorize(self, review):
        """리뷰에 대한 원-핫 벡터를 만듭니다

        매개변수:
            review (str): 리뷰
        반환값:
```

```python
            one_hot (np.ndarray): 원-핫 벡터
        """
        one_hot = np.zeros(len(self.review_vocab), dtype=np.float32)

        for token in review.split(" "):
            if token not in string.punctuation:
                one_hot[self.review_vocab.lookup_token(token)] = 1

        return one_hot

    @classmethod
    def from_dataframe(cls, review_df, cutoff=25):
        """ 데이터셋 데이터프레임에서 Vectorizer 객체를 만듭니다

        매개변수:
            review_df (pandas.DataFrame): 리뷰 데이터셋
            cutoff (int): 빈도 기반 필터링 설정값
        반환값:
            ReviewVectorizer 객체
        """
        review_vocab = Vocabulary(add_unk=True)
        rating_vocab = Vocabulary(add_unk=False)

        # 점수를 추가합니다
        for rating in sorted(set(review_df.rating)):
            rating_vocab.add_token(rating)

        # count > cutoff인 단어를 추가합니다
        word_counts = Counter()
        for review in review_df.review:
            for word in review.split(" "):
                if word not in string.punctuation:
                    word_counts[word] += 1

        for word, count in word_counts.items():
            if count > cutoff:
                review_vocab.add_token(word)

        return cls(review_vocab, rating_vocab)

    @classmethod
    def from_serializable(cls, contents):
        """ 직렬화된 딕셔너리에서 ReviewVectorizer 객체를 만듭니다
```

```
    매개변수:
        contents (dict): 직렬화된 딕셔너리
    반환값:
        ReviewVectorizer 클래스 객체
    """
    review_vocab = Vocabulary.from_serializable(contents['review_vocab'])
    rating_vocab = Vocabulary.from_serializable(contents['rating_vocab'])

    return cls(review_vocab=review_vocab, rating_vocab=rating_vocab)

def to_serializable(self):
    """ 캐싱을 위해 직렬화된 딕셔너리를 만듭니다

    반환값:
        contents (dict): 직렬화된 딕셔너리
    """
    return {'review_vocab': self.review_vocab.to_serializable(),
            'rating_vocab': self.rating_vocab.to_serializable()}
```

DataLoader

텍스트를 벡터로 변환하는 미니배치 파이프라인의 마지막 단계는 벡터로 변환한 데이터 포인트 모으기입니다. 파이토치 내장클래스인 DataLoader는 신경망 훈련에 필수인 미니배치로 모으는 작업을 편하게 해줍니다. DataLoader 클래스는 파이토치 Dataset(이 예에서는 앞서 정의한 ReviewDataset), batch_size 및 몇 가지 편리한 키워드를 매개변수로 받습니다. 이 클래스의 객체는 Dataset 클래스가 제공한 데이터 포인트를 순회하는 파이썬 반복자입니다.[30] [코드 3-17]에서 generate_batches() 함수로 DataLoader를 감쌌습니다. 이 함수는 CPU와 GPU 간에 데이터를 간편하게 전환하는 파이썬 제너레이터generator입니다.

코드 3-17 데이터셋에서 미니배치 생성하기

```
from torch.utils.data import DataLoader

def generate_batches(dataset, batch_size, shuffle=True,
                     drop_last=True, device="cpu"):
```

----

30 파이토치의 Dataset 클래스를 상속하려면 __getitem__()와 __len__() 메서드를 구현해야 한다는 점을 기억하세요. 이를 통해 DataLoader 클래스가 인덱스를 사용해 데이터셋을 순회할 수 있습니다.

```
"""
파이토치 DataLoader를 감싸는 제너레이터 함수.
각 텐서를 지정된 장치로 이동합니다.
"""
dataloader = DataLoader(dataset=dataset, batch_size=batch_size,
                        shuffle=shuffle, drop_last=drop_last)

for data_dict in dataloader:
    out_data_dict = {}
    for name, tensor in data_dict.items():
        out_data_dict[name] = data_dict[name].to(device)
    yield out_data_dict
```

3.6.4 퍼셉트론 분류기

이 예에서는 이 장의 서두에서 본 Perceptron 분류기를 다시 구현한 모델을 사용합니다. ReviewClassifier 클래스는 파이토치의 Module 클래스를 상속하고 단일 출력을 만드는 Linear 층을 하나 생성합니다. 이진 분류 문제(음성 또는 양성 리뷰)이므로 출력이 하나입니다. 마지막 비선형 활성화 함수로는 시그모이드 함수를 사용합니다.

forward() 메서드에는 선택적으로 시그모이드 함수를 적용하는 매개변수가 있습니다. 이렇게 하는 이유를 알아보죠. 먼저 이진 분류 문제에서 이진 크로스 엔트로피 손실(torch.nn.BCELoss())이 가장 적절한 손실 함수입니다. 이 함수는 이진 확률을 계산합니다. 하지만 시그모이드와 손실 함수를 함께 사용할 때는 수치 안정성 이슈가 있습니다. 파이토치는 시그모이드 없이 간편하게 사용할 수 있고 수치적으로 안정된 계산을 위한 BCEWithLogitsLoss()를 제공합니다.

먼저 시그모이드 함수를 $\sigma = \dfrac{1}{1+e^{-x}}$와 같이 정의하면 이진 크로스 엔트로피 손실 함수는 다음과 같이 쓸 수 있습니다.

$$L_{BCE} = -(y \log\sigma + (1-y)\log(1-\sigma))$$

$$= -y \log\left(\frac{1}{1+e^{-x}}\right) - (1-y)\log\left(1-\frac{1}{1+e^{-x}}\right)$$

두 번째 로그 함수의 분모를 통분하면 다음과 같습니다.

$$= -y \log\left(\frac{1}{1+e^{-x}}\right) - (1-y)\log\left(\frac{e^{-x}}{1+e^{-x}}\right)$$

이제 로그 안의 나눗셈을 뺄셈으로 바꾸어 씁니다.

$$= y \log (1+e^{-x}) - (1-y)\log e^{-x} + (1-y)\log (1+e^{-x})$$
$$= y \log (1+e^{-x}) - (1-y)\log e^{-x} + \log (1+e^{-x}) - y \log (1+e^{-x})$$

$\log e^{-x}$는 $-x$이고 첫 번째 항은 마지막 항과 함께 소거됩니다. 따라서 다음과 같은 식이 됩니다.

$$= (1-y)x + \log (1+e^{-x})$$

이 식은 x가 양수일 때는 문제가 없지만 x가 음수일 때는 e^{-x} 때문에 다시 문제가 됩니다. 따라서 x가 음수일 때는 이 식을 다음과 같이 변형합니다.

$$x - yx + \log (1+e^{-x})$$
$$= \log e^x - yx + \log (1+e^{-x})$$
$$= - yx + \log (e^x + 1)$$

`BCEWithLogitsLoss()`는 이런 방식으로 시그모이드 함수와 이진 크로스 엔트로피 손실 함수를 연결하여 계산합니다.

이 손실 함수를 사용하려면 출력에 시그모이드 함수를 적용해서는 안 됩니다. 따라서 `forward()` 메서드의 기본값은 시그모이드를 적용하지 않습니다. 하지만 사용자가 확률값을 확인하려면 시그모이드 함수가 필요하기 때문에 옵션으로 남겨 두었습니다. [코드 3-18]을 이런 식으로 구현했습니다.

코드 3-18 옐프 리뷰를 분류하는 퍼셉트론 분류기

```python
import torch.nn as nn

class ReviewClassifier(nn.Module):
    """ 간단한 퍼셉트론 기반 분류기 """
    def __init__(self, num_features):
        """
        매개변수:
            num_features (int): 입력 특성 벡터의 크기
        """
        super(ReviewClassifier, self).__init__()
        self.fc1 = nn.Linear(in_features=num_features,
                             out_features=1)

    def forward(self, x_in, apply_sigmoid=False):
        """ 분류기의 정방향 계산

        매개변수:
            x_in (torch.Tensor): 입력 데이터 텐서
                x_in.shape는 (batch, num_features)입니다.
            apply_sigmoid (bool): 시그모이드 활성화 함수를 위한 플래그
                크로스 엔트로피 손실을 사용하려면 False로 지정합니다
        반환값:
            결과 텐서. tensor.shape은 (batch,)입니다.
        """
        y_out = self.fc1(x_in).squeeze()
        if apply_sigmoid:
            y_out = torch.sigmoid(y_out)
        return y_out
```

3.6.5 모델 훈련

이 절에서는 모델 훈련의 구성 요소를 소개합니다. 그리고 이런 구성 요소를 모델 및 데이터셋과 연결하여 모델 파라미터를 조정하고 성능을 높이는 방법을 설명하겠습니다. 훈련 과정의 핵심은 모델을 만들고, 데이터셋을 순회하고, 입력 데이터에서 모델의 출력을 계산하고, 손실

을 (얼마나 모델이 나쁜지를) 계산하고, 손실에 비례하여 모델을 수정하는 것입니다. 신경 쓸 일이 많아 보이지만 훈련 코드를 바꿀 부분이 많지 않아 딥러닝 개발에 습관처럼 사용하게 될 것입니다. 고수준의 결정을 조정하기 편하도록 [코드 3-19]처럼 모든 결정 요소를 관리하는 args 객체를 사용합니다.[31]

코드 3-19 퍼셉트론 기반 옐프 리뷰 분류기를 위한 하이퍼파라미터와 프로그램 옵션

```python
from argparse import Namespace

args = Namespace(
    # 날짜와 경로 정보
    frequency_cutoff=25,
    model_state_file='model.pth',
    review_csv='data/yelp/reviews_with_splits_lite.csv',
    save_dir='model_storage/ch3/yelp/',
    vectorizer_file='vectorizer.json',
    # 모델 하이퍼파라미터 없음
    # 훈련 하이퍼파라미터
    batch_size=128,
    early_stopping_criteria=5,
    learning_rate=0.001,
    num_epochs=100,
    seed=1337,
    # 실행 옵션은 생략했습니다
)
```

이 절의 나머지에서는 먼저 훈련 과정 정보를 담은 작은 딕셔너리인 train_state를 설명합니다. 모델을 훈련하면서 추적할 정보가 늘어날수록 이 딕셔너리가 커집니다. 이를 위해 체계적인 방법을 선택할 수 있지만 다음 예의 딕셔너리는 모델 훈련 과정에서 추적할 기본 정보만 담습니다. 훈련 상태 딕셔너리를 설명한 후 모델 훈련을 실행하기 위해 생성할 일련의 객체를 소개합니다. 여기에는 모델 자체와 데이터셋, 옵티마이저, 손실 함수가 포함됩니다. 다른 예제와 깃허브 주피터 노트북에는 추가 구성 요소가 있지만 복잡해질 수 있어서 책에는 넣지 않았습니다. 마지막으로 훈련 반복으로 이 절을 마무리하고 기본적인 파이토치 최적화 과정을 시연합니다.

---

31 내장 argparse 패키지의 Namespace 클래스를 사용합니다. 이 클래스는 속성 딕셔너리(property dictionary)를 잘 캡슐화하고 정적 분석기(static analyzer)와 함께 잘 동작합니다. 또한 명령줄 기반 훈련 방식을 구축한다면 다른 코드를 바꾸지 않고 argparse 패키지의 ArgumentParser로 바꿀 수 있습니다.

훈련 준비

[코드 3-20]은 이 예에서 만들 훈련 구성 요소를 보여줍니다. 첫 번째 요소는 훈련 상태를 초기화하는 함수입니다. 이 함수는 훈련 상태가 복잡한 정보를 다룰 수 있도록 args 객체를 매개변수로 받습니다. 하지만 책에는 이런 복잡한 내용을 담지 않습니다. 깃허브 주피터 노트북에서 훈련 상태에 들어가는 추가 내용을 확인할 수 있습니다. 여기에서는 에포크 인덱스, 훈련 손실 리스트, 훈련 정확도, 검증 손실, 검증 정확도를 포함합니다. 또한 테스트 손실과 테스트 정확도를 포함합니다.[32]

다음으로는 데이터셋과 모델을 만듭니다. 지금부터 다루는 예제들에서는 데이터셋 클래스에서 Vectorizer를 만듭니다. 깃허브에 있는 주피터 노트북을 보면 if 문 안에서 데이터셋을 만듭니다. 이전에 만든 Vectorizer 객체를 로드할지 새로운 객체를 만들어 디스크에 저장할지 결정합니다. GPU 장치를 사용할 수 있는지 확인하여 사용자가 (args.cuda에) 지정한 장치로 모델을 이동합니다. 데이터와 모델이 같은 장치에 있어야 하므로 훈련 반복 안에서 호출되는 generate_batches() 함수에서 이 장치를 사용합니다.

손실 함수와 옵티마이저가 초기화 단계의 마지막 요소입니다. 이 예제에서 사용하는 손실 함수는 BCEWithLogitsLoss()입니다(3.6.4 '퍼셉트론 분류기'에서 언급했듯이 이진 분류에는 이진 크로스 엔트로피 손실 함수가 가장 적합합니다. 모델의 시그모이드 출력에 BCELoss() 함수를 적용하기보다 시그모이드 함수를 사용하지 않은 출력에 BCEWithLogitsLoss() 함수를 적용하는 편이 수치적으로 더 안정적입니다). 사용할 옵티마이저는 Adam입니다. 일반적으로 Adam은 다른 옵티마이저보다 성능이 뛰어납니다. 이 글을 쓰는 시점에 Adam 외에 다른 옵티마이저를 사용해야 할 마땅한 근거가 없습니다. 하지만 다른 옵티마이저를 적용해 직접 성능을 비교해 보기를 권장합니다.

---

32 옮긴이_ 이외에도 조기 종료를 위한 옵션과 학습률, 모델 상태를 저장할 파일 이름이 있습니다.

```python
import torch.optim as optim

def make_train_state(args):
    return {'epoch_index': 0,
            'train_loss': [],
            'train_acc': [],
            'val_loss': [],
            'val_acc': [],
            'test_loss': -1,
            'test_acc': -1}
train_state = make_train_state(args)

if not torch.cuda.is_available():
    args.cuda = False
args.device = torch.device("cuda" if args.cuda else "cpu")

# 데이터셋과 Vectorizer
dataset = ReviewDataset.load_dataset_and_make_vectorizer(args.review_csv)
vectorizer = dataset.get_vectorizer()

# 모델
classifier = ReviewClassifier(num_features=len(vectorizer.review_vocab))
classifier = classifier.to(args.device)

# 손실 함수와 옵티마이저
loss_func = nn.BCEWithLogitsLoss()
optimizer = optim.Adam(classifier.parameters(), lr=args.learning_rate)
```

훈련 반복

훈련 반복은 앞에서 초기화한 객체를 사용해 모델의 성능이 높아지도록 모델 파라미터를 업데이트합니다. 구체적으로 훈련 반복은 두 개의 반복문으로 구성됩니다. 내부 반복문은 데이터셋의 미니배치에 대해서 반복을 수행합니다. 외부 반복문은 내부 반복문을 여러 번 반복합니다. 내부 반복문에서 미니배치마다 손실을 계산하고 옵티마이저가 모델 파라미터를 업데이트합니다. 이 반복문은 [코드 3-21]에 있으며 자세한 내용은 이어서 설명하겠습니다.

```python
for epoch_index in range(args.num_epochs):
    train_state['epoch_index'] = epoch_index

    # 훈련 세트 순회
    # 훈련 세트와 배치 제너레이터 준비, 손실과 정확도를 0으로 설정
    dataset.set_split('train')
    batch_generator = generate_batches(dataset,
                                       batch_size=args.batch_size,
                                       device=args.device)
    running_loss = 0.0
    running_acc = 0.0
    classifier.train()

    for batch_index, batch_dict in enumerate(batch_generator):
        # 훈련 과정은 5단계로 이루어집니다

        # 1단계. 그레이디언트를 0으로 초기화합니다
        optimizer.zero_grad()

        # 2단계. 출력을 계산합니다
        y_pred = classifier(x_in=batch_dict['x_data'].float())

        # 3단계. 손실을 계산합니다
        loss = loss_func(y_pred, batch_dict['y_target'].float())
        loss_batch = loss.item()
        running_loss += (loss_batch - running_loss) / (batch_index + 1)

        # 4단계. 손실을 사용해 그레이디언트를 계산합니다
        loss.backward()

        # 5단계. 옵티마이저로 가중치를 업데이트합니다
        optimizer.step()
        # -----------------------------------------

        # 정확도를 계산합니다
        acc_batch = compute_accuracy(y_pred, batch_dict['y_target'])
        running_acc += (acc_batch - running_acc) / (batch_index + 1)

    train_state['train_loss'].append(running_loss)
    train_state['train_acc'].append(running_acc)

    # 검증 세트 순회
```

```python
# 검증 세트와 배치 제너레이터 준비, 손실과 정확도를 0으로 설정
dataset.set_split('val')
batch_generator = generate_batches(dataset,
                                   batch_size=args.batch_size,
                                   device=args.device)
running_loss = 0.
running_acc = 0.
classifier.eval()

for batch_index, batch_dict in enumerate(batch_generator):

    # 1단계. 출력을 계산합니다
    y_pred = classifier(x_in=batch_dict['x_data'].float())

    # 2단계. 손실을 계산합니다
    loss = loss_func(y_pred, batch_dict['y_target'].float())
    loss_batch = loss.item()
    running_loss += (loss_batch - running_loss) / (batch_index + 1)

    # 3단계. 정확도를 계산합니다
    acc_batch = compute_accuracy(y_pred, batch_dict['y_target'])
    running_acc += (acc_batch - running_acc) / (batch_index + 1)

train_state['val_loss'].append(running_loss)
train_state['val_acc'].append(running_acc)
```

첫 번째 라인에서 에포크 횟수만큼 for 반복문을 실행합니다. 에포크 횟수는 하이퍼파라미터로 바꿀 수 있으며 주어진 데이터셋에 훈련을 몇 번이나 반복할지 결정합니다. 실전에서는 조기 종료 조건 등을 사용해 끝에 도달하기 전에 반복문을 종료합니다. 주피터 노트북에서 이렇게 하는 방법을 볼 수 있습니다.

반복문 상단에서 몇 가지를 정의하고 초기화합니다. 먼저 훈련 상태의 에포크 인덱스를 설정합니다. 그다음 분할한 데이터셋 중 어떤 세트를 사용할지 지정합니다(처음에는 'train'으로 지정한 다음 에포크 끝에서 모델 성능을 측정할 때 'val'로 지정합니다. 마지막으로 모델의 최종 성능을 평가할 때 'test'로 지정합니다). 데이터셋을 구성한 방식 때문에 항상 generate_batches()를 호출하기 전에 이런 세트를 설정해야 합니다. batch_generator를 만든 후 두 개의 실수 변수를 준비해 배치 간의 손실과 정확도를 기록합니다. 여기서 사용한 이동 평균 공식에 관한 자세한 내용은 위키피디아의 '이동 평균moving average' 페이지(*https://*

ko.wikipedia.org/wiki/이동평균)를 참고하세요.[33] 마지막으로 분류기의 `train()` 메서드를 호출해 모델이 훈련 모드에 있고 모델 파라미터를 수정할 수 있다고 지정합니다. 이렇게하면 드롭아웃 같은 규제를 사용할 수 있습니다(4.2.6 'MLP 규제: 가중치 규제 또는 구조적 규제(또는 드롭아웃)'을 참고하세요).

훈련 반복문의 다음 부분은 `batch_generator`에서 추출한 훈련 배치를 순회하면서 모델 파라미터를 업데이트하는 핵심 연산을 수행합니다. 배치 반복마다 `optimizer.zero_grad()`를 사용해 옵티마이저의 그레이디언트를 먼저 초기화합니다. 그리고 모델의 출력을 계산합니다. 그다음 손실 함수를 사용해 모델 출력과 타깃(정답 클래스 레이블) 사이의 손실을 계산합니다. 이어서 (손실 함수 객체가 아니라) 손실 객체의 `backward()` 메서드를 호출해 각 파라미터에 그레이디언트를 전파합니다. 마지막으로 옵티마이저는 전파한 그레이디언트를 사용해 `optimizer.step()` 메서드로 파라미터 업데이트를 수행합니다. 이 다섯 단계가 경사 하강법의 핵심입니다. 이외에도 정보 기록과 추적에 사용하는 추가 연산이 몇 개 있습니다. 구체적으로는 (일반 파이썬 변수로) 손실과 정확도 값을 계산하여 이동 평균 손실과 이동 평균 정확도를 업데이트합니다.

훈련 세트의 배치로 내부 반복문 수행이 끝나면 부가 정보 기록과 초기화 연산을 몇 가지 수행합니다. 먼저 훈련 상태를 최종 손실과 정확도 값으로 업데이트합니다. 그다음 새로운 배치 제너레이터, 이동 평균 손실, 이동 평균 정확도를 만듭니다. 검증 세트에 사용하는 반복문은 훈련세트와 비슷하므로 같은 변수를 재사용합니다. 하지만 분류기 `train()` 메서드와 반대 작업을 하는 `eval()` 메서드를 호출한다는 차이가 있습니다. `eval()` 메서드는 모델 파라미터를 수정하지 못하게 하고 드롭아웃을 비활성화합니다. 또한 손실을 계산하지 않고 그레이디언트를 파라미터로 전파하지 않습니다. 대신 데이터를 모델의 성능을 측정하는 데 사용합니다. 훈련 세트의 성능과 검증 세트의 성능의 차이가 크면 모델이 훈련 세트에 과대적합되었을 가능성이 높습니다. 따라서 모델이나 훈련 과정을 수정해야 합니다(예를 들어 이 예제가 있는 주피터 노트북에서 사용한 조기 종료를 사용합니다).

검증 세트를 순회하면서 계산한 검증 손실과 정확도를 저장하고 나면 외부 `for` 반복문이 끝납니다. 이 책에서 구현한 훈련 반복문은 모두 비슷한 패턴을 따릅니다. 사실 모든 경사 하강법 알고리즘의 패턴이 비슷합니다. 이 반복문을 만드는 데 익숙해지면 경사 하강법을 잘 수행할

---

33 옮긴이_ 여기서 사용한 이동 평균은 단순 이동 평균입니다.

수 있게 될 것입니다.

3.6.6 평가, 추론, 분석

모델을 훈련하고 난 다음 따로 떼어 놓은 데이터에서 얼마나 잘 동작하는지 평가하고 새로운 데이터에 대한 추론을 만들 수 있습니다. 또는 모델 가중치를 분석해 무엇을 학습했는지 알아볼 수 있습니다. 이 절에서 세 단계를 모두 알아보겠습니다.

테스트 데이터로 평가하기

따로 떼어 놓은 테스트 세트에서 평가하는 코드는 앞서 보았던 훈련 코드의 검증 반복문과 거의 같습니다. 하지만 한 가지 작은 차이가 있습니다. 사용할 데이터를 'val' 대신 'test'로 지정합니다. 두 데이터 세트 간의 차이는 테스트 세트를 가능한 한 적게 사용한다는 점입니다. 테스트 세트에서 훈련한 모델을 실행하여 새로운 모델 구조(예를 들어 층의 크기)를 결정하고 새로 훈련한 모델을 테스트 세트에서 다시 평가할 때마다 점점 더 테스트 세트에 편향된 모델을 얻게 됩니다. 즉, 이 과정을 너무 많이 반복하면 새로운 데이터에서 측정하려고 데이터 세트를 따로 떼어 놓은 의미가 없어지게 됩니다. 평가 과정은 [코드 3-22]에 자세히 나타나 있습니다.

코드 3-22 테스트 세트 평가

```
In[0]   dataset.set_split('test')
        batch_generator = generate_batches(dataset,
                                           batch_size=args.batch_size,
                                           device=args.device)
        running_loss = 0.
        running_acc = 0.
        classifier.eval()

        for batch_index, batch_dict in enumerate(batch_generator):
            # 출력을 계산합니다
            y_pred = classifier(x_in=batch_dict['x_data'].float())

            # 손실을 계산합니다
            loss = loss_func(y_pred, batch_dict['y_target'].float())
            loss_batch = loss.item()
            running_loss += (loss_batch - running_loss) / (batch_index + 1)
```

```
            # 정확도를 계산합니다
            acc_batch = compute_accuracy(y_pred, batch_dict['y_target'])
            running_acc += (acc_batch - running_acc) / (batch_index + 1)

        train_state['test_loss'] = running_loss
        train_state['test_acc'] = running_acc

In[1]  print("Test loss: {:.3f}".format(train_state['test_loss']))
       print("Test Accuracy: {:.2f}".format(train_state['test_acc']))

Out[1] Test loss: 0.297
       Test Accuracy: 90.55
```

새로운 데이터 포인트 추론하여 분류하기

모델을 평가하는 또 다른 방법은 새로운 데이터에서 추론한 후에 모델이 잘 동작하는지 정성적인 평가를 내리는 것입니다. [코드 3-23]에 이 과정이 나타나 있습니다.

코드 3-23 샘플 리뷰에 대한 예측 출력하기

```
In[0]  def predict_rating(review, classifier, vectorizer,
                          decision_threshold=0.5):
           """ 리뷰 점수 예측하기

           매개변수:
               review (str): 리뷰 텍스트
               classifier (ReviewClassifier): 훈련된 모델
               vectorizer (ReviewVectorizer): Vectorizer 객체
               decision_threshold (float): 클래스를 나눌 결정 경계
           """

           review = preprocess_text(review)
           vectorized_review = torch.tensor(vectorizer.vectorize(review))
           result = classifier(vectorized_review.view(1, -1))

           probability_value = torch.sigmoid(result).item()

           index = 1
           if probability_value < decision_threshold:
               index = 0
           return vectorizer.rating_vocab.lookup_index(index)
```

```
        test_review = "this is a pretty awesome book"
        prediction = predict_rating(test_review, classifier, vectorizer)
        print("{} -> {}".format(test_review, prediction)
```

Out[0] this is a pretty awesome book -> positive

모델 가중치 분석

훈련이 끝난 뒤 모델이 잘 동작하는지 알아보는 마지막 방법은 가중치를 분석해 올바른 값인지 평가하는 것입니다. [코드 3-24]에서 퍼셉트론의 가중치는 어휘 사전의 한 단어와 정확하게 대응하므로 이를 쉽게 확인할 수 있습니다.

코드 3-24 분류기의 가중치 분석하기

```
In[0]  # 가중치 정렬
       fc1_weights = classifier.fc1.weight.detach()[0]
       _, indices = torch.sort(fc1_weights, dim=0, descending=True)
       indices = indices.numpy().tolist()

       # 긍정적인 단어 상위 20개
       print("긍정 리뷰에 영향을 미치는 단어:")
       print("------------------------------------")
       for i in range(20):
           print(vectorizer.review_vocab.lookup_index(indices[i]))


Out[0] 긍정 리뷰에 영향을 미치는 단어:
       ------------------------------------
       great
       awesome
       amazing
       love
       friendly
       delicious
       best
       excellent
       definitely
       perfect
       fantastic
       wonderful
```

```
vegas
favorite
loved
yummy
fresh
reasonable
always
recommend
```

<pre>
In[1] # 부정적인 단어 상위 20개
       print("부정 리뷰에 영향을 미치는 단어:")
       print("------------------------------------")
       indices.reverse()
       for i in range(20):
           print(vectorizer.review_vocab.lookup_index(indices[i]))
</pre>

<pre>
Out[1] 부정 리뷰에 영향을 미치는 단어:
       ----
       worst
       horrible
       mediocre
       terrible
       not
       rude
       bland
       disgusting
       dirty
       awful
       poor
       disappointing
       ok
       no
       overpriced
       sorry
       nothing
       meh
       manager
       gross
</pre>

3.7 요약

이 장에서는 다음과 같은 지도 학습 신경망 훈련의 기초적인 개념을 배웠습니다.

- 가장 간단한 신경망 모델인 퍼셉트론
- 여러 종류의 활성화 함수, 손실 함수와 같은 기본 개념
- 합성 샘플을 사용해 설명한 훈련 반복, 배치 크기, 에포크
- 일반화의 의미와 훈련/검증/테스트 세트를 사용해 일반화 성능을 측정하는 모범 사례
- 훈련 알고리즘의 종료나 수렴을 결정하는 조기 종료와 기타 조건
- 하이퍼파라미터의 의미와 예(배치 크기, 학습률 등)
- 파이토치로 구현한 퍼셉트론을 사용해 옐프의 레스토랑 리뷰를 분류하는 방법, 가중치를 평가하여 모델을 해석하는 방법

4장에서는 **피드 포워드 신경망**feed-forward network을 소개합니다. 간단한 퍼셉트론을 수직과 수평 방향으로 쌓아서 **다층 퍼셉트론**multilayer perceptron 모델을 만들겠습니다. 그다음 언어의 부분 구조를 감지하기 위해 합성곱 연산을 기반으로 하는 새로운 종류의 피드 포워드 신경망을 배웁니다.

3.8 참고 문헌

1. Zhang, Xiang, et al. (2015). "Character-Level Convolutional Networks for Text Classification." *Proceedings of NIPS*.

## CHAPTER 4

자연어 처리를 위한 피드 포워드 신경망

3장에서 가장 간단한 신경망인 퍼셉트론을 살펴보며 신경망의 기초를 다뤘습니다. 퍼셉트론은 데이터에서 복잡한 패턴을 학습할 수 없다는 단점이 있습니다. 예를 들어 [그림 4-1]의 데이터 포인트를 살펴보죠. 이 그림은 배타적 논리합(XOR)에 해당합니다. 직선 하나로 결정 경계를 나타낼 수 없습니다(즉 선형적으로 구분할 수 없습니다). 이런 결정 경계는 퍼셉트론이 학습 하지 못합니다.

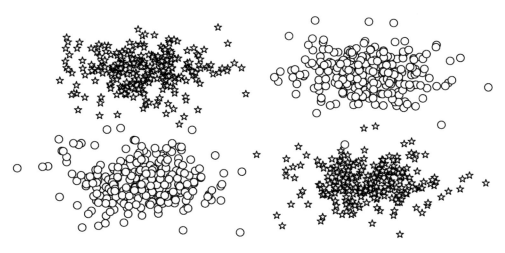

그림 4-1 XOR 데이터셋의 원과 별 모양 클래스. 직선 하나로 두 클래스를 구분할 수 없습니다.

이 장에서 **피드 포워드 신경망**feed-forward network이라는 신경망 모델을 살펴보겠습니다. 두 종류의 피드 포워드 신경망에 초점을 맞추겠습니다. 다층 퍼셉트론multilayer perceptron(MLP)과 합성곱 신경망convolutional neural network(CNN)입니다.[1] MLP는 3장에서 배운 간단한 퍼셉트론을 구조적으로 확장한 신경망입니다. 많은 퍼셉트론이 있는 층을 여러 개 쌓아 올린 구조입니다. '예제: MLP로 성씨 분류하기(4.2절)'에서 MLP를 소개하고 **다중 분류**multiclass classification에 사용해 보겠습니다.

이 장에서 배울 두 번째 피드 포워드 신경망은 CNN입니다. 디지털 신호 처리에 사용하는 윈도 필터window filter에 영향을 받아 만든 신경망입니다. 이런 윈도 특성 덕분에 CNN은 입력에 있는 국부 패턴을 학습할 수 있습니다. 또한 컴퓨터 비전에 아주 적합하고 단어나 문장 같은 순차 데이터에서 부분 구조를 감지하는 데도 이상적입니다. '합성곱 신경망(4.3절)'에서 CNN을 살펴보고 '예제: CNN으로 성씨 분류하기(4.4절)'에서 사용법을 알아보겠습니다.

MLP와 CNN은 모두 피드 포워드 신경망이므로 이 장에서 함께 소개합니다. 반면 순환 신경망recurrent neural network(RNN)은 종류가 다릅니다. 이전 계산 결과가 현재 계산에 정보를 제공하는 피드백(혹은 순환)이 있습니다. 6장과 7장에서 RNN을 다루며 순환 구조가 신경망 구조에 도움이 되는 이유를 알아보겠습니다.

다양한 모델을 배우면서 계산에 사용하는 데이터 텐서의 크기와 차원에 주의를 기울이면 작동 원리를 이해하는 데 도움이 됩니다. 신경망 층은 종류별로 계산하는 데이터 텐서의 크기와 차원에 다른 영향을 끼칩니다. 이런 영향을 이해하면 모델을 깊이 이해하는 데 큰 도움이 됩니다.

4.1 다층 퍼셉트론

MLP는 기본적인 신경망 구성 요소입니다. 3장에서 본 퍼셉트론을 확장하면 간단한 MLP가 됩니다. 퍼셉트론은 입력으로 데이터 벡터[2]를 받고 출력값 하나를 계산합니다. MLP에는 많은 퍼셉트론이 모여 있으므로 층의 출력은 출력값 하나가 아닌 벡터입니다. 나중에 보겠지만 파이토치에서는 **Linear** 층에 출력 특성의 개수를 지정하여 간단하게 만들 수 있습니다. MLP의 또 다

----

1 '피드 포워드' 신경망은 데이터가 한 방향으로 (즉 입력에서 출력으로) 흐르는 신경망입니다. 이 정의에 따르면 퍼셉트론도 피드 포워드 신경망입니다. 하지만 이 용어는 보통 유닛이 여럿인 복잡한 모델에 사용합니다.
2 파이토치 용어로 말하면 텐서입니다. 벡터는 텐서의 특별한 경우입니다. 이 장과 책의 나머지 부분에서 가능하다면 벡터와 텐서를 혼용해서 사용합니다.

른 특징은 층 사이에 비선형성을 추가하는 점입니다.[3]

3단계 표현과 Linear 층 2개로 구성한 가장 간단한 MLP가 [그림 4-2]에 있습니다. 첫 번째 단계는 **입력 벡터**$^{input vector}$입니다. 이 벡터를 모델에 주입합니다. '예제: 레스토랑 리뷰 감성 분류하기(3.6절)'에서 입력 벡터는 옐프 리뷰의 원-핫 표현이었습니다. 입력 벡터를 전달하면 첫 번째 Linear 층이 **은닉 벡터**$^{hidden vector}$를 계산합니다. 이 벡터가 두 번째 표현 단계입니다. 입력과 출력 사이에 있는 은닉층의 출력이라서 은닉 벡터라고 부릅니다. 층의 출력이란 무슨 뜻일까요? 은닉 벡터의 값은 층을 구성하는 각 퍼셉트론의 출력이라고 이해해도 됩니다. 두 번째 Linear 층은 은닉 벡터를 사용해 **출력 벡터**$^{output vector}$를 계산합니다. 옐프 리뷰의 감성 분류 같은 이진 분류 작업에서는 출력 벡터의 크기가 여전히 1입니다. '예제: MLP로 성씨 분류하기 (4.2절)'에서 자세히 살펴보겠지만, 다중 분류에서는 출력 벡터의 크기가 클래스 개수와 같습니다. 이 그림에서는 은닉층이 하나지만 중간 단계는 여럿일 수 있습니다. 단계마다 각각의 은닉 벡터를 만듭니다. 최종 은닉 벡터는 항상 Linear 층과 비선형 함수를 사용하여 출력 벡터에 매핑됩니다.

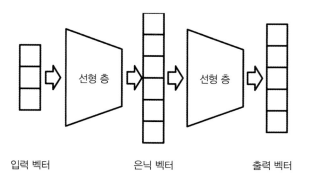

입력 벡터   은닉 벡터   출력 벡터

그림 4-2 선형 층 2개와 3단계 표현(입력 벡터, 은닉 벡터, 출력 벡터)으로 구성한 MLP의 시각적 표현

MLP의 강력한 성능은 두 번째 Linear 층을 추가하여 모델이 중간 표현을 학습할 수 있는 데서 비롯됩니다. 이 중간 표현은 **선형적으로 구분**할 수 있습니다. 즉 하나의 직선(또는 일반적으로 초평면)으로 데이터 포인트가 어느 쪽에 놓여있는지 구별할 수 있습니다. 분류 작업에서 선형으로 구분하기 같은 중간 표현의 학습은 신경망을 사용하여 얻은 중요한 결과이며 모델링 능력의 정수입니다. 다음 절에서 이것이 의미하는 바를 더 자세히 알아보겠습니다.

---

3   옮긴이_ 3장에서 배운 활성화 함수를 말합니다.

4.1.1 간단한 예: XOR

앞에서 소개한 XOR 예제에 퍼셉트론과 MLP를 적용해서 비교해 보죠. 별과 원을 구분하는 이진 분류 작업에 퍼셉트론과 MLP를 모두 훈련하겠습니다. 각 데이터 포인트는 하나의 2D 좌표입니다. 자세한 구현은 생략하고 최종 모델의 예측만 [그림 4-3]에 실었습니다. 잘못 분류한 데이터 포인트만 검은색으로 채웠고 올바르게 분류한 데이터 포인트는 칠하지 않았습니다. 왼쪽 그래프는 검은색으로 채운 데이터 포인트 개수가 많습니다. 즉 퍼셉트론은 별과 원을 구분하는 결정 경계를 학습하는 데 어려움이 있습니다. 하지만 (오른쪽의) MLP는 별과 원을 분류하는 결정 경계를 훨씬 정확하게 학습합니다.

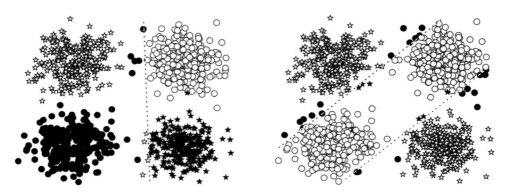

그림 4-3 퍼셉트론(왼쪽)과 MLP(오른쪽)가 XOR 문제를 학습한 결과. 각 데이터 포인트의 정답 클래스는 포인트의 모양인 별 또는 원입니다. 잘못 분류한 샘플은 검은색으로 채웠고 올바르게 분류한 샘플은 칠하지 않았습니다. 직선은 각 모델의 결정 경계입니다. 왼쪽 그래프에서 퍼셉트론은 별과 원을 정확하게 구분하지 못하는 결정 경계를 학습합니다. 사실 직선 하나로는 불가능합니다. 오른쪽 그래프에서 MLP는 별과 원을 구분하는 결정 경계를 학습합니다.

그래프에 MLP 결정 경계가 두 개로 나타나 특별해 보이지만, 사실 하나의 결정 경계입니다! 중간 표현이 공간을 변형해 초평면 하나가 두 곳에 나타나도록 만들어서 결정 경계가 이렇게 보입니다. [그림 4-4]에 MLP가 계산한 중간값이 있습니다. 포인트의 모양(별 또는 원)이 클래스를 나타냅니다. 마지막 층을 통과할 때 직선 하나로 데이터셋을 나눌 수 있도록 신경망(여기서는 MLP)이 데이터 공간을 비트는 방법을 배웠음을 알 수 있습니다.

층이 2개인 MLP의 입력과 중간 표현

그림 4-4 MLP의 입력과 중간 표현. 왼쪽부터 (1) 신경망의 입력, (2) 첫 번째 층의 선형 출력, (3) 첫 번째 층의 활성화 함수 출력, (4) 두 번째 층의 선형 출력. 첫 번째 층의 선형 출력은 별과 원을 그룹으로 모읍니다. 두 번째 층의 선형 출력은 선형적으로 구분할 수 있도록 데이터 포인트를 재조직합니다.

반대로 [그림 4-5]에서 볼 수 있듯이 퍼셉트론은 추가 층이 없으므로 선형으로 구분되도록 데이터를 변형하지 못합니다.

퍼셉트론의 입력과 중간 표현

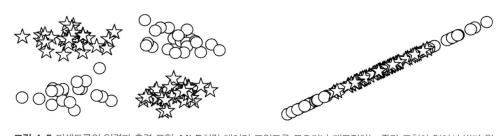

그림 4-5 퍼셉트론의 입력과 출력 표현. MLP처럼 데이터 포인트를 모으거나 재조직하는 중간 표현이 없어서 별과 원을 구분할 수 없습니다.

4.1.2 파이토치로 MLP 구현하기

이전 절에서 MLP의 핵심 아이디어를 소개했습니다. 이 절에서는 파이토치로 구현해 보겠습니다. 설명한 대로 MLP는 3장에서 살펴본 간단한 퍼셉트론을 넘어서는 추가 계산 층이 있습니다. [코드 4-1]이 MLP 구현입니다. 이 모델은 파이토치 Linear 클래스 두 개로 구성됩니다. Linear 객체는 '완전 연결 층fully connected layer' 또는 줄여서 'fc 층'이라 불러서 변수 이름을 fc1과

fc2로 지었습니다.[4] Linear 층 2개 외에 (3.2절 '활성화 함수'에서 소개한) 렐루 활성화 함수가 첫 번째 Linear 층의 출력에 적용되어 두 번째 Linear 층의 입력으로 제공됩니다. 층이 순서대로 놓이므로 한 층의 출력 개수는 다음 층의 입력 개수와 같아야 합니다. 두 Linear 층 사이에 놓인 비선형 활성화 함수는 필수입니다. 이를 사용하지 않으면 순서대로 놓인 Linear 층 두 개는 Linear 층 하나와 수학적으로 같아서 복잡한 패턴을 모델링할 수 없습니다.[5] 이 MLP 클래스는 역전파의 정방향 계산만 구현합니다. 파이토치가 모델 정의와 정방향 계산에 맞춰 자동으로 역방향 계산과 그레이디언트 업데이트를 수행하기 때문입니다.

코드 4-1 파이토치를 사용한 MLP

```python
import torch.nn as nn
import torch.nn.functional as F

class MultilayerPerceptron(nn.Module):
    def __init__(self, input_dim, hidden_dim, output_dim):
        """
        매개변수:
            input_dim (int): 입력 벡터 크기
            hidden_dim (int): 첫 번째 Linear 층의 출력 크기
            output_dim (int): 두 번째 Linear 층의 출력 크기
        """
        super(MultilayerPerceptron, self).__init__()
        self.fc1 = nn.Linear(input_dim, hidden_dim)
        self.fc2 = nn.Linear(hidden_dim, output_dim)

    def forward(self, x_in, apply_softmax=False):
        """MLP의 정방향 계산

        매개변수:
            x_in (torch.Tensor): 입력 데이터 텐서
                x_in.shape는 (batch, input_dim)입니다.
            apply_softmax (bool): 소프트맥스 활성화 함수를 위한 플래그
                크로스 엔트로피 손실을 사용하려면 False로 지정해야 합니다.
        반환값:
            결과 텐서. tensor.shape은 (batch, output_dim)입니다.
        """
        intermediate = F.relu(self.fc1(x_in))
```

---

4 딥러닝에서는 일반적으로 이렇게 사용합니다. 완전 연결 층이 한 개 이상이면 왼쪽에서 오른쪽으로 fc1, fc2 같은 번호를 붙입니다.

5 선형 층의 공식을 써 보면 쉽게 증명할 수 있습니다. 독자에게 숙제로 남겨 놓겠습니다.

```
        output = self.fc2(intermediate)

        if apply_softmax:
            output = F.softmax(output, dim=1).
        return output
```

[코드 4-2]에서 MLP 객체를 생성합니다. 일반적인 MLP 구현을 만들려고 모델이 어떤 크기의
입력도 받을 수 있도록 했습니다. 여기서는 예시로 입력 차원의 크기는 3, 출력 차원의 크기는
4, 은닉 차원의 크기는 100으로 지정합니다. print 명령은 층의 유닛unit[6] 개수를 잘 정렬하여
차원이 3인 입력에서 차원이 4인 출력이 만들어짐을 보여줍니다.

코드 4-2 MLP 객체 생성

```
In[0]   batch_size = 2 # 한 번에 입력할 샘플 개수
        input_dim = 3
        hidden_dim = 100
        output_dim = 4

        # 모델 생성
        mlp = MultilayerPerceptron(input_dim, hidden_dim, output_dim)
        print(mlp)

Out[0]  MultilayerPerceptron(
            (fc1): Linear(in_features=3, out_features=100, bias=True)
            (fc2): Linear(in_features=100, out_features=4, bias=True)
            (relu): ReLU()
        )
```

[코드 4-3]에서 랜덤한 입력값을 전달해 모델의 구성을 간단히 테스트해 보겠습니다. 모델을
아직 훈련하지 않았으므로 출력값은 랜덤합니다. 이렇게 하면 모델 훈련에 시간을 들이기 전에
모델의 상태를 체크sanity check할 수 있습니다. 파이토치를 인터랙티브하게 실행해서 개발 도중에
상태를 실시간으로 확인할 수 있습니다. 넘파이나 판다스를 사용하는 방식과 크게 다르지 않습
니다.

....

6   옮긴이_ 책에서는 층을 구성하는 단위를 하나의 퍼셉트론 또는 유닛이라 부릅니다. 종종 이를 뉴런이라 부르기도합니다.

코드 4-3 랜덤한 입력으로 MLP 테스트하기

```
In[0]   def describe(x):
            print("타입: {}".format(x.type()))
            print("크기: {}".format(x.shape))
            print("값: \n{}".format(x))


        x_input = torch.rand(batch_size, input_dim)
        describe(x_input)

Out[0]  타입: torch.FloatTensor
        크기: torch.Size([2, 3])
        값:
        tensor([[ 0.8329,  0.4277,  0.4363],
                [ 0.9686,  0.6316,  0.8494]])

In[1]   y_output = mlp(x_input, apply_softmax=False)
        describe(y_output)

Out[1]  타입: torch.FloatTensor
        크기: torch.Size([2, 4])
        값:
        tensor([[-0.2456,  0.0723,  0.1589, -0.3294],
                [-0.3497,  0.0828,  0.3391, -0.4271]])
```

파이토치 모델의 입력과 출력을 읽는 방법을 알아야 합니다. 앞 코드에서 MLP 모델의 출력은 행 2개와 열 4개가 있는 텐서입니다. 이 텐서의 행은 배치 차원에 해당합니다. 즉 미니배치의 데이터 포인트 개수입니다. 열은 각 데이터 포인트에 대한 최종 특성 벡터입니다.[7] 분류 등에서 는 특성 벡터가 **예측 벡터**prediction vector입니다. '예측 벡터'란 확률 분포에 대응한다는 의미입니다. 훈련을 수행하는지 아니면 추론을 수행하는지에 따라 예측 벡터로 하는 일이 다릅니다. 훈련에 서는 출력을 그대로 손실 함수 및 타깃 클래스 레이블과 함께 사용합니다.[8] '예제: MLP로 성씨 분류하기(4.2절)'에서 이를 자세히 알아보겠습니다.

하지만 예측 벡터를 확률로 바꾸려면 추가 단계가 필요합니다. 구체적으로는 벡터를 확률로 변환하는 소프트맥스 활성화 함수가 필요합니다. 소프트맥스 함수는 기원이 여러 가지입니다. 물리학에서는 볼츠만 분포Boltzmann distribution 또는 깁슨 분포Gibbs distribution로 알려져 있습니

---

[7] 이따금 이를 '표현 벡터'라고도 부릅니다.

[8] 파이토치에서 모델 출력과 손실 함수는 서로 관계가 있습니다. 이는 공식 문서에 자세히 나와 있습니다. 예를 들어 소프트맥스 예측 확률 이 필요한 손실 함수와 그렇지 않은 손실 함수를 구별합니다. 계산을 단순화하고 수치 안정성을 높이기 위해서입니다.

다. 통계학에서는 다항 로지스틱 회귀multinomial logistic regression입니다. NLP에서는 최대 엔트로피 maximum entropy(MaxEnt) 분류기로 알려졌습니다.[9] 이름이 무엇이든 간에 이 함수는 큰 양숫값이 높은 확률을 만들고 낮은 음숫값은 작은 확률을 만든다는 의미입니다. [코드 4-3]에 있는 apply_softmax 매개변수를 사용해 이 단계를 적용할 수 있습니다. [코드 4-4]도 사실 출력은 같지만 이번에는 apply_softmax 매개변수를 True로 지정했습니다.

코드 4-4 MLP 분류기로 확률 출력하기(apply_softmax = True)

```
In[0]   y_output = mlp(x_input, apply_softmax=True)
        describe(y_output)

Out[0]  타입: torch.FloatTensor
        크기: torch.Size([2, 4])
        값:
        tensor([[ 0.2087,  0.2868,  0.3127,  0.1919],
                [ 0.1832,  0.2824,  0.3649,  0.1696]])
```

정리하면 MLP는 텐서를 다른 텐서로 매핑하는 Linear 층을 쌓은 구조입니다. Linear 층 사이에 활성화 함수를 사용해 선형 관계를 깨고 모델이 벡터 공간을 비틀 수 있게 돕습니다. 이렇게 공간을 비튼 덕분에 클래스 사이를 선형적으로 구분해서 분류 작업을 할 수 있습니다. 또한 소프트맥스 함수를 사용해 MLP 출력을 확률로 해석할 수 있습니다. 하지만 특정 손실 함수를 사용하려면 소프트맥스 함수를 적용하지 말아야 합니다.[10] 이런 손실 함수는 수학적으로 또 계산적으로 더 간단하게 구현되었기 때문입니다.

4.2 예제: MLP로 성씨 분류하기

이 절에서는 MLP를 사용해 국적에 따라 성씨를 분류해 보겠습니다. 공개 데이터에서 (국적 같은) 인구통계학 정보를 추론하는 일은 다양한 사용자 층에 제품을 추천하는 서비스부터 공정한 결과를 보장하는 애플리케이션까지 다양한 분야에 도움이 됩니다. 인구통계나 다른 개인 식

---

9 이 책에서 자세히 다루는 주제는 아니지만, 사실 이는 매우 중요한 개념입니다. 프랭크 페라로(Frank Ferraro)와 제이슨 아이스너 (Jason Eisner)의 튜토리얼을 참고하세요.

10 이런 점을 알지만, 여기에서 출력의 종류와 손실 함수 사이의 관계를 모두 설명하지는 않습니다. 자세한 내용이 잘 설명된 파이토치 문서 를 참고하세요.

별 정보를 모두 '보호 속성'이라고 합니다. 모델과 제품에 이런 속성을 사용할 때는 주의를 기울여야 합니다.[11] '예제: 레스토랑 리뷰 감성 분류하기(3.6절)'에서 다룬 방식대로 각 성씨를 문자로 나누어 처리하겠습니다. 데이터 차이를 제외하면 문자 기반 모델은 단어 기반 모델과 구조와 구현 면에서 매우 비슷합니다.[12]

이 예제에서 눈여겨보아야 할 점은 MLP 구현과 훈련이 3장에서 본 퍼셉트론 구현과 훈련의 반복이라는 점입니다. 사실 책 전반에 걸쳐 3장의 예를 언급합니다. 구성 요소의 자세한 설명은 3장을 참고하기 바랍니다. 또한 '예제: 레스토랑 리뷰 감성 분류하기(3.6절)'에서 본 코드를 다시 넣지 않겠습니다. 전체 코드가 있는 예제를 보고 싶다면 깃허브의 주피터 노트북을 참고하세요.[13]

이 절은 성씨 데이터셋과 전처리 과정을 설명하며 시작합니다. 그다음 Vocabulary, Vectorizer, DataLoader 클래스를 사용해 성씨 문자열을 벡터의 미니배치로 변환하는 파이프라인을 수행합니다. 3장의 코드를 약간 수정했을 뿐이니 쉽게 이해할 수 있으리라 생각합니다. 이어서 surnameclassifier 모델과 설계 과정을 설명합니다. 이 MLP는 3장에서 본 퍼셉트론과 비슷합니다. 하지만 모델 구조 변경 외에도 다중 클래스 출력과 이에 상응하는 손실 함수를 소개하겠습니다. 모델을 설명한 후 훈련 과정을 살펴보겠습니다. '모델 훈련(3.6.5)'에서 다룬 내용과 매우 비슷하므로 여기서는 그만큼 자세히 다루지 않겠습니다. 이해가 잘 안 되는 부분이 있다면 3장을 다시 참고하세요.

테스트 데이터셋에서 모델을 평가하고 새로운 성씨에 대한 추론 과정을 설명하면서 예제를 마칩니다. 다중 클래스 예측은 최상의 예측뿐만 아니라 그 이상을 얻을 수 있다는 이점이 있습니다. 새로운 성씨에 대한 최상의 예측 k 개를 어떻게 추론하는지 알아보겠습니다.

---

11 NLP 분야의 윤리에 대해서는 *ethicsinnlp.org*를 참고하세요.

12 흥미롭게되 최근 연구에서 문자 수준의 모델을 사용하여 단어 수준의 모델을 향상할 수 있습니다. 2018년 피터스(Peters) 등의 논문을 참고하세요. 옮긴이_ 이 논문은 5장의 참고 문헌 목록에 있습니다.

13 이 책의 깃허브(*https://bit.ly/nlp-pytorch-git*)에서 /chapter_4/4_2_mlp_surnames/4_2_Classifying_Surnames_with_an_MLP.ipynb 노트북을 참고하세요.

4.2.1 성씨 데이터셋

이 예제에서는 인터넷의 여러 이름 자료에서 18개 국적의 성씨 10,000개를 모은 **성씨 데이터셋**을 사용합니다. 이 데이터셋은 책의 여러 예제에서 사용하며 재미있는 속성이 몇 가지 있습니다. 첫 번째 속성은 매우 불균형하다는 점입니다. 최상위 클래스 3개가 데이터의 60%를 차지합니다. 27%는 영어, 21%는 러시아어, 14%는 아랍어입니다. 나머지 15개 국적의 빈도는 계속 감소합니다. 이는 언어 자체의 성질이기도 합니다. 두 번째 속성은 출신 국가와 성씨 맞춤법(철자법) 사이에 의미 있고 직관적인 관계가 있다는 점입니다. 국적과 관계가 깊은 철자들이 있습니다(예를 들어 "O'Neill", "Antonopoulos", "Nagasawa", "Zhu"[14]).

전처리가 덜 된 버전에 몇 가지 수정을 가해 깃허브 노트북에서 사용하는 최종 데이터셋을 만들었습니다. 먼저 불균형을 줄였습니다. 원본 데이터셋은 70% 이상이 러시아 이름입니다. 샘플링이 편향됐거나 러시아에 고유한 성씨가 많기 때문으로 추정합니다. 이를 위해 러시아 성씨의 부분 집합을 랜덤하게 선택해 편중된 클래스를 서브샘플링subsampling했습니다. 그다음 국적을 기반으로 데이터셋을 모아 3세트로 나눴습니다. 70%는 훈련 세트, 15%는 검증 세트, 마지막 15%는 테스트 세트입니다. 세트 간에 클래스 레이블 분포를 고르게 유지했습니다.

SurnameDataset 클래스는 '예제: 레스토랑 리뷰 감성 분류하기(3.6절)'에서 본 ReviewDataset과 거의 같습니다. __getitem__() 메서드를 구현하는 방식만 약간 다릅니다.[15] 이 책에서 사용하는 데이터셋 클래스는 파이토치 Dataset 클래스를 상속하므로 두 개의 메서드를 구현해야 합니다. __getitem__() 메서드는 주어진 인덱스의 데이터 포인트를 반환합니다. __len__() 메서드는 데이터셋의 길이를 반환합니다. 3장과 이번 예제의 차이는 [코드 4-5]의 __getitem__() 메서드입니다. '예제: 레스토랑 리뷰 감성 분류하기(3.6절)'처럼 벡터로 변환한 리뷰를 반환하는 대신 벡터로 바꾼 성씨와 국적에 해당하는 인덱스를 반환합니다.

코드 4-5 SurnameDataset.__getitem__() 구현

```
class SurnameDataset(Dataset):
    # [코드 3-14]와 구현이 매우 비슷합니다.

    def __getitem__(self, index):
        row = self._target_df.iloc[index]
```

---

14 옮긴이_ 'O'Neill' 성씨의 어원은 아일랜드입니다. 'Antonopoulos'는 그리스, 'Nagasawa'는 일본, 'Zhu'는 중국의 성씨입니다.
15 일부 변수 이름도 역할과 내용에 따라 바뀌었습니다.

```
surname_vector = \
    self._vectorizer.vectorize(row.surname)
nationality_index = \
    self._vectorizer.nationality_vocab.lookup_token(row.nationality)

return {'x_surname': surname_vector,
        'y_nationality': nationality_index}
```

4.2.2 Vocabulary, Vectorizer, DataLoader

문자를 기반으로 성씨를 분류해 보죠. Vocabulary, Vectorizer, DataLoader 클래스를 사용해 성씨 문자열을 벡터의 미니배치로 변환합니다. '예제: 레스토랑 리뷰 감성 분류하기(3.6절)'에서 사용한 데이터 구조와 같습니다. 옐프 리뷰의 단어 토큰과 같은 방식으로 성씨 문자열에서 각 문자의 등장 위치에 상관없이 동일한 토큰으로 처리합니다. 단어 토큰을 정수로 매핑해 벡터로 변환하지 않고 문자를 정수에 매핑하는 식으로 데이터를 벡터로 바꿉니다.

Vocabulary

이 예제에서 사용하는 Vocabulary 클래스는 [코드 3-16]에서 옐프 리뷰의 단어를 해당 정수로 매핑하는 데 사용한 클래스와 같습니다. 간단히 살펴보면 Vocabulary 클래스는 토큰(여기에서는 문자)과 정수 간의 상호 변환에 사용하는 파이썬 딕셔너리 두 개를 관리합니다. 첫 번째 딕셔너리는 문자를 정수 인덱스에 매핑하고 두 번째 딕셔너리는 정수 인덱스를 문자에 매핑합니다. add_token() 메서드는 Vocabulary에 새로운 토큰을 추가합니다. lookup_token() 메서드는 주어진 토큰에 해당하는 인덱스를 반환하고 lookup_index() 메서드는 주어진 인덱스에 해당하는 토큰을 반환합니다(추론 단계에서 사용합니다). 옐프 리뷰에 사용한 Vocabulary 클래스와 달리 원-핫 표현[16]을 사용하지만 문자의 빈도를 계산하거나 빈번히 등장하는 토큰만 사용하지 않습니다. 이는 데이터셋이 작고 대부분의 문자가 자주 등장하기 때문입니다.

---

16 원-핫 표현에 대한 설명은 '원-핫 표현(1.2.1)'을 참고하세요.

SurnameVectorizer

Vocabulary 클래스가 개별 토큰(문자)을 정수로 바꾸는 반면 SurnameVectorizer 클래스는 Vocabulary를 적용해 성씨 문자열을 벡터로 바꾸는 역할을 담당합니다. 이 클래스를 초기화하고 사용하는 방법은 'Vectorizer(3.6.3.2)'의 ReviewVectorizer 클래스와 매우 비슷합니다. 하지만 공백으로 문자열을 나누지 않는다는 중요한 차이점이 있습니다. 성씨는 문자의 시퀀스입니다. 각 문자는 Vocabulary 클래스에서 개별 토큰 하나가 됩니다. 하지만 '합성곱 신경망(4.3절)'까지는 시퀀스 정보를 무시하고 문자열의 각 문자를 순회하면서 입력의 원-핫 벡터 표현을 만들겠습니다. 이전에 본 적 없는 문자는 특별 토큰인 UNK를 할당합니다. UNK 토큰은 문자 버전의 Vocabulary 클래스에도 계속 사용합니다. 훈련 세트에서만 Vocabulary의 객체를 만드는데, 검증이나 테스트 세트에 고유한 문자가 존재할 수 있기 때문입니다.[17]

이 예제에서는 성씨를 하나의 원-핫 표현으로 나타내지만 나중에 원-핫 표현의 대안이며 때로는 더 나은 벡터화 방법을 배울 것입니다. '예제: CNN으로 성씨 분류하기(4.4절)'에서 원-핫 행렬을 사용합니다. 여기서 각 문자는 행렬의 위치이고 고유한 원-핫 벡터가 있습니다. 그다음 5장에서 실수 벡터를 반환하는 임베딩^{embedding} 층과 이를 사용해 밀집 벡터로 이뤄진 행렬을 만드는 방법을 배웁니다. 하지만 지금은 [코드 4-6]의 SurnameVectorizer 클래스를 살펴보죠.

코드 4-6 SurnameVectorizer 구현

```python
class SurnameVectorizer(object):
    """ 어휘 사전을 생성하고 관리합니다 """
    def __init__(self, surname_vocab, nationality_vocab):
        self.surname_vocab = surname_vocab
        self.nationality_vocab = nationality_vocab

    def vectorize(self, surname):
        """ 성씨에 대한 원-핫 벡터를 만듭니다

        매개변수:
            surname (str): 성씨
        반환값:
            one_hot (np.ndarray): 원-핫 벡터
        """
```

17 데이터를 분할하여 사용하기 때문에 **UNK**를 사용하지 않으면 검증 세트에 있는 고유한 문자가 훈련을 멈추게 할 수 있습니다.

```
        vocab = self.surname_vocab
        one_hot = np.zeros(len(vocab), dtype=np.float32)
        for token in surname:
            one_hot[vocab.lookup_token(token)] = 1
        return one_hot

    @classmethod
    def from_dataframe(cls, surname_df):
        """ 데이터셋 데이터프레임에서 Vectorizer 객체를 만듭니다

        매개변수:
            surname_df (pandas.DataFrame): 성씨 데이터셋
        반환값:
            SurnameVectorizer 객체
        """
        surname_vocab = Vocabulary(unk_token="@")
        nationality_vocab = Vocabulary(add_unk=False)

        for index, row in surname_df.iterrows():
            for letter in row.surname:
                surname_vocab.add_token(letter)
            nationality_vocab.add_token(row.nationality)

        return cls(surname_vocab, nationality_vocab)
```

4.2.3 SurnameClassifier 모델

[코드 4-7]의 SurnameClassifier 클래스는 이 장의 서두에서 소개한 MLP 구현입니다. 첫 번째 Linear 층이 입력 벡터를 중간 벡터로 매핑하고 이 벡터에 비선형 활성화 함수를 적용합니다. 두 번째 Linear 층이 중간 벡터를 예측 벡터로 매핑합니다.

마지막 단계에서 출력의 합을 1로 만드는 데 소프트맥스 함수를 선택적으로 적용합니다. 즉 이를 '확률'로 해석할 수 있습니다.[18] 옵션으로 만든 이유는 3장에서 소개한 크로스 엔트로피 손실 함수의 수학 공식과 관련이 있습니다. 크로스 엔트로피 손실은 다중 분류에 가장 적합하지

---

18 의도적으로 확률을 따옴표로 감쌌습니다. 베이즈 정리(Bayes' theorem)에서 말하는 진짜 사후 확률(posterior probability)이 아니라는 점을 강조하기 위해서입니다. 하지만 출력의 합이 1이니 유효한 분포이고 확률로 해석할 수 있습니다. 이 주석은 책에서 가장 현학적인 부분이므로 그냥 무시하고 확률이라 생각해도 좋습니다. 옮긴이_ 소프트맥스 함수는 모델의 예측과 훈련에 사용하는 장치로 신뢰도를 나타내는 베이즈 정리의 사후 확률은 아닙니다.

만 훈련 도중에는 소프트맥스 계산이 낭비일 뿐만 아니라 보통 수치적으로도 불안정합니다.

코드 4-7 MLP 기반의 SurnameClassifier

```python
import torch.nn as nn
import torch.nn.functional as F

class SurnameClassifier(nn.Module):
    """ 성씨 분류를 위한 MLP """
    def __init__(self, input_dim, hidden_dim, output_dim):
        """
        매개변수:
            input_dim (int): 입력 벡터 크기
            hidden_dim (int): 첫 번째 Linear 층의 출력 크기
            output_dim (int): 두 번째 Linear 층의 출력 크기
        """
        super(SurnameClassifier, self).__init__()
        self.fc1 = nn.Linear(input_dim, hidden_dim)
        self.fc2 = nn.Linear(hidden_dim, output_dim)

    def forward(self, x_in, apply_softmax=False):
        """MLP의 정방향 계산

        매개변수:
            x_in (torch.Tensor): 입력 데이터 텐서
                x_in.shape는 (batch, input_dim)입니다.
            apply_softmax (bool): 소프트맥스 활성화 함수를 위한 플래그
                크로스 엔트로피 손실을 사용하려면 False로 지정해야 합니다.
        반환값:
            결과 텐서. tensor.shape은 (batch, output_dim)입니다.
        """
        intermediate_vector = F.relu(self.fc1(x_in))
        prediction_vector = self.fc2(intermediate_vector)

        if apply_softmax:
            prediction_vector = F.softmax(prediction_vector, dim=1)

        return prediction_vector
```

4.2.4 모델 훈련

이 예제의 모델, 데이터셋, 손실 함수는 이전 장과 다르지만 훈련 과정은 같습니다. 따라서 [코드 4-8]에서는 이 예제와 '예제: 레스토랑 리뷰 감성 분류하기(3.6절)'의 훈련 간에 차이 나는 부분과 args만 설명하겠습니다.

코드 4-8 MLP 기반의 성씨 분류기를 위한 하이퍼파라미터와 프로그램 설정

```
args = Namespace(
    # 날짜와 경로 정보
    surname_csv="data/surnames/surnames_with_splits.csv",
    vectorizer_file="vectorizer.json",
    model_state_file="model.pth",
    save_dir="model_storage/ch4/surname_mlp",
    # 모델 하이퍼파라미터
    hidden_dim=300,
    # 훈련 하이퍼파라미터
    seed=1337,
    num_epochs=100,
    early_stopping_criteria=5,
    learning_rate=0.001,
    batch_size=64,
    # 실행 옵션은 주피터 노트북을 참고하세요.
)
```

가장 큰 차이점은 모델의 출력 종류와 사용하는 손실 함수입니다. 이 예제의 출력은 확률로 변환할 수 있는 다중 클래스에 대한 예측 벡터입니다. 이런 출력에 사용할 수 있는 손실 함수는 CrossEntropyLoss()와 NLLLoss()입니다. 여기서는 더 간단한 CrossEntropyLoss() 클래스를 사용합니다.

[코드 4-9]에서 데이터셋, 모델, 손실 함수, 옵티마이저를 생성합니다. 이 코드는 3장의 예제와 매우 비슷합니다. 사실 앞으로 다룰 예제는 모두 이런 패턴입니다.

코드 4-9 데이터셋, 모델, 손실, 옵티마이저 생성

```
dataset = SurnameDataset.load_dataset_and_make_vectorizer(args.surname_csv)
vectorizer = dataset.get_vectorizer()

classifier = SurnameClassifier(input_dim=len(vectorizer.surname_vocab),
```

```
                              hidden_dim=args.hidden_dim,
                              output_dim=len(vectorizer.nationality_vocab))

    classifier = classifier.to(args.device)

    loss_func = nn.CrossEntropyLoss(dataset.class_weights)
    optimizer = optim.Adam(classifier.parameters(), lr=args.learning_rate)
```

훈련 반복

이 훈련 반복도 변수 이름을 제외하면 '훈련 반복(3.6.5.2)'의 예제와 매우 비슷합니다. 구체적으로 [코드 4-10]은 여러 키를 사용하여 batch_dict에서 데이터를 가져옵니다. 이런 차이를 제외하면 훈련 반복의 기능적인 면은 같습니다. 훈련 데이터를 사용해 모델의 출력과 손실, 그레이디언트를 계산합니다. 그다음 그레이디언트를 사용해 모델을 업데이트합니다.

코드 4-10 훈련 반복 코드의 일부

```
# 훈련 과정은 5단계입니다

# ----------------------------------------
# 1단계. 그레이디언트를 0으로 초기화합니다
optimizer.zero_grad()

# 2단계. 출력을 계산합니다
y_pred = classifier(batch_dict['x_surname'])

# 3단계. 손실을 계산합니다
loss = loss_func(y_pred, batch_dict['y_nationality'])
loss_batch = loss.to("cpu").item()
running_loss += (loss_batch - running_loss) / (batch_index + 1)

# 4단계. 손실을 사용해 그레이디언트를 계산합니다
loss.backward()

# 5단계. 옵티마이저로 가중치를 업데이트합니다
optimizer.step()
```

4.2.5 모델 평가와 예측

모델 성능을 이해하려면 정량적이고 질적인 방법으로 모델을 평가해야 합니다. 정량적으로는 따로 떼어 놓은 테스트 세트에서 모델의 오차를 측정합니다. 이는 본 적 없는 샘플에 일반화할 수 있는지를 결정합니다. 질적으로는 새로운 샘플에 대한 모델의 최상위 예측 k 개를 확인하여 모델이 무엇을 학습했는지 이해할 수 있습니다.

테스트 세트에서 평가하기

테스트 세트에서 SurnameClassifier를 평가하려고 '평가, 추론, 분석(3.6.6)'의 레스토랑 리뷰 텍스트 분류와 같은 절차를 수행합니다. 'test' 데이터를 반복하도록 데이터셋을 준비하고 classifier.eval() 메서드를 호출합니다. 그다음 다른 데이터와 같은 방식으로 테스트 데이터를 반복합니다. 여기에서 classifier.eval() 메서드를 호출하면 테스트 데이터를 사용할 때 파이토치가 모델 파라미터를 업데이트하지 않습니다.

이 모델은 테스트 세트에서 약 50% 정확도를 달성합니다. 깃허브의 노트북을 훈련해 보면 훈련 세트의 성능이 더 높음을 알 수 있습니다. 모델은 항상 훈련하는 데이터에서 더 높은 성능이 나옵니다. 따라서 훈련 세트의 성능이 새로운 데이터에도 적용된다고 생각해서는 안 됩니다. 이 코드를 따라 하려면 다른 은닉 차원의 크기를 시도해 보기 바랍니다. 이렇게 하면 성능이 올라가지만[19], 성능 향상은 소소할 것입니다(특히 4.4절 '예제: CNN으로 성씨 분류하기'의 모델과 비교했을 때). 주된 이유는 원-핫 표현 방식이 강력하지 않은 표현이기 때문입니다. 각 성씨를 벡터 하나로 간결하게 표현하지만 국적 판별에 중요한 문자 사이의 순서 정보를 잃어버립니다.

새로운 성씨 분류하기

[코드 4-11]는 새로운 성씨를 분류하는 코드입니다. 문자열로 성씨를 전달하면 이 함수는 먼저 벡터화 과정을 적용한 다음 모델 예측을 만듭니다. apply_softmax 플래그를 True로 설정해서 result에 확률을 담았습니다. 다중 분류이므로 모델 예측은 클래스 확률의 리스트입니다. 파이토치 텐서의 max() 메서드를 사용해 확률이 가장 높은 클래스를 선택합니다.

---

19 3장의 내용을 되새겨 보죠. 은닉 차원의 크기나 층의 개수 같은 하이퍼파라미터로 실험할 때 테스트 세트가 아니라 검증 세트에서 평가해야 합니다. 만족스러운 하이퍼파라미터를 얻었을 때 테스트 세트에서 평가합니다.

코드 4-11 기존 모델(분류기)을 사용한 추론: 주어진 이름의 국적 예측하기

```python
def predict_nationality(name, classifier, vectorizer):
    vectorized_name = vectorizer.vectorize(name)
    vectorized_name = torch.tensor(vectorized_name).view(1, -1)
    result = classifier(vectorized_name, apply_softmax=True)

    probability_values, indices = result.max(dim=1)
    index = indices.item()

    predicted_nationality = vectorizer.nationality_vocab.lookup_index(index)
    probability_value = probability_values.item()

    return {'nationality': predicted_nationality,
            'probability': probability_value}
```

새로운 성씨에 대해 최상위 k 개 예측 만들기

최상위 예측을 여러 개 확인하면 종종 도움이 됩니다. 예를 들어 NLP에는 최상위 예측 k 개를 선택한 다음 다른 모델을 사용해 순위를 다시 매기는 관행이 있습니다. [코드 4-12]에서 보듯이 파이토치는 이런 예측을 쉽게 얻도록 해주는 torch.topk() 함수를 제공합니다.

코드 4-12 최상위 국적 k 개 예측하기

```python
def predict_topk_nationality(name, classifier, vectorizer, k=5):
    vectorized_name = vectorizer.vectorize(name)
    vectorized_name = torch.tensor(vectorized_name).view(1, -1)
    prediction_vector = classifier(vectorized_name, apply_softmax=True)
    probability_values, indices = torch.topk(prediction_vector, k=k)

    # 반환되는 크기는 (1,k)입니다
    probability_values = probability_values.detach().numpy()[0]
    indices = indices.detach().numpy()[0]

    results = []
    for prob_value, index in zip(probability_values, indices):
        nationality = vectorizer.nationality_vocab.lookup_index(index)
        results.append({'nationality': nationality,
                        'probability': prob_value})

    return results
```

4.2.6 MLP 규제: 가중치 규제와 구조적 규제(또는 드롭아웃)

3장에서 규제가 과대적합 문제를 어떻게 해결하는지 설명하고 중요한 가중치 규제 방법인 L1, L2를 배웠습니다. 이런 가중치 규제는 MLP는 물론 다음 절에서 볼 CNN에도 적용할 수 있습니다. 가중치 외에도 이 장에서 소개한 피드 포워드 신경망 같은 심층 신경망 모델(즉 층이 여럿인 모델)에서는 **드롭아웃**dropout이라고 하는 구조적인 규제 방법이 매우 중요합니다.

간단하게 말하면 드롭아웃은 훈련할 때 인접한 두 층에 속하는 유닛 사이의 연결을 랜덤하게 끊습니다. 왜 이게 도움이 될까요? 스티븐 메리티Stephen Merity의 직관적이고 (유머러스한) 설명을 들어 보죠.[20]

> 간단히 설명하면 드롭아웃은 술에 취한 상태에서 어떤 작업을 반복 수행하는 방법을 배울 수 있다면 술이 깼을 때는 더 잘할 수 있어야 한다는 개념입니다. 이런 통찰은 최상의 결과를 만드는 데 도움이 됐지만 초기에는 신경망에 드롭아웃을 적용하지 않았습니다.

신경망, 특히 층이 여럿인 심층 신경망은 유닛 사이에서 흥미로운 상호 적응coadaptation을 만들기도 합니다. '상호 적응'은 신경 과학 용어입니다. 다른 유닛 간의 연결을 희생하는 대가로 두 유닛 사이의 연결이 지나치게 강해지는 상황을 말합니다. 이는 보통 데이터에 과대적합된 모델을 만듭니다. 유닛 간의 연결을 랜덤하게 끊으면 어떤 유닛도 다른 유닛에 전적으로 의존하지 못해서 모델이 안정됩니다. 드롭아웃은 모델에 드롭 확률 하이퍼파라미터를 추가합니다.[21] 이 하이퍼파라미터는 유닛 사이의 연결을 드롭할 확률입니다. 보통 드롭 확률은 0.5로 설정합니다. [코드 4-13]은 드롭아웃을 적용한 MLP 구현입니다.

코드 4-13 드롭아웃을 적용한 MLP

```
import torch.nn as nn
import torch.nn.functional as F

class MultilayerPerceptron(nn.Module):
    def __init__(self, input_dim, hidden_dim, output_dim):
        """
        매개변수:
            input_dim (int): 입력 벡터 크기
```

---

20 이 정의는 스티븐이 쓴 재미있는 만우절 논문(*http://bit.ly/2Cq1FJR*)에서 가져왔습니다.
21 일부 딥러닝 라이브러리는 이 확률을 드롭 확률의 반대 의미인 '유지 확률(keep probability)'로 부르기도 하므로 혼동하지 마세요.

```
            hidden_dim (int): 첫 번째 Linear 층의 출력 크기
            output_dim (int): 두 번째 Linear 층의 출력 크기
        """

        super(MultilayerPerceptron, self).__init__()
        self.fc1 = nn.Linear(input_dim, hidden_dim)
        self.fc2 = nn.Linear(hidden_dim, output_dim)

    def forward(self, x_in, apply_softmax=False):
        """MLP의 정방향 계산

        매개변수:
            x_in (torch.Tensor): 입력 데이터 텐서
                x_in.shape는 (batch, input_dim)입니다.
            apply_softmax (bool): 소프트맥스 활성화 함수를 위한 플래그
                크로스 엔트로피 손실을 사용하려면 False로 지정해야 합니다.
        반환값:
            결과 텐서. tensor.shape은 (batch, output_dim)입니다.
        """
        intermediate = F.relu(self.fc1(x_in))
        output = self.fc2(F.dropout(intermediate, p=0.5))

        if apply_softmax:
            output = F.softmax(output, dim=1)
        return output
```

드롭아웃은 훈련 시에만 적용하고 평가할 때는 적용하지 않아야 합니다. 연습 삼아 드롭아웃을 사용한 SurnameClassifier 모델을 훈련해 보고 결과가 어떻게 바뀌는지 확인해 보세요.

4.3 합성곱 신경망

이 장의 앞부분에서는 연속된 선형 층과 비선형 활성화 함수로 구성된 신경망인 MLP를 자세히 살펴보았습니다. MLP는 순차 패턴을 감지하는 최선의 도구는 아닙니다.[22] 예를 들어 성

---

22 입력 문자의 바이그램(bigram)을 받아 순차 특성을 감지하도록 MLP를 설계할 수 있습니다. 영어는 문자 26개로 구성되므로 바이그램은 총 325개입니다. 따라서 노드가 100개인 은닉층이라면 입력층과 은닉층 사이의 파라미터 개수는 325*100개입니다. 가능한 트라이그램(trigram)을 모두 고려한다면 추가로 파라미터가 2,600*100개 필요합니다. 앞으로 살펴보겠지만 CNN은 파라미터 공유를 활용해 훨씬 적은 파라미터로 같은 정보를 효율적으로 감지합니다. 옮긴이_ 가능한 바이그램 개수는 중복을 고려하지 않은 조합의 개수이므로 $_{26}C_2$=(26x25)/2=325입니다. 트라이그램의 개수는 $_{26}C_3$=(26x25x24)/(3x2)=2600입니다.

씨 데이터셋의 성씨는 종종 출신 국가 정보를 담은 요소를 포함합니다("O'Neill"에서 "O", "Antonopoulos"에서 "opoulos", "Nagasawa"에서 "sawa", "Zhu"에서 "Zh" 등). 이런 요소는 길이가 다양해서 명시적으로 인코딩하지 않으면 감지하기가 쉽지 않습니다.

이 절에서는 공간상의 부분 구조를 감지하는 데 적합한 (그래서 의미 있는 공간상의 부분 구조를 만드는) 신경망인 CNN을 다룹니다. CNN은 소수의 가중치를 사용해 입력 데이터 텐서를 스캔하는 식으로 이를 수행합니다. 스캔하면서 부분 구조의 유무를 표현하는 출력 텐서를 만듭니다.

이 절에서 CNN의 작동 방식과 설계할 때 고려해야 할 사항을 설명합니다. CNN 하이퍼파라미터의 동작과 출력에 미치는 영향을 자세히 알아보겠습니다. 마지막으로 간단한 예를 다루며 CNN 동작 구조를 살펴보겠습니다. '예제: CNN으로 성씨 분류하기(4.4절)'에서 더 복잡한 예제를 만듭니다.

역사적 배경

CNN의 이름과 기본 기능은 고전 수학 연산인 **합성곱**convolution에서 유래했습니다. 합성곱은 수십 년간 디지털 신호 처리와 컴퓨터 그래픽 같은 다양한 공학 분야에서 사용되었습니다. 관행적으로 합성곱은 프로그래머가 지정한 파라미터를 사용했습니다. 이런 파라미터는 모서리를 활성화하거나 고주파 소리를 감쇠하는 등 일부 기능에 맞도록 지정됩니다. 사실 포토샵 필터 상당수가 이미지에 적용하는 고정된 합성곱 연산입니다. 하지만 딥러닝과 이 장에서는 합성곱 필터의 파라미터를 데이터에서 학습하므로 현재 작업을 해결하는 데 최적입니다.

4.3.1 CNN 하이퍼파라미터

[그림 4-6]을 예로 들어 CNN의 다양한 설계 요소를 설명하겠습니다. 이 예에서는 '커널kernel' 하나가 입력 행렬에 적용됩니다. (하나의 선형 연산인) 합성곱 연산의 정확한 수학적 표현은 이 절을 이해하는 데 중요하지 않습니다. 이 그림에서는 작은 정방형 행렬이 입력 행렬의 여러 위치에 체계적으로 적용된다는 점을 꼭 이해해야 합니다.

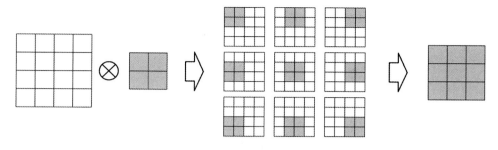

입력 행렬과 합성곱 커널   입력 행렬에 적용된 커널   출력 행렬(특성 맵)

그림 4-6 2차원 합성곱 연산. 입력 행렬이 커널 하나와 합성곱 연산을 수행하여 출력 행렬(또는 특성 맵)을 만듭니다. 합성곱은 입력 행렬의 위치마다 커널을 적용합니다. 합성곱 연산을 수행할 때마다 커널과 입력 행렬의 각 원소를 곱한 후 모두 더합니다. 이 예에서 커널에는 다음과 같은 하이퍼파라미터가 있습니다. kernel_size=2, stride=1, padding=0, dilation=1. 이 하이퍼파라미터들은 다음 문단에서 설명합니다.

전통적인 합성곱[23]은 커널의 값을 지정해야 하지만[24] CNN은 하이퍼파라미터를 지정해 CNN의 동작을 제어하고 경사 하강법으로 주어진 데이터셋에서 최적의 파라미터를 찾습니다. 주요 하이퍼파라미터 2개로 합성곱의 크기(`kernel_size`)와 입력 텐서에 곱하는 합성곱의 위치(`stride`)를 제어합니다. 입력 텐서에 0으로 패딩을 얼마나 추가하는지 결정하는 하이퍼파라미터(`padding`)와 커널을 입력 텐서에 적용할 때 간격을 얼마나 띄워 곱할지 제어하는 하이퍼파라미터(`dilation`)도 있습니다. 지금부터 이를 더 자세히 알아보겠습니다.

합성곱 연산의 차원

첫 번째로 이해해야 할 개념은 합성곱 연산의 차원입니다. [그림 4-6]과 이 절의 나머지 그림에서는 2차원 합성곱을 사용하지만, 데이터 구성에 따라 적합한 차원을 선택하기 바랍니다. 파이토치에서는 1차원, 2차원, 3차원 합성곱이 가능하며 각각 Conv1d, Conv2d, Conv3d 클래스로 구현되었습니다. 1차원 합성곱은 각 타임 스텝[time step]에 특성 벡터가 있는 시계열에 잘 맞습니다. 이런 경우 시퀀스 차원을 따라 패턴을 학습할 수 있습니다. NLP에서 합성곱 연산은 대부분 1차원입니다. 한편 2차원 합성곱은 데이터의 두 방향을 따라 시공간 패턴을 감지합니다. 예를 들어 이미지의 높이와 너비 차원입니다. 이 때문에 2차원 합성곱은 이미지 처리 분야에서

----

23 전통적인 합성곱에 대한 자세한 설명은 '역사적 배경' 박스를 참고하세요.

24 포토샵 같은 이미지 편집 프로그램에 있는 많은 필터들이 이런 식으로 동작합니다. 예를 들어 모서리를 부각시키기 위해 이런 목적에 맞게 특별하게 설계된 합성곱 필터를 사용합니다.

인기가 많습니다. 마찬가지로 3차원 합성곱은 데이터의 세 방향을 따라 패턴을 감지합니다. 예를 들어 비디오 데이터는 차원 3개에 정보가 놓여 있습니다(두 차원은 이미지 프레임을 나타내고 시간 차원은 프레임의 시퀀스를 나타냅니다). 이 책에서는 주로 **Conv1d**을 사용합니다.

채널

비공식적으로 **채널**channel은 입력의 각 포인트에 있는 특성 차원을 의미합니다. 예를 들어 이미지에는 픽셀마다 RGB에 해당하는 차원이 3개 있습니다. 텍스트 데이터에 합성곱을 사용할 때 비슷한 개념을 적용할 수 있습니다. 개념상 텍스트 문서의 픽셀이 단어라면 채널 개수는 어휘 사전의 크기입니다. 더 세분화하여 문자에 대한 합성곱을 수행한다면 채널 개수는 문자 집합의 크기가 됩니다(이 집합이 어휘 사전이 됩니다). 파이토치의 합성곱 구현에서 입력 채널 개수는 in_channels 매개변수입니다. 합성곱 연산은 채널(out_channels)이 하나 이상인 출력을 만들 수 있습니다. 이를 입력 특성 차원을 출력 특성 차원으로 매핑하는 합성곱 연산으로 간주할 수 있습니다. [그림 4-7, 4-8]은 이 개념을 보여줍니다.

주어진 문제에 적절한 출력 채널 개수를 바로 알기는 힘듭니다. 1과 1,024 사이로 한계를 정해 조금 쉽게 만들어 보죠. 합성곱 층에는 채널이 최소 1개에서 최대 1,024개까지 있습니다. 다음으로 고려할 사항은 입력 채널 개수입니다. 일반적인 디자인 패턴에서는 합성곱 층에서 다음 층으로 채널 개수를 2배 이상 줄이지 않습니다. 이는 고정불변의 법칙은 아니지만 적절한 out_channels의 크기가 얼마인지 감을 잡을 수 있습니다.

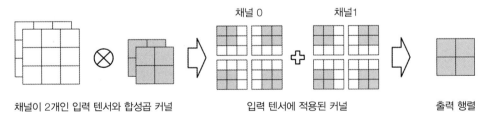

채널이 2개인 입력 텐서와 합성곱 커널 　　　 입력 텐서에 적용된 커널 　　　 출력 행렬

그림 4-7 입력 행렬이 2개(입력 채널이 2개인) 합성곱 연산. 해당 커널에도 채널이 2개 있습니다. 각 채널에 독립적으로 곱한 다음 결과를 모두 더합니다. 하이퍼파라미터 설정은 다음과 같습니다. input_channels=2, output_channels=1, kernel_size=2, stride=1, padding=0, dilation=1

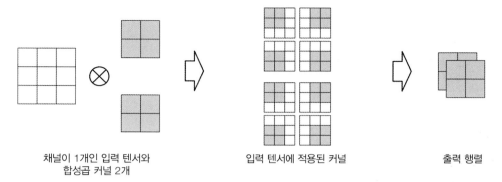

채널이 1개인 입력 텐서와   입력 텐서에 적용된 커널   출력 행렬
합성곱 커널 2개

그림 4-8 입력 행렬 1개(입력 채널 1개)와 합성곱 커널 2개(출력 채널 2개)가 있는 합성곱 연산. 커널이 독립적으로 입력 행렬에 적용되어 출력 텐서에 차례대로 쌓입니다. 하이퍼파라미터 설정은 다음과 같습니다. input_channels=1, output_channels=2, kernel_size=2, stride=1, padding=0, dilation=1

커널 크기

커널 행렬의 너비를 **커널 크기**[kernel size]라고 부릅니다(파이토치에서는 **kernel_size**입니다). [그림 4–6]의 커널 크기는 2이고 [그림 4–9]의 커널 크기는 3입니다. 합성곱은 입력의 공간상 (또는 시간상) 국부적인 정보를 합칩니다. 합성곱마다 얻어지는 정보의 양은 커널 크기로 조절됩니다. 하지만 커널 크기를 늘리면 출력의 크기가 줄어듭니다(드물랭[Dumoulin]과 비신[Visin], 2016)[25]. 따라서 커널 크기가 3인 [그림 4–9]의 출력 행렬은 2×2이고, 커널 크기가 2인 [그림 4–6]의 출력 크기는 3×3입니다.

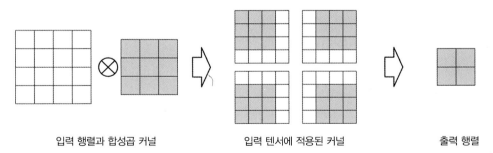

입력 행렬과 합성곱 커널   입력 텐서에 적용된 커널   출력 행렬

그림 4-9 입력 행렬에 적용한 kernel_size=3인 합성곱. 결과에는 장단점이 있습니다. 커널이 행렬에 적용될 때 더 많은 국부적인 정보가 사용됩니다. 하지만 출력 크기는 작아집니다.

---

25 옮긴이_ 이 논문은 옮긴이의 블로그에 번역해두었습니다(*http://bit.ly/conv_guide*).

NLP 애플리케이션에서는 여러 단어를 보면서 언어의 패턴을 감지하는 n-그램과 커널 크기를 비슷하다고 생각할 수 있습니다. 커널 크기가 작을수록 작고 자주 등장하는 패턴을 감지합니다. 커널 크기가 커지면 큰 패턴을 감지합니다. 이는 의미 있는 패턴이지만 발생 빈도가 적습니다. 작은 커널은 상세한 특성을 출력하고 큰 커널은 성긴 특성을 만듭니다.

스트라이드

스트라이드stride는 합성곱 간의 스텝 크기를 제어합니다. 스트라이드가 커널 크기와 같으면 커널 연산이 겹치지 않습니다. 반면 스트라이드가 1이면 커널이 가장 많이 겹칩니다. [그림 4-10] 처럼 스트라이드를 높여 출력 텐서의 크기를 의도적으로 줄여서 정보를 요약할 수 있습니다.

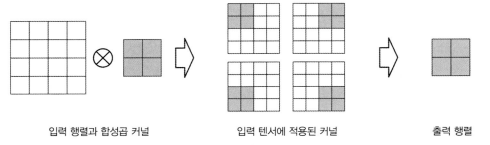

입력 행렬과 합성곱 커널   입력 텐서에 적용된 커널   출력 행렬

그림 4-10 스트라이드 2로 입력에 적용된 kernel_size=2인 합성곱 커널. 커널이 더 큰 스트라이드를 사용해서 출력 행렬을 작게 만드는 효과를 냅니다. 이는 입력 행렬을 듬성듬성 샘플링하는 데 유용합니다.

패딩

stride와 kernel_size가 계산된 특성값의 범위를 제어하지만, 특성 맵(합성곱의 출력)의 전체 크기를 의도치 않게 줄이는 바람직하지 않은 부수효과가 발생합니다. 이에 대처하려면 입력 텐서의 (1D, 2D, 3D라면) 길이, (2D, 3D라면) 높이, (3D라면) 깊이 차원의 앞뒤에 0을 추가하여 인공적으로 늘려줍니다. 이렇게 하면 CNN이 합성곱을 **더 많이** 수행할 수 있습니다. 원하는 커널 크기, 스트라이드, 다일레이션dilation을 그대로 사용하면서 출력 크기를 조절할 수 있습니다. [그림 4-11]에서 이런 **패딩**padding 과정을 보여줍니다.

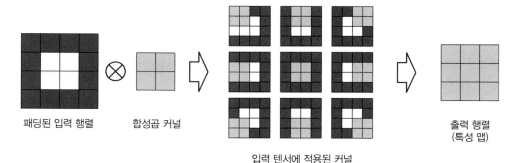

패딩된 입력 행렬   합성곱 커널   출력 행렬
(특성 맵)

입력 텐서에 적용된 커널

그림 4-11 높이와 너비가 2인 입력 행렬에 적용된 kernel_size=2인 합성곱. 하지만 패딩(어두운 회색 사각형 부분) 때 문에 입력 행렬의 높이와 너비는 더 커집니다. 가장 널리 사용하는 커널 크기는 3이므로 출력 행렬이 입력 행렬의 크기 와 정확히 같아집니다.

다일레이션

다일레이션dilation[26]은 합성곱 커널이 입력 행렬에 적용되는 방식을 제어합니다. [그림 4-12] 에서 다일레이션을 1(기본값)에서 2로 늘리면 입력 행렬에 적용될 때 커널의 원소 사이에 공 간이 생깁니다. 커널 원소 사이에 스텝이 있다거나 구멍 뚫린 커널을 적용한다고 말합니다. 파 라미터 개수를 늘리지 않고 넓은 입력 공간을 요약하는 데 유용합니다. 다일레이션 합성곱은 합성곱 층을 쌓을 때 매우 유용하다고 입증되었습니다. 연속된 다일레이션 합성곱은 수용장 receptive field의 크기를 기하급수적으로 늘려줍니다. 수용장은 신경망이 예측을 만들기 전에 바라 보는 입력 공간의 크기입니다.

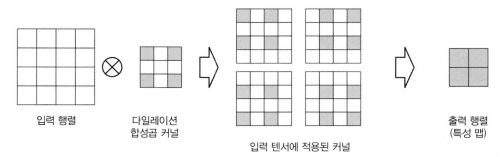

입력 행렬   다일레이션
합성곱 커널   출력 행렬
(특성 맵)

입력 텐서에 적용된 커널

그림 4-12 입력 행렬에 적용된 kernel_size=2인 합성곱. 다일레이션을 기본값보다 늘리면 커널 행렬의 원소를 입력 행렬에 곱할 때 넓게 퍼집니다. 다일레이션을 증가시킬수록 더 많이 퍼집니다.

---

26 옮긴이_ 팽창 계수라고도 부릅니다.

4.3.2 파이토치로 CNN 구현하기

이제 이전 절에서 소개한 개념을 사용하는 완전한 예제를 살펴보겠습니다. 일반적으로 신경망 설계의 목적은 작업을 달성할 하이퍼파라미터 설정을 찾는 것입니다. '예제: MLP로 성씨 분류하기(4.2절)'에서 소개한 익숙한 성씨 분류 작업을 다시 사용합니다. 하지만 MLP 대신 CNN을 사용하겠습니다. 여전히 마지막에 Linear 층을 적용해야 합니다. 이 층은 일련의 합성곱 층이 만든 특성 벡터에서 예측 벡터를 만드는 법을 학습할 것입니다. 따라서 원하는 특성 벡터를 만드는 합성곱 층을 구성하는 것이 목적입니다. 모든 CNN 애플리케이션은 초반에 일련의 합성곱 층을 둡니다. 이런 층은 특성 맵을 추출하여 다음 처리 단계의 입력으로 전달합니다. 분류에서 다음 처리 단계는 보통 Linear 층(완전 연결 층)입니다.

이 절의 구현에서는 특성 벡터를 만들기 위한 설계 사항들을 반복하여 결정합니다.[27] 먼저 실제 데이터와 크기가 같은 인공 데이터 텐서를 만듭니다. 이 데이터 텐서의 크기는 3차원입니다. 벡터로 변경된 텍스트 데이터에서 만든 미니배치의 크기입니다. 문자 시퀀스의 각 문자에 대해 원-핫 벡터를 사용한다면 원-핫 벡터의 시퀀스는 행렬이고, 원-핫 행렬의 미니배치는 3차원 텐서입니다. 합성곱 용어를 빌리면 각 원-핫 벡터의 크기(보통 어휘 사전의 크기)는 입력 채널의 개수이고 문자 시퀀스의 길이는 너비입니다.

[코드 4-14]에 있듯이 특성 벡터를 만드는 첫 번째 단계는 파이토치 Conv1d 클래스의 객체를 이 3차원 데이터 텐서에 적용하는 것입니다. 출력 크기를 확인하면 텐서가 얼마나 줄어드는지 알 수 있습니다. 출력 텐서가 줄어드는 이유는 [그림 4-9]에서 시각적으로 설명했습니다.

코드 4-14 인공 데이터와 Conv1d 클래스

```
In[0]   batch_size = 2
        one_hot_size = 10
        sequence_width = 7
        data = torch.randn(batch_size, one_hot_size, sequence_width)
        conv1 = Conv1d(in_channels=one_hot_size, out_channels=16,
                kernel_size=3)
        intermediate1 = conv1(data)
        print(data.size())
        print(intermediate1.size())
```

---

27 딥러닝 책은 대부분 이를 자세히 다루지 않고 최종 신경망 구조를 바로 제시합니다. 이 절은 입력에서 시작해서 특정 CNN을 만드는 과정을 이에 익숙하지 않은 독자들에게 안내합니다. 일반적으로는 (특히 기존 논문을 구현할 때는) 이럴 필요가 없습니다. 저자가 제공하는 값을 그냥 사용하면 됩니다.

```
Out[0] torch.Size([2, 10, 7])
       torch.Size([2, 16, 5])
```

출력 텐서 크기를 더 줄이는 주요 방법은 3가지입니다. 첫 번째는 합성곱 층을 더 만들어 차례대로 적용하는 방법입니다. sequence_width에 해당하는 차원(dim=2)의 크기는 결국 size=1이 될 것입니다. [코드 4-15]에서 합성곱을 2개 더 추가한 결과를 볼 수 있습니다. 일반적으로 합성곱을 추가하여 출력 텐서 크기를 줄이는 과정은 반복적이고 추측할 수 있습니다. 여기에서는 3번의 합성곱 후에 출력의 마지막 차원이 size=1이 되도록 구성했습니다.[28]

코드 4-15 데이터에 반복 적용한 합성곱

```
In[0]  conv2 = nn.Conv1d(in_channels=16, out_channels=32, kernel_size=3)
       conv3 = nn.Conv1d(in_channels=32, out_channels=64, kernel_size=3)

       intermediate2 = conv2(intermediate1)
       intermediate3 = conv3(intermediate2)

       print(intermediate2.size())
       print(intermediate3.size())

Out[0] torch.Size([2, 32, 3])
       torch.Size([2, 64, 1])

In[1]  y_output = intermediate3.squeeze()
       print(y_output.size())

Out[1] torch.Size([2, 64])
```

합성곱마다 채널 차원의 크기는 증가합니다. 채널 차원이 각 데이터 포인트의 특성 벡터가 되기 때문입니다. 텐서가 특성 벡터가 되는 최종 단계는 불필요한 size=1 차원을 제거하는 것입니다. squeeze() 메서드를 사용하면 됩니다. 이 메서드는 size=1인 차원을 모두 삭제한 결과를 반환합니다. 만들어진 특성 벡터는 Linear 층과 같은 다른 신경망 구성 요소에 사용하여 예측 벡터를 만들 수 있습니다.

텐서를 데이터 포인트마다 하나의 특성 벡터로 줄이는 방법이 두 가지 더 있습니다. 남은 값을

---

28 텐서가 크면 합성곱이 더 필요합니다. 또 텐서를 더 빠르게 줄이도록 합성곱을 수정해야 합니다. 스트라이드, 다일레이션, 커널 크기 하이퍼파라미터를 증가시켜 볼 수 있습니다.

특성 벡터로 펼치는 방법과 특성 맵 차원을 따라 평균을 계산하는 방법입니다.[29] [코드 4–16]에 이 두 방법이 있습니다. 첫 번째 방법을 사용하면 모든 벡터를 파이토치의 view() 메서드를 사용해 하나의 벡터로 펼칩니다.[30] 두 번째 방법은 수학 연산을 사용해 정보를 벡터로 요약합니다. 가장 많이 사용하는 연산은 산술 평균입니다. 하지만 특성 맵 차원을 따라 합산하거나 최댓값을 고르는 방법도 많이 사용합니다. 각 방법은 장단점이 있습니다. 펼침 방법은 모든 정보를 유지하지만 필요 이상으로 (또는 적절한 계산량 이상으로) 큰 특성 벡터를 만들기도 합니다. 평균은 특성 맵 차원의 크기에 상관없지만 일부 정보를 잃을 수 있습니다.[31]

코드 4-16 특성 벡터를 줄이는 두 가지 추가 방법

```
In[0]  # 특성 벡터를 줄이는 방법 2
       print(intermediate1.view(batch_size, -1).size())

       # 특성 벡터를 줄이는 방법 32
       print(torch.mean(intermediate1, dim=2).size())
       # print(torch.max(intermediate1, dim=2).size())
       # print(torch.sum(intermediate1, dim=2).size())

Out[0] torch.Size([2, 80])
       torch.Size([2, 16])
```

이렇게 합성곱을 설계하는 방법은 경험을 기반으로 합니다. 먼저 예상하는 크기의 데이터에서 시작해 일련의 합성곱을 실험하다 보면 결국 문제에 잘 맞는 특성 벡터를 얻게 됩니다. 이런 방법은 실전에서 잘 작동하지만, 합성곱의 하이퍼파라미터와 입력 텐서가 주어지면 합성곱 연산의 수학 공식을 사용해 출력 텐서의 크기를 계산하는 방법도 있습니다.

---

29 실제로는 합을 계산하거나 8장에서 소개할 어텐션 기반 메커니즘을 사용할 수 있습니다. 여기서는 간단하게 두 가지 방법만 설명합니다.

30 view() 메서드에 대한 자세한 설명은 1장을 참고하세요.

31 또한 6장에서 소개할 길이가 유동적인 시퀀스에 필요한 별도의 정보를 유지해야 합니다. 간단히 말해서 길이가 다른 시퀀스를 처리할 때 일부 위치가 모두 0으로 채워질 수 있습니다. 이런 상황에서 평균을 낼 때는 특성 맵 차원을 따라 덧셈을 한 후 0이 아닌 원소 개수로 나누어야 합니다.

4.4 예제: CNN으로 성씨 분류하기

간단한 CNN 모델을 성씨 분류 작업에 적용해 CNN의 효과를 알아보죠.[32] 세부 내용은 대부분 앞서 MLP로 만든 예제와 같지만 모델 구성과 벡터 변환 과정이 다릅니다. 모델 입력은 이전 예제에서 본 하나로 합쳐진 원–핫 표현이 아니라 원–핫 벡터의 행렬입니다. 이렇게 하면 CNN 이 나열된 문자를 더 잘 볼 수 있고 '예제: MLP로 성씨 분류하기(4.2절)'에서 사용한 원–핫 인코딩에서 잃었던 순서 정보를 인코딩할 수 있습니다.

4.4.1 SurnameDataset

성씨 데이터셋은 '성씨 데이터셋(4.2.1)'에서 설명했습니다. 여기에서도 같은 데이터셋을 사용하지만 한 가지 구현이 다릅니다. 이 데이터셋은 하나로 합쳐진 원–핫 벡터가 아니라 원–핫 벡터의 행렬로 구성됩니다. 이를 위해 데이터셋 클래스가 가장 긴 성씨를 찾아 이를 SurnameVectorizer 클래스의 객체에 행렬의 행 크기로 전달하도록 구현했습니다. 열의 크기는 원–핫 벡터의 크기(Vocabulary의 크기)입니다. [코드 4-17]은 SurnameDataset.__getitem__()의 변경 사항을 보여줍니다. SurnameVectorizer.vectorize()의 변경 사항은 다음 절에서 소개합니다.

코드 4-17 최대 성씨 길이를 전달하는 SurnameDataset

```
class SurnameDataset(Dataset):
    # 4.2절 '"예제: MLP로 성씨 분류하기(4.2절)'" 절의 구현...

    def __getitem__(self, index):
        row = self._target_df.iloc[index]

        surname_matrix = \
            self._vectorizer.vectorize(row.surname, self._max_seq_length)

        nationality_index = \
            self._vectorizer.nationality_vocab.lookup_token(row.nationality)

        return {'x_surname': surname_matrix,
                'y_nationality': nationality_index}
```

---

32 이 예제는 번역서 깃허브 저장소의 chapter_4/4_4_cnn_surnames/4_4_Classifying_Surnames_with_a_CNN.ipynb 노트북에 있습니다.

원-핫 행렬의 크기를 제어하는 데 데이터셋에서 가장 긴 성씨를 사용하는 이유는 두 가지입니다. 첫째, 성씨 행렬의 각 미니배치는 3차원 텐서입니다. 따라서 크기가 모두 같아야 합니다. 둘째, 데이터셋에서 가장 긴 성씨를 사용하면 각 미니배치를 같은 형태로 다룰 수 있습니다.[33]

4.4.2 Vocabulary, Vectorizer, DataLoader

이 예제의 Vocabulary와 DataLoader는 '예제: MLP로 성씨 분류하기(4.2절)'에서 구현한 것과 같지만 Vectorizer의 vectorize() 메서드는 CNN 모델에 맞게 바꿨습니다. 특히 이 함수는 [코드 4-18]에서 볼 수 있듯이 문자열의 각 문자를 정수에 매핑하고 이 정수를 사용해 원-핫 벡터의 행렬을 만듭니다. 행렬의 각 열이 각기 다른 원-핫 벡터라는 점이 중요합니다. 이렇게 하는 주된 이유는 Conv1d 층이 기대하는 데이터 텐서는 0번째 차원에 배치, 1번째 차원에 채널, 2번째 차원에 특성이 있어야 하기 때문입니다.

원-핫 행렬을 사용하도록 바꾸는 작업 외에도 성씨의 최대 길이를 찾아 max_surname_length에 저장하도록 Vectorizer 클래스를 수정해야 합니다.

코드 4-18 CNN을 위한 SurnameVectorizer 구현

```python
class SurnameVectorizer(object):
    """ 어휘 사전을 생성하고 관리합니다 """
    def vectorize(self, surname):
        """ 성씨에 대한 원-핫 벡터를 만듭니다

        매개변수:
            surname (str): 성씨
        반환값:
            one_hot (np.ndarray): 원-핫 벡터의 행렬
        """
        one_hot_matrix_size = (len(self.character_vocab), self.max_surname_length)
        one_hot_matrix = np.zeros(one_hot_matrix_size, dtype=np.float32)
        for position_index, character in enumerate(surname):
            character_index = self.character_vocab.lookup_token(character)
            one_hot_matrix[character_index][position_index] = 1

        return one_hot_matrix
```

---

33 각 미니배치에서 가장 긴 성씨를 사용할 수도 있지만 전체 데이터셋에서 가장 긴 성씨를 사용하면 더 간단합니다.

```python
    @classmethod
    def from_dataframe(cls, surname_df):
        """ 데이터셋 데이터프레임에서 Vectorizer 객체를 만듭니다

        매개변수:
            surname_df (pandas.DataFrame): 성씨 데이터셋
        반환값:
            SurnameVectorizer 객체
        """
        character_vocab = Vocabulary(unk_token="@")
        nationality_vocab = Vocabulary(add_unk=False)
        max_surname_length = 0

        for index, row in surname_df.iterrows():
            max_surname_length = max(max_surname_length, len(row.surname))
            for letter in row.surname:
                character_vocab.add_token(letter)
            nationality_vocab.add_token(row.nationality)

        return cls(character_vocab, nationality_vocab, max_surname_length)
```

4.4.3 CNN을 사용해 SurnameClassifier 구현하기

'합성곱 신경망(4.3절)'에서 소개한 방법들을 사용해 이 예제에서 사용할 모델을 만들겠습니다. 사실 이전에 합성곱 층을 테스트하려고 만든 인공 데이터의 크기가 이 예제의 Vectorizer에서 사용할 성씨 데이터셋의 데이터 텐서와 같습니다. [코드 4–19]는 앞서 소개한 Conv1d를 연속으로 사용한 점이나 설명이 필요한 새로운 기능이 추가된 점이 이전과 비슷합니다. 특히 모델이 1차원 합성곱을 연속으로 사용해 특성을 점진적으로 합쳐서 하나의 특성 벡터를 만드는 점이 비슷합니다.

하지만 이 예제에서는 Sequential과 ELU 클래스를 사용합니다. Sequential은 연속적인 선형 연산을 캡슐화해주는 편리한 래퍼 클래스입니다. 여기서는 연속된 Conv1d 층을 캡슐화합니다. ELU는 3장에서 소개한 렐루와 비슷한 비선형 함수입니다. 하지만 0 이하를 버리는 대신 지수적으로 감소시킵니다. ELU는 합성곱 층 사이에 사용하기에 좋은 비선형 함수입니다(클레버트 Clevert 등, 2015).

이 예제에서는 num_channels 하이퍼파라미터로 각 합성곱의 채널 개수를 고정합니다. 합성곱

연산마다 채널 개수를 다르게 지정할 수 있습니다. 이렇게 하면 더 많은 하이퍼파라미터를 최적화해야 합니다. 여기서는 256개 채널이면 모델이 합리적인 수준의 성능을 달성하기에 충분합니다.

코드 4-19 CNN 기반의 SurnameClassifier

```python
import torch.nn as nn
import torch.nn.functional as F

class SurnameClassifier(nn.Module):
    def __init__(self, initial_num_channels, num_classes, num_channels):
        """
        매개변수:
            initial_num_channels (int): 입력 특성 벡터의 크기
            num_classes (int): 출력 예측 벡터의 크기
            num_channels (int): 신경망 전체에 사용될 채널 크기
        """
        super(SurnameClassifier, self).__init__()

        self.convnet = nn.Sequential(
            nn.Conv1d(in_channels=initial_num_channels,
                    out_channels=num_channels, kernel_size=3),
            nn.ELU(),
            nn.Conv1d(in_channels=num_channels, out_channels=num_channels,
                    kernel_size=3, stride=2),
            nn.ELU(),
            nn.Conv1d(in_channels=num_channels, out_channels=num_channels,
                    kernel_size=3, stride=2),
            nn.ELU(),
            nn.Conv1d(in_channels=num_channels, out_channels=num_channels,
                    kernel_size=3),
            nn.ELU()
        )
        self.fc = nn.Linear(num_channels, num_classes)

    def forward(self, x_surname, apply_softmax=False):
        """모델의 정방향 계산

        매개변수:
            x_surname (torch.Tensor): 입력 데이터 텐서
                x_surname.shape은 (batch, initial_num_channels, max_surname_length)입니다.
            apply_softmax (bool): 소프트맥스 활성화 함수를 위한 플래그
```

크로스 엔트로피 손실을 사용하려면 False로 지정해야 합니다.
반환값:
    결과 텐서. tensor.shape은 (batch, num_classes)입니다.
"""

```python
features = self.convnet(x_surname).squeeze(dim=2)
prediction_vector = self.fc(features)

if apply_softmax:
    prediction_vector = F.softmax(prediction_vector, dim=1)

return prediction_vector
```

4.4.4 모델 훈련

모델 훈련은 다음과 같은 익숙한 과정으로 구성됩니다. 먼저 데이터셋을 준비합니다. 그다음 모델, 손실 함수, 옵티마이저 객체를 만듭니다. 훈련 세트를 반복하면서 모델 파라미터를 업데이트합니다. 검증 세트에 대해 반복하면서 성능을 평가합니다. 이런 과정을 특정 횟수 동안 데이터셋에 대해 반복합니다. 이런 훈련 반복을 세 번째 구현하는 중이니 작업 순서가 익숙할 것입니다. '예제: MLP로 성씨 분류하기(4.2절)'의 훈련 반복과 같으므로 이 예제에서는 자세히 설명하지 않겠습니다. 하지만 [코드 4-20]과 같이 입력 매개변수는 다릅니다.

코드 4-20 CNN 성씨 분류기의 입력 매개변수

```python
args = Namespace(
    # 날짜와 경로 정보
    surname_csv="data/surnames/surnames_with_splits.csv",
    vectorizer_file="vectorizer.json",
    model_state_file="model.pth",
    save_dir="model_storage/ch4/cnn",
    # 모델 하이퍼파라미터
    hidden_dim=100,
    num_channels=256,
    # 훈련 하이퍼파라미터
    seed=1337,
    learning_rate=0.001,
    batch_size=128,
    num_epochs=100,
    early_stopping_criteria=5,
```

```
        dropout_p=0.1,
        # 실행 옵션은 주피터 노트북을 참고하세요.
    )
```

4.4.5 모델 평가와 예측

모델 성능을 이해하려면 정량적이고 질적인 방법으로 모델을 평가해야 합니다. 다음과 같은 기본적인 방법 두 가지를 소개합니다. 이를 확장하여 모델과 모델이 학습한 내용을 탐색해 보세요.

테스트 세트에서 평가하기

이번 예제의 훈련 과정은 이전 예제와 같고 평가를 수행하는 코드도 변경되지 않았습니다. 정리해 보면 모델의 eval() 메서드를 호출하여 역전파를 중지하고 테스트 세트를 반복합니다. 이 모델의 테스트 세트 정확도는 약 56%입니다. MLP의 정확도는 약 50%였습니다. 이 성능 수치가 이런 구조에서 최대치는 아닙니다. 하지만 비교적 간단한 CNN 모델로 얻은 성능 수치를 보고 텍스트 데이터에 CNN을 시도할 가치가 있는지를 판단할 수 있습니다.

새로운 성씨를 분류하고 최상위 예측 구하기

[코드 4-21]에서 볼 수 있듯이 predict_nationality() 함수에서 한 부분을 바꿨습니다. 새로운 데이터 텐서에 배치 차원을 추가할 때 view() 메서드 대신 파이토치의 unsqueeze() 함수를 사용해 size=1인 배치 차원을 추가했습니다. predict_topk_nationality() 함수도 마찬가지로 변경했습니다.

코드 4-21 훈련된 모델로 예측 만들기

```
def predict_nationality(surname, classifier, vectorizer):
    """새로운 성씨로 국적 예측하기

    매개변수:
        surname (str): 분류할 성씨
        classifier (SurnameClassifer): 분류기 객체
        vectorizer (SurnameVectorizer): SurnameVectorizer 객체
```

```
반환값:
    가장 가능성이 높은 국적과 확률로 구성된 딕셔너리
"""
vectorized_surname = vectorizer.vectorize(surname)
vectorized_surname = torch.tensor(vectorized_surname).unsqueeze(0)
result = classifier(vectorized_surname, apply_softmax=True)

probability_values, indices = result.max(dim=1)
index = indices.item()

predicted_nationality = vectorizer.nationality_vocab.lookup_index(index)
probability_value = probability_values.item()

return {'nationality': predicted_nationality, 'probability': probability_value}
```

4.5 CNN에 관한 추가 내용

이 절에서는 CNN이 널리 사용되는 데 중요한 역할을 하는 핵심적인 추가 요소를 소개하며 CNN 설명을 마무리합니다. 특히 풀링 연산, 배치 정규화, NiN[network-in-network] 연결, 잔차 연결을 설명하겠습니다.

4.5.1 풀링

풀링[pooling]은 고차원 특성 맵을 저차원 특성 맵으로 요약하는 연산입니다. 합성곱의 출력은 특성 맵입니다. 특성 맵의 값은 입력의 일부 영역을 요약합니다. 합성곱 연산의 중첩되는 특징 때문에 많은 특성이 중복될 수 있습니다. 풀링은 고차원이고 중복 가능성이 높은 특성 맵을 저차원으로 요약하는 방법입니다. 풀링은 특성 맵의 국부적인 영역에 적용하는 합, 평균, 최댓값과 같은 산술 연산입니다. 이런 풀링 연산을 각각 **합 풀링**[sum pooling], **평균 풀링**[average pooling], **최대 풀링**[max pooling]이라 합니다. 풀링은 통계적으로 약하고 크기가 큰 특성 맵을 강하고 작은 특성 맵으로 개선할 수 있습니다. [그림 4-13]에 풀링이 나타나 있습니다.

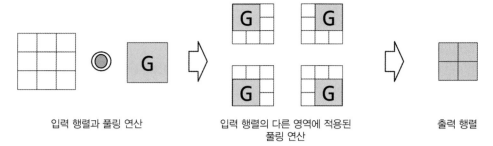

입력 행렬과 풀링 연산   입력 행렬의 다른 영역에 적용된   출력 행렬
                                         풀링 연산

그림 4-13 풀링 연산은 합성곱과 작동 방식이 같습니다. 입력 행렬의 위치를 바꿔가며 적용됩니다. 하지만 입력 행렬의 값에 곱해서 더하는 대신 풀링 연산은 값을 모으는 함수 G를 적용합니다. G는 어떤 연산도 될 수 있지만 합, 최댓값, 평균을 가장 많이 사용합니다.

4.5.2 배치 정규화

배치 정규화batch normalization(BatchNorm)는 CNN을 만들 때 자주 사용되는 층입니다. 배치 정규화는 CNN의 출력에 적용되어 활성화값의 평균이 0이고 단위 분산이 되도록 만듭니다. 비슷하게 Z 점수 변환[34]에 사용하는 평균과 분산은 배치마다 업데이트하여 한 배치에서 변경 폭이 너무 크지 않도록 합니다. 배치 정규화는 모델이 파라미터 초기화에 덜 민감하게 만들고 학습률 튜닝을 단순화합니다(로페Ioffe와 세게디Szegedy, 2015). 파이토치에서 배치 정규화는 nn 모듈 아래 정의되었습니다. [코드 4–22]는 합성곱 층 다음에 배치 정규화를 사용하는 방법을 보여줍니다.

코드 4-22 배치 정규화와 Conv1D 층 사용하기

```
# ...
  self.conv1 = nn.Conv1d(in_channels=1, out_channels=10,
                         kernel_size=5,
                         stride=1)
  self.conv1_bn = nn.BatchNorm1d(num_features=10)
  # ...

def forward(self, x):
  # ...
  x = F.relu(self.conv1(x))
  x = self.conv1_bn(x)
  # ...
```

---

34 위키피디아의 표준 점수(*https://ko.wikipedia.org/wiki/표준_점수*)를 참고하세요

4.5.3 NiN 연결 (1x1 합성곱)

NiNnetwork-in-network **연결**은 kernel_size=1인 합성곱 커널을 사용하며 몇 가지 흥미로운 성질이 있습니다. 특히 **1×1** 합성곱은 채널에 걸쳐 동작하는 완전 연결 층과 비슷합니다.[35] 이는 채널이 많은 특성 맵을 얕은 특성 맵으로 매핑하는 데 유용합니다. [그림 4-14]에서 하나의 NiN 연결이 입력 행렬에 적용됩니다. 이 그림에서 볼 수 있듯이 채널이 2개에서 1개로 줄어듭니다. 따라서 NiN 또는 **1×1** 합성곱은 소량의 파라미터로 비선형성을 추가로 주입할 수 있는 저렴한 방법입니다(Lin et al., 2013).

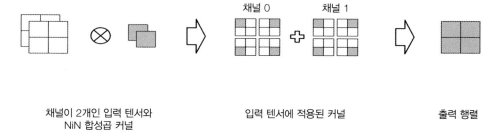

그림 4-14 1×1 합성곱 연산의 예. 1×1 합성곱 연산이 어떻게 채널을 2개에서 1개로 줄이는지 눈여겨보세요.

4.5.4 잔차 연결 / 잔차 블록

잔차 연결residual connection은 (층이 100개 이상인) 진짜 깊은 신경망을 가능하게 한 CNN의 중요한 트렌드입니다. 이를 **스킵 연결**skip connection이라고도 부릅니다. 합성곱 함수를 conv로 표현하면 잔차 블록residual block의 출력은 다음과 같습니다.[36]

　　출력 = conv (입력) + 입력

하지만 이 연산에는 숨겨진 기교가 있으며 이를 [그림 4-15]에서 볼 수 있습니다. 합성곱 출력에 입력을 더하려면 같은 크기를 유지해야 합니다. 이를 위해 보통 합성곱하기 전에 패딩을 추가합니다. [그림 4-15]에서는 크기 3으로 합성곱하려고 크기가 1인 패딩을 추가합니다. 잔차

---

[35] 이전 그림을 떠올려 보면 입력 채널마다 파라미터가 있기 때문에 kernel_size=1인 합성곱 커널은 입력 채널의 개수와 크기가 같은 벡터입니다.

[36] 여기에서 입력은 신경망의 입력이 아니라 잔차 블록의 입력을 의미합니다.

연결에 관한 더 자세한 내용은 히He 등의 2016년 원본 논문을 참고하면 좋습니다. NLP에서 잔차 신경망을 사용하는 예는 후앙Huang과 왕Wang의 2017년 논문을 참고하세요.

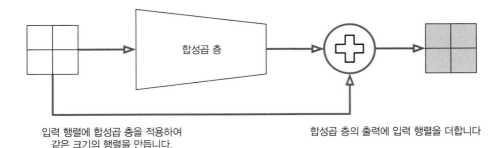

입력 행렬에 합성곱 층을 적용하여   합성곱 층의 출력에 입력 행렬을 더합니다
같은 크기의 행렬을 만듭니다.

그림 4-15 잔차 연결은 원본 행렬에 합성곱의 출력을 더하는 방법입니다. 합성곱 층의 결과와 입력 행렬을 더하는 과정이 그림에 잘 나타납니다. 입력과 같은 크기의 출력을 만드는 전형적인 하이퍼파라미터 설정은 kernel_size=3과 padding=1입니다. 일반적으로 홀수 kernel_size와 padding=(floor(kernel_size)/2 − 1)은 입력과 같은 크기의 출력을 만듭니다. 패딩과 합성곱에 관한 설명은 [그림 4-11]을 참고하세요. 합성곱 층의 결과 행렬을 입력에 더한 최종 결과가 잔차 연결의 출력입니다(출처: 히 등의 2016년 논문).

4.6 요약

이 장에서 두 개의 피드 포워드 신경망 구조를 배웠습니다. 다층 퍼셉트론(MLP 또는 완전 연결 신경망)과 합성곱 신경망(CNN)입니다. 어떤 비선형 함수도 근사하는 MLP의 능력을 보았고 성씨를 토대로 국적을 분류하는 NLP 애플리케이션에 MLP를 적용했습니다. MLP의 주요 단점이자 제약인 파라미터 공유 부족을 배웠고 대안으로 CNN을 소개했습니다. 원래 컴퓨터 비전용으로 개발된 CNN은 NLP의 핵심이 되었습니다. 매우 효율적으로 구현할 수 있고 메모리 요구사항이 낮기 때문입니다. 패딩, 다일레이션, 스트라이드가 추가된 다양한 합성곱을 배웠고 이들이 어떻게 입력 공간을 변환하는지 알아보았습니다. 또한 합성곱 필터의 입력과 출력 크기를 실제로 어떻게 선택하는지 자세히 살펴보았습니다. 합성곱을 사용해 성씨 분류 예제를 다뤘습니다. 이를 통해 합성곱 연산이 언어의 부분 구조를 감지하는 데 어떻게 도움이 되는지 살펴보았습니다. 마지막으로 CNN과 관련된 중요 요소를 추가로 설명했습니다. 1) 풀링, 2) 배치 정규화, 3) 1×1 합성곱, 4) 잔차 연결입니다. 현대적인 CNN 구조에서는 보통 이런 기법을 동시에 사용합니다. 예를 들어 이런 기법을 잘 사용하여 수백 개의 층으로 이루어진 CNN 을 정확하고 빠르게 훈련할 수 있는 인셉션^{Inception} 구조가 있습니다(세게디 등, 2015). 5장에 서는 임베딩을 사용해 단어, 문장, 문서와 같은 이산적인 특성을 위한 표현을 학습하고 사용하 는 방법을 살펴보겠습니다.

4.7 참고 문헌

1. Min Lin, Qiang Chen, and Shuicheng Yan. (2013). "Network in network." arXiv preprint arXiv:1312.4400.

2. Christian Szegedy, Wei Liu, Yangqing Jia, Pierre Sermanet, Scott Reed, Dragomir Anguelov, Dumitru Erhan, Vincent Vanhoucke, and Andrew Rabinovich. "Going deeper with convolutions." In *CVPR* 2015.

3. Djork-Arné Clevert, Thomas Unterthiner, and Sepp Hochreiter. (2015). "Fast and accurate deep network learning by exponential linear units (elus)." arXiv preprint arXiv:1511.07289.

4. Sergey Ioffe and Christian Szegedy. (2015). "Batch normalization: Accelerating deep network training by reducing internal covariate shift." arXiv preprint arXiv:1502.03167.

5. Vincent Dumoulin and Francesco Visin. (2016). "A guide to convolution arithmetic for deep learning." arXiv preprint arXiv:1603.07285.

6. Kaiming He, Xiangyu Zhang, Shaoqing Ren, and Jian Sun. 2016 "Identity mappings in deep residual networks." In *ECCV*.

7. Yi Yao Huang and William Yang Wang. (2017). "Deep Residual Learning for Weakly-Supervised Relation Extraction." arXiv preprint arXiv:1707.08866.

## CHAPTER 5

단어와 타입 임베딩

NLP 작업을 구현할 때는 여러 종류의 이산적인 타입type을 다뤄야 합니다. 가장 대표적인 예는 단어입니다. 단어는 유한한 집합(어휘 사전)으로 구성됩니다. 문자, 품사 태깅part-of-speech tagging, 개체명, 개체명 타입, 파싱 피처parse feature, 제품 카탈로그의 아이템도 이산 타입입니다. 기본적으로 유한한 집합(또는 가산 무한 집합countably infinite)에서 얻은 모든 입력 특성은 **이산 타입**입니다.

이산 타입(예를 들어 단어)을 밀집 벡터로 표현하는 것은 NLP에서 딥러닝 성공의 핵심 열쇠입니다. '표현 학습'과 '임베딩'이란 용어는 이산 타입과 벡터 공간의 포인트 사이에 매핑을 학습하는 것을 의미합니다. 이산 타입이 단어일 때 밀집 벡터 표현을 **단어 임베딩**word embedding이라 합니다. 2장에서 TF-IDF 같은 카운트 기반의 임베딩 방법을 보았습니다. 이 장에서는 **학습 기반** 또는 **예측 기반**의 임베딩 방법을 알아보겠습니다(바로니Baroni 등, 2014). 예를 들어 문맥에 기반해 단어를 예측하듯이 특정 학습 작업을 위한 목적 함수를 최대화함으로써 이런 표현을 학습합니다. 학습 기반 임베딩 방법은 적용 범위가 넓고 성능이 높기 때문에 이제 기본이 되었습니다. 단어 임베딩은 NLP 작업에서 많이 사용되며 어떤 NLP 작업에서도 성능 향상을 기대할 수 있어서 'NLP의 스리라차Sriracha'라는 별명을 얻었습니다.[1] 하지만 이 별명은 오해를 일으킬 수 있습니다. 스리라차와 달리 임베딩은 모델이 만들어진 후에 추가되는 것이 아니라 모델 자체의 기본 요소라는 점에 유의하세요.이 장에서는 단어 임베딩과 관련된 벡터 표현을 설명합니다. 단어 임베딩 방법, 지도 학습과 비지도 학습의 언어 작업에서 단어 임베딩을 최적화하는 방법,

---

1 스리라차는 미국에서 인기 있는 매운 칠리 고추 기반의 소스입니다.

문장과 문서에서 단어 임베딩을 연결하는 방법이 포함됩니다. 하지만 여기서 언급하는 방법은 어떤 이산 타입에도 적용할 수 있다는 사실을 꼭 기억하세요.

5.1 임베딩을 배우는 이유

이전 장에서 단어의 벡터 표현을 만드는 전통적인 방법을 알아보았습니다. 특히 원-핫 표현을 사용했습니다. 이 벡터의 길이는 어휘 사전의 크기와 같고, 값은 특정 단어를 나타내는 한 위치만 1이고 나머지는 모두 0입니다. 또한 카운트 기반 표현을 보았습니다. 이 벡터의 길이는 모델에 있는 고유한 단어의 개수와 같지만, 문장에 등장하는 카운트값은 단어의 빈도에 상응합니다. 카운트 기반 표현은 중요한 내용이나 의미가 벡터의 여러 차원에 표현되어서 **분산적 표현**distributional representation이라고도 부릅니다. 분산 표현은 역사가 깊고(퍼스Firth, 1935) 많은 머신러닝 및 신경망 모델에서 잘 동작합니다. 하지만 이런 표현은 데이터에서 학습되지 않고 경험적으로 만들어집니다.[2]

분산 표현은 단어가 훨씬 낮은 차원의 밀집 벡터(예를 들어 d=100일 때 전체 어휘 사전 크기는 10^5나 10^6 이상일 수 있습니다)로 표현된다는 사실에서 이름을 따왔습니다. 단어의 의미와 다른 속성이 이 밀집 벡터의 여러 차원에 걸쳐 분산됩니다.

저차원으로 학습된 밀집 표현은 이전 장에서 본 '원-핫 벡터'나 '카운트 기반의 벡터'와 다른 장점이 몇 가지 있습니다. 첫째, 차원을 줄이면 계산을 효율적으로 수행합니다. 둘째, 카운트 기반 표현은 여러 차원에 비슷한 정보를 중복해 인코딩한 고차원 벡터를 만듭니다. 이런 벡터는 통계적 장점을 공유하지 못합니다. 셋째, 매우 고차원 입력은 머신러닝과 최적화에서 실제로 문제가 될 수 있습니다. 이런 현상을 **차원의 저주**curse of dimensionality (*http://bit.ly/2CrhQXm*) 라고 부릅니다. 전통적으로 이런 차원 문제를 해결하는 데 특잇값 분해singular value decomposition (SVD)나 주성분 분석principal component analysis (PCA)과 같은 차원 축소 방법을 사용했습니다. 하지만 아이러니하게도 이런 방법은 (NLP에서는 일반적인 상황인) 차원이 수백만 개일 때는 잘 적용되지 않습니다. 넷째, 작업에 특화된 데이터에서 학습된 (또는 미세 튜닝된) 표현은 현재 작업에 최적입니다. TF-IDF 같이 경험적이거나 SVD 같이 저차원 방법은 임베딩의 최적화 목적이 해

---

2 (신경망 기반이 아닌) 전통적인 임베딩 방법에 대한 자세한 정보는 스탠포드 대학의 크리스 포츠(Chris Potts)가 쓴 「Distributional approaches to word meanings」를 참고하세요(*https://stanford.io/2LukLlp*).

당 작업과 관련이 있는지 명확하지 않습니다.

5.1.1 임베딩의 효율성

[그림 5-1]과 같이 Linear 층에서 가중치 행렬과 곱해지는 원-핫 벡터를 예로 들어 임베딩의
동작 방식을 설명하겠습니다. 3장과 4장에서 원-핫 벡터는 어휘 사전과 크기가 같았습니다.
특정 단어의 존재를 나타내는 인덱스 위치에 1이 있어서 이 벡터를 '원-핫'이라고 부릅니다.

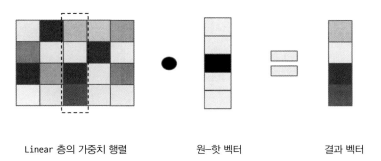

Linear 층의 가중치 행렬　　　　원-핫 벡터　　　　결과 벡터

그림 5-1 원-핫 인코딩된 벡터와 Linear 층의 가중치 행렬을 사용한 행렬 곱셈의 예. 원-핫 벡터는 하나만 1이고 모두
0이므로 1의 위치가 행렬 곱셈에서 선택의 역할을 합니다. 이 과정이 가중치 행렬과 결과 벡터에서 음영 패턴을 사용하
여 시각적으로 나타납니다. 동작은 하지만, 이런 선택 방법은 원-핫 벡터를 가중치 행렬의 모든 값에 곱한 후 각 행의 합
을 계산하므로 계산 비용이 많이 들고 비효율적입니다.

정의에 따라 원-핫 벡터를 입력으로 받는 Linear 층의 가중치 행렬에는 원-핫 벡터의 크기와
같은 개수의 열이 있어야 합니다. [그림 5-1]과 같이 행렬 곱셈을 수행할 때 결과 벡터는 실제
로 0이 아닌 원소가 가리키는 행을 선택해서 만들어집니다. 이런 사실을 바탕으로 행렬 곱셈
단계를 건너 뛰고 직접 정수를 인덱스로 사용하여 선택된 행을 추출할 수 있습니다.

임베딩의 효율성에 관해 마지막으로 한 가지 더 언급하겠습니다. [그림 5-1]의 예에서는 가중
치 행렬과 입력되는 원-핫 벡터의 차원이 같지만 항상 그렇지는 않습니다. 실제로 임베딩은
원-핫 벡터 또는 카운트 기반 표현보다 낮은 차원 공간에서 단어를 표현하는 데 자주 사용됩니
다. 연구 논문에서 사용하는 일반적인 임베딩 크기는 25차원에서 500차원까지 다양하며 준비
할 수 있는 GPU의 메모리양에 따라 적절히 선택하면 됩니다.

5.1.2 단어 임베딩 학습 방법

이 장의 목표는 특정 단어 임베딩 기술을 가르치는 것이 아닙니다. 그 대신 임베딩의 의미, 적용 방법과 적용 위치, 안정적으로 모델에 사용하는 방법, 제약 사항을 설명하는 데 중점을 둡니다. 이렇게 하는 이유는 기술자가 새로운 단어 임베딩 훈련 알고리즘을 만들 일이 거의 없기 때문입니다. 하지만 이 절에서는 단어 임베딩을 훈련하는 최근 방법을 간략하게 소개합니다. 단어 임베딩 방법은 모두 단어만으로(즉, 레이블이 없는 데이터로) 학습되지만 **지도 학습 방식**을 사용합니다. 이를 위해 데이터가 암묵적으로 레이블되어 있는 보조 작업을 구성합니다. 이 보조 작업을 해결하기 위한 최적화된 표현은 텍스트 말뭉치의 많은 통계적, 언어적 속성을 감지하여 유용성이 높을 것이라고 직관적으로 알 수 있습니다. 다음은 이런 보조 작업의 몇 가지 예입니다.

- 단어 시퀀스가 주어지면 다음 단어를 예측합니다. **언어 모델링 작업**language modeling task이라고도 합니다.
- 앞과 뒤의 단어 시퀀스가 주어지면 누락된 단어를 예측합니다.
- 단어가 주어지면 위치에 관계없이 윈도window 안에 등장할 단어를 예측합니다.

물론 이 목록은 완전하지 않으며 보조 작업의 선택은 알고리즘 설계자의 직관과 계산 비용에 따라 달라집니다. 예를 들면 GloVe, CBOWContinuous Bag-of-Words, 스킵그램Skipgram 등이 있습니다. 여기에서는 CBOW 모델을 간략하게 살펴보겠습니다. 일반적으로는 사전 훈련된 단어 임베딩을 현재 작업에 맞게 미세 조정해서 사용하기만 해도 충분합니다. 자세한 내용은 골드버그Goldberg가 쓴 『Neural Network Methods for Natural Language Processing』(Morgan & Claypool, 2017)의 10장을 참조하세요.

5.1.3 사전 훈련된 단어 임베딩

이 장과 이 책의 후반부는 **사전 훈련된 단어 임베딩**pretrained word embedding 사용과 관련이 있습니다. 구글 뉴스, 위키피디아, 커먼 크롤Common Crawl[3]과 같은 대규모 말뭉치와 앞에서 설명한 여러 방법 중 하나를 사용해 사전 훈련된 단어 임베딩을 무료로 다운로드해서 사용할 수 있습니다. 이 장의 나머지 부분에서는 이런 임베딩을 효율적으로 로드하고 사용하는 방법을 다룹니다. 또한

---

3 커먼 크롤은 크리에이티브 커먼즈(Creative Commons) 라이선스의 웹 크롤링(web crawling) 말뭉치로 *commoncrawl.org*에서 제공합니다.

단어 임베딩의 몇 가지 속성을 조사하고, NLP 작업에 사전 훈련된 임베딩을 사용하는 예를 몇 가지 소개합니다.

임베딩 로드

단어 임베딩은 인기가 많고 널리 보급되었습니다. 원본 Word2Vec[4]에서 스탠포드의 GLoVe(*https://stanford.io/2PSIvPZ*), 페이스북의 FastText(*https://fasttext.cc*)[5] 등 많은 변종을 다운로드 할 수 있습니다. 일반적으로 임베딩은 다음과 같은 포맷으로 제공됩니다. 각 줄은 임베딩되는 단어/타입으로 시작하고 그 뒤에 숫자 시퀀스(즉, 벡터 표현)가 옵니다. 이 시퀀스의 길이는 표현의 차원입니다(또는 **임베딩 차원**embedding dimension이라고도 합니다). 임베딩 차원은 보통 수백 개 정도입니다. 토큰 타입의 개수는 일반적으로 어휘 사전의 크기이며 백만 개 정도입니다. 예를 들어, 다음은 GloVe에서 가져온 dog와 cat 벡터의 처음 7개 차원입니다.

```
dog   -1.242  -0.360   0.573   0.367   0.600  -0.189   1.273 ...
cat   -0.964  -0.610   0.674   0.351   0.413  -0.212   1.380 ...
```

임베딩을 효율적으로 로드하고 처리하는 PreTrainedEmbeddings 유틸리티 클래스를 소개합니다(코드 5-1). 이 클래스는 빠른 조회를 위해 메모리 내에 모든 단어 벡터의 인덱스를 구축하고 근사 최근접 이웃 알고리즘을 구현한 annoy 패키지를 사용해 최근접 이웃 쿼리를 수행합니다.

코드 5-1 사전 훈련된 단어 임베딩 사용하기

```
In[0]  import numpy as np
       from annoy import AnnoyIndex

       class PreTrainedEmbeddings(object):
           def __init__(self, word_to_index, word_vectors):
               """
               매개변수:
```

---

4   Word2Vec은 여러 임베딩 방법의 모음입니다. 이 장에서는 Word2Vec 논문에 있는 CBoW 임베딩을 살펴봅니다. *https://goo.gl/ZER2d5*에서 Word2Vec 임베딩을 다운로드할 수 있습니다.

5   이 글을 쓰는 시점에는 FastText가 여러 언어로 임베딩을 제공하는 유일한 패키지입니다. FastText는 임베딩 이외의 기능도 제공합니다.

```
            word_to_index (dict): 단어에서 정수로 매핑
            word_vectors (numpy 배열의 리스트)
        """
        self.word_to_index = word_to_index
        self.word_vectors = word_vectors
        self.index_to_word = \
            {v: k for k, v in self.word_to_index.items()}
        self.index = AnnoyIndex(len(word_vectors[0]),
                                metric='euclidean')
        for _, i in self.word_to_index.items():
            self.index.add_item(i, self.word_vectors[i])
        self.index.build(50)

    @classmethod
    def from_embeddings_file(cls, embedding_file):
        """사전 훈련된 벡터 파일에서 객체를 만듭니다.

        벡터 파일은 다음과 같은 포맷입니다:
            word0 x0_0 x0_1 x0_2 x0_3 ... x0_N
            word1 x1_0 x1_1 x1_2 x1_3 ... x1_N

        매개변수:
            embedding_file (str): 파일 위치
        반환값:
            PretrainedEmbeddings의 인스턴스
        """
        word_to_index = {}
        word_vectors = []
        with open(embedding_file) as fp:
            for line in fp.readlines():
                line = line.split(" ")
                word = line[0]
                vec = np.array([float(x) for x in line[1:]])

                word_to_index[word] = len(word_to_index)
                word_vectors.append(vec)
        return cls(word_to_index, word_vectors)

In[1]  embeddings = \
          PreTrainedEmbeddings.from_embeddings_file('glove.6B.100d.txt')
```

이 예에서는 GloVe 단어 임베딩을 사용합니다. 임베딩 파일을 다운로드한 후 [코드 5-1]의 In[1]에서처럼 PretrainedEmbeddings 클래스의 객체를 만들 수 있습니다.

단어 임베딩 사이의 관계

단어 임베딩의 핵심 기능은 단어 사용에서 규칙적으로 나타나는 구문과 의미 관계를 인코딩하는 것입니다. 예를 들어, 고양이와 개는 매우 비슷한 방식으로 언급됩니다(애완 동물 관련 토론, 먹이 주기 등). 따라서 고양이와 개의 임베딩은 오리와 코끼리 같은 다른 동물의 임베딩보다 서로 훨씬 더 가깝습니다.

단어 임베딩에 인코딩된 의미 관계를 탐색하는 방법은 다양합니다. 그중 인기 있는 방법인 유추 작업을 소개합니다(SAT 같은 시험에서 인기 있는 추론 문제입니다).

```
Word1 : Word2 :: Word3 : ____
```

이 작업에서는 먼저 세 단어가 제공되며 처음 두 단어 간의 관계와 일치하는 네 번째 단어를 결정해야 합니다. 단어 임베딩을 사용하여 이를 공간적으로 인코딩 할 수 있습니다. 먼저 Word1에서 Word2를 뺍니다. 뺄셈의 결과로 만들어진 차이 벡터는 Word1와 Word2 사이의 관계를 인코딩합니다. 그런 다음 이 차이 벡터를 Word3에 더해 비어있는 네 번째 단어에 가까운 벡터를 생성할 수 있습니다. 인덱스에서 이 결과 벡터와 가장 가까운 이웃을 찾으면 유추 문제가 해결됩니다. [코드 5-2]에 있는 함수가 방금 설명과 같은 계산을 실행합니다. 즉, 벡터 산술 연산과 근사 최근접 이웃 인덱스를 사용해 유추 작업을 수행합니다.

코드 5-2 단어 임베딩을 사용한 유추 작업

```
In[0]   import numpy as np
        from annoy import AnnoyIndex

        class PreTrainedEmbeddings(object):
            """ 이전 코드에서 이어진 구현 """
            def get_embedding(self, word):
                """
                매개변수:
                    word (str)
                반환값
                    임베딩 (numpy.ndarray)
```

```
            """
            return self.word_vectors[self.word_to_index[word]]

    def get_closest_to_vector(self, vector, n=1):
        """벡터가 주어지면 최근접 이웃을 n 개 반환합니다
        매개변수:
            vector (np.ndarray): Annoy 인덱스에 있는 벡터의 크기와 같아야 합니다
            n (int): 반환될 이웃의 개수
        반환값:
            [str, str, ...]: 주어진 벡터와 가장 가까운 단어
                단어는 거리순으로 정렬되지 않았습니다.
        """
        nn_indices = self.index.get_nns_by_vector(vector, n)
        return [self.index_to_word[neighbor]
                    for neighbor in nn_indices]

    def compute_and_print_analogy(self, word1, word2, word3):
        """단어 임베딩을 사용한 유추 결과를 출력합니다

        word1이 word2일 때 word3은 __입니다.
        이 메서드는 word1 : word2 :: word3 : word4를 출력합니다

        매개변수:
            word1 (str)
            word2 (str)
            word3 (str)
        """
        vec1 = self.get_embedding(word1)
        vec2 = self.get_embedding(word2)
        vec3 = self.get_embedding(word3)

        # 단순 가정: 이 유추는 공간적 관계입니다
        spatial_relationship = vec2 - vec1
        vec4 = vec3 + spatial_relationship

        closest_words = self.get_closest_to_vector(vec4, n=4)
        existing_words = set([word1, word2, word3])
        closest_words = [word for word in closest_words
                            if word not in existing_words]

        if len(closest_words) == 0:
            print("계산된 벡터와 가장 가까운 이웃을 찾을 수 없습니다!")
            return
        for word4 in closest_words:
```

```
        print("{} : {} :: {} : {}".format(word1, word2, word3,
                                           word4))
```

[코드 5-3]에서 볼 수 있듯이, 흥미롭게도 이 간단한 단어 유추 작업은 단어 임베딩이 다양한 의미와 구문 관계를 감지함을 알려줍니다.

코드 5-3 SAT 유추 작업에서 봤듯이 단어 임베딩은 많은 언어 관계를 인코딩합니다.

```
In[0]   # 관계 1: 성별 명사와 대명사의 관계
        embeddings.compute_and_print_analogy('man', 'he', 'woman')
Out[0]  man : he :: woman : she

In[1]   # 관계 2: 동사-명사 관계
        embeddings.compute_and_print_analogy('fly', 'plane', 'sail')
Out[1]  fly : plane :: sail : ship

In[2]   # 관계 3: 명사-명사 관계
        embeddings.compute_and_print_analogy('cat', 'kitten', 'dog')
Out[2]  cat : kitten :: dog : puppy

In[3]   # 관계 4: 상위어(Hypernymy) (더 넓은 범주)
        embeddings.compute_and_print_analogy('blue', 'color', 'dog')
Out[3]  blue : color :: dog : animal

In[4]   # 관계 5 : 부분에서 전체(Meronymy)
        embeddings.compute_and_print_analogy('toe', 'foot', 'finger')
Out[4]  toe : foot :: finger : hand

In[5]   # 관계 6: 방식 차이(Troponymy)
        embeddings.compute_and_print_analogy('talk', 'communicate', 'read')
Out[5]  talk : communicate :: read : interpret

In[6]   # 관계 7: 전체 의미 표현(Metonymy) (관습 / 인물)
        embeddings.compute_and_print_analogy('blue', 'democrat', 'red')
Out[6]  blue : democrat :: red : republican

In[7]   # 관계 8: 비교급
        embeddings.compute_and_print_analogy('fast', 'fastest', 'young')
Out[7]  fast : fastest :: young : youngest
```

이런 관계는 언어의 작동 방식에 대해 체계적인 것처럼 보이지만 문제가 발생할 수 있습니다.

[코드 5-4]에서 볼 수 있듯이 단어 벡터는 동시에 등장하는 정보를 기반으로 하므로 잘못된 관계가 만들어지기도 합니다.

코드 5-4 동시에 등장하는 정보로 의미를 인코딩하는 위험을 보여주는 예입니다. 항상 이렇지는 않습니다!

```
In[0]  embeddings.compute_and_print_analogy('fast', 'fastest', 'small')

Out[0] fast : fastest :: small : largest
```

[코드 5-5]는 널리 알려진 단어 임베딩의 쌍인 성별 인코딩을 보여 줍니다.

코드 5-5 단어 임베딩에 인코딩된 성별과 같은 보호 속성에 주의하세요. 이로 인해 하위 모델에서 원치 않는 편향이 발생할 수 있습니다.

```
In[0]  embeddings.compute_and_print_analogy('man', 'king', 'woman')

Out[0] man : king :: woman : queen
```

언어 규칙과 성문화된 문화 편견은 구별하기 어렵습니다. 예를 들어 의사는 사실상 남성이 아니고 간호사는 여성이 아니지만 이런 오랜 문화 편견은 언어의 규칙성으로 관찰되고 [코드 5-6]에서처럼 단어 벡터로 나타납니다.

코드 5-6 벡터에 인코딩된 문화적 성별 편견

```
In[0]  embeddings.compute_and_print_analogy('man', 'doctor', 'woman')

Out[0] man : doctor :: woman : nurse
```

NLP 애플리케이션에서 임베딩이 인기를 끌며 더 많이 사용되는 만큼 임베딩의 편향성을 염두에 둬야 합니다. 기존 단어 임베딩의 편향성을 제거하는 일은 새롭고 흥미로운 연구 분야입니다(2016년 볼루크바시[Bolukbasi] 등의 논문 참조). ethicsinnlp.org에서 NLP와 윤리의 교차 지점에 관한 최신 결과를 확인해 보세요.

5.2 예제: CBOW 임베딩 학습하기

이 예에서는 범용 단어 임베딩을 구성하고 학습하는 유명한 모델인 Word2Vec CBOW^{Continuous} ^{Bag-of-Words} 모델을 만듭니다.[6] 이 절에서 언급하는 'CBOW 작업' 또는 'CBOW 분류 작업'은 CBOW 임베딩을 학습하기 위한 분류 작업을 의미합니다. CBOW 모델은 다중 분류 작업입니다. 이 모델은 단어 텍스트를 스캔하여 단어의 문맥 윈도를 만든 후 문맥 윈도에서 중앙의 단어를 제거하고 문맥 윈도를 사용해 누락된 단어를 예측합니다. 직관적으로 이를 빈칸 채우기 작업처럼 생각할 수 있습니다. 모델은 단어가 누락된 문장에서 누락 단어가 무엇인지 파악하는 역할을 합니다.

이 예제에서는 임베딩 행렬을 캡슐화하는 파이토치 모듈인 nn.Embedding 층을 소개합니다. Embedding 층을 사용해 토큰의 정수 ID를 신경망 계산에 사용되는 벡터로 매핑합니다. 옵티마이저는 모델 가중치를 업데이트할 때 이 벡터값도 업데이트해서 손실을 최소화합니다. 모델은 이 과정에서 해당 작업에 가장 유용한 방식으로 단어를 임베딩하는 방법을 배웁니다.

이 예제의 나머지 부분은 이전과 같은 형식을 따릅니다. 첫 번째 절에서는 메리 셸리^{Mary Shelley}의 프랑켄슈타인^{Frankenstein} 데이터셋을 소개합니다. 그다음 토큰에서 벡터의 미니배치를 만드는 벡터화 파이프 라인을 설명합니다. 그 후 CBOW 분류 모델과 Embedding 층의 사용 방법을 간략하게 설명합니다. 다음으로 훈련 과정을 다룹니다(책을 순서대로 읽었다면 지금쯤 훈련 과정에 꽤 익숙해졌을 것입니다). 마지막으로 모델 평가, 추론 및 모델 검사 방법을 설명합니다.

5.2.1 프랑켄슈타인 데이터셋

이 절에서는 전처리 과정을 안내합니다. 우선 프로젝트 구텐베르크^{Project Gutenberg}(*http://bit. ly/2T5iU8J*)에서 메리 셸리의 소설『프랑켄슈타인』의 디지털 버전을 받아 텍스트 데이터셋을 구축합니다. 그리고 이 텍스트 데이터셋을 담을 파이토치 Dataset 클래스를 만들고 마지막에 데이터셋을 훈련, 검증, 테스트 세트로 분할하겠습니다.

프로젝트 구텐베르크에서 배포하는 원시 텍스트 파일로 작업을 시작하며 전처리는 최소화합니다. NLTK의 Punkt 토큰 분할기(*http://bit.ly/2GvRO9j*)를 사용해 텍스트를 개별 문장으

---

6 책의 GitHub 저장소에 있는 /chapters/chapter_5/5_2_CBOW/5_2_Continuous_Bag_of_Words_CBOW.ipynb 노트북을 참조하세요.

로 분할한 다음 각 문장을 소문자로 변환하고 구두점을 완전히 제거합니다. 이 전처리를 통과한 후에 공백으로 문자열을 분할하면 토큰 리스트를 추출할 수 있습니다. '예제: 레스토랑 리뷰 감성 분류하기(3.6절)'에 있는 전처리 함수를 재사용했습니다.

다음 단계에서는 CBOW 모델을 최적화할 수 있도록 데이터셋을 윈도의 시퀀스로 표현합니다. 이를 위해 각 문장의 토큰 리스트를 순회하면서 지정된 크기의 윈도로 묶습니다.[7] [그림 5-2]에 이 과정을 시각적으로 나타냈습니다.

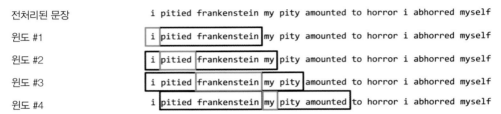

그림 5-2 CBOW 작업: 왼쪽 문맥과 오른쪽 문맥을 사용해 단어를 예측합니다. 문맥 윈도 길이는 양쪽으로 2입니다. 텍스트 위를 슬라이딩하는 윈도가 지도 학습 샘플을 생성합니다. 각 샘플의 타깃 단어는 가운데 단어입니다. 길이가 2가 아닌 윈도는 적절하게 패딩됩니다. 예를 들어 윈도 #3은 'i pitied'와 'my pity'라는 문맥이 주어지면 CBOW 분류기가 'frankenstein'을 예측하도록 구성됩니다.

데이터셋을 구성하는 마지막 단계는 데이터를 훈련, 검증, 테스트 세트로 분할하는 것입니다. 훈련 및 검증 세트는 모델 훈련 중에 사용합니다. 훈련 세트는 파라미터를 업데이트하는 데 사용하고 검증 세트는 모델의 성능을 측정하는 데 사용합니다.[8] 테스트 세트는 딱 한 번만 사용해 측정의 편향을 줄입니다. 이 예제(그리고 책의 예제 대부분)에서는 70%를 훈련 세트, 15%를 검증 세트, 15%를 테스트 세트로 나눕니다.

만들어진 윈도 데이터셋과 타깃은 판다스 데이터프레임으로 로드되고 CBOWDataset 클래스에서 인덱싱됩니다. [코드 5-7]은 __getitem__() 메서드를 보여줍니다. 이 메서드는 Vectorizer를 사용하여 문맥(왼쪽과 오른쪽 윈도)을 벡터로 변환합니다. 타깃(윈도 가운데 단어)은 Vocabulary를 사용해 정수로 변환됩니다.

---

[7] 사용되는 정확한 윈도 크기는 하이퍼파라미터이며 CBOW에서 매우 중요합니다. 윈도가 너무 크면 모델이 규칙성을 감지하지 못할 수 있고 윈도가 너무 작으면 흥미로운 의존성을 놓칠 수 있습니다.

[8] 학습된 데이터에 대한 성능 측정을 최종 모델 성능의 측정으로 해석해서는 안된다는 점을 다시 한번 강조합니다. 모델이 검증 세트에서 훈련되지 않았으므로 검증 세트에서의 모델 성능이 최종 성능을 더 잘 나타냅니다. 하지만 컴퓨터를 사용한 실험주의자는 검증 세트 성능을 보고 편향된 결정을 내려 모델이 새 데이터에서 달성할 수준보다 더 높은 성능을 낸다고 잘못 보고할 수 있습니다.

```python
class CBOWDataset(Dataset):
    # ... [코드 3-14]에 있는 기존 구현
    @classmethod
    def load_dataset_and_make_vectorizer(cls, cbow_csv):
        """데이터셋을 로드하고 처음부터 새로운 Vectorizer 만들기

        매개변수:
            cbow_csv (str): 데이터셋의 위치
        반환값:
            CBOWDataset의 인스턴스
        """
        cbow_df = pd.read_csv(cbow_csv)
        train_cbow_df = cbow_df[cbow_df.split=='train']
        return cls(cbow_df, CBOWVectorizer.from_dataframe(train_cbow_df))

    def __getitem__(self, index):
        """파이토치 데이터셋의 주요 진입 메서드

        매개변수:
            index (int): 데이터 포인트의 인덱스
        반환값:
            특성(x_data)과 레이블(y_target)로 이루어진 딕셔너리
        """
        row = self._target_df.iloc[index]

        context_vector = \
            self._vectorizer.vectorize(row.context, self._max_seq_length)
        target_index = self._vectorizer.cbow_vocab.lookup_token(row.target)

        return {'x_data': context_vector,
                'y_target': target_index}
```

5.2.2 Vocabulary, Vectorizer, DataLoader

CBOW 분류 작업에서 텍스트를 벡터의 미니배치로 변환하는 파이프라인은 대부분 기존 구현과 같습니다. Vocabulary와 DataLoader 함수는 '예제: 레스토랑 리뷰 감성 분류하기(3.6절)'에서 만든 함수와 같습니다. 하지만 3장과 4장에서 본 Vectorizer와 달리 여기서는 원-핫 벡터를 만들지 않습니다. 대신 문맥의 인덱스를 나타내는 정수 벡터를 만들어 반환합니다. [코드

5-8]은 vectorize() 함수의 구현입니다.

코드 5-8 CBOW 데이터를 위한 Vectorizer

```python
class CBOWVectorizer(object):
    """ 어휘 사전을 생성하고 관리합니다 """

    def vectorize(self, context, vector_length=-1):
        """
        매개변수:
            context (str): 공백으로 나누어진 단어 문자열
            vector_length (int): 인덱스 벡터의 길이 매개변수
        """

        indices = \
            [self.cbow_vocab.lookup_token(token) for token in context.split(' ')]
        if vector_length < 0:
            vector_length = len(indices)

        out_vector = np.zeros(vector_length, dtype=np.int64)
        out_vector[:len(indices)] = indices
        out_vector[len(indices):] = self.cbow_vocab.mask_index

        return out_vector
```

문맥의 토큰 수가 최대 길이보다 적으면 나머지 항목은 0으로 채워집니다. 이를 0으로 **패딩**되었다고 합니다.

5.2.3 CBOWClassifier 모델

[코드 5-9]의 CBOWClassifier에는 세 가지 핵심 단계가 있습니다. 첫째, Embedding 층을 사용해 문맥의 단어를 나타내는 인덱스를 각 단어에 대한 벡터로 만듭니다. 둘째, 전반적인 문맥을 감지하도록 벡터를 결합합니다. 이 예에서는 벡터를 더합니다. 하지만 최댓값, 평균값은 물론 다층 퍼셉트론을 사용할 수도 있습니다. 셋째, Linear 층에서 문맥 벡터를 사용해 예측 벡터를 계산합니다 . 이 예측 벡터는 전체 어휘 사전에 대한 확률 분포입니다. 예측 벡터에서 가장 큰(가장 가능성이 높은) 값이 타깃 단어(문맥에서 누락된 가운데 단어)에 대한 예측을 나타냅니다.

여기서 사용되는 Embedding 층은 하이퍼파라미터 2개로 제어됩니다. 임베딩 개수(어휘 사전의 크기)와 임베딩 크기(임베딩 차원)입니다. 세 번째 매개변수는 [코드 5-9]에서 사용하는 padding_idx입니다. 이 매개변수는 데이터 포인트 길이가 모두 같지 않을 때 Embedding 층에 패딩하는 데 사용됩니다.[9] 이 층은 해당 인덱스에 상응하는 벡터와 그레이디언트를 모두 0으로 만듭니다.

코드 5-9 CBOWClassifier 모델

```python
class CBOWClassifier(nn.Module):
    def __init__(self, vocabulary_size, embedding_size, padding_idx=0):
        """
        매개변수:
            vocabulary_size (int): 어휘 사전 크기, 임베딩 개수와 예측 벡터 크기를 결정합니다
            embedding_size (int): 임베딩 크기
            padding_idx (int): 기본값 0. 임베딩은 이 인덱스를 사용하지 않습니다
        """
        super(CBOWClassifier, self).__init__()

        self.embedding =  nn.Embedding(num_embeddings=vocabulary_size,
                                       embedding_dim=embedding_size,
                                       padding_idx=padding_idx)
        self.fc1 = nn.Linear(in_features=embedding_size,
                             out_features=vocabulary_size)

    def forward(self, x_in, apply_softmax=False):
        """분류기의 정방향 계산

        매개변수:
            x_in (torch.Tensor): 입력 데이터 텐서
                x_in.shape는 (batch, input_dim)입니다.
            apply_softmax (bool): 소프트맥스 활성화 함수를 위한 플래그
                크로스 엔트로피 손실을 사용하려면 False로 지정합니다
        반환값:
            결과 텐서. tensor.shape은 (batch, output_dim)입니다.
        """
        x_embedded_sum = self.embedding(x_in).sum(dim=1)
        y_out = self.fc1(x_embedded_sum)

        if apply_softmax:
```

---

9 길이가 다른 데이터 포인트를 사용하려고 패딩 인덱스를 지정하는 패턴은 언어 데이터에서 자주 발생하며 많은 예제에서 반복됩니다.

```
        y_out = F.softmax(y_out, dim=1)

    return y_out
```

5.2.4 모델 훈련

이 예제의 훈련 과정은 책 전체에서 사용한 표준을 따릅니다. 먼저 데이터셋, Vectorizer 객체, 모델, 손실 함수, 옵티마이저를 초기화합니다. 그다음 특정 에포크 횟수 동안 훈련 세트와 검증 세트를 반복합니다. 훈련 세트로 손실 함수를 최적화하고 검증 세트로 훈련 과정을 평가합니다. 자세한 훈련 과정은 '예제: 레스토랑 리뷰 감성 분류하기(3.6절)'를 참조하세요. [코드 5-10]은 훈련에 사용할 매개변수입니다.

코드 5-10 CBOW 훈련 매개변수

```
In[0]  args = Namespace(
            # 날짜와 경로 정보
            cbow_csv="data/books/frankenstein_with_splits.csv",
            vectorizer_file="vectorizer.json",
            model_state_file="model.pth",
            save_dir="model_storage/ch5/cbow",
            # 모델 하이퍼파라미터
            embedding_size=300,
            # 훈련 하이퍼파라미터
            seed=1337,
            num_epochs=100,
            learning_rate=0.001,
            batch_size=128,
            early_stopping_criteria=5,
            # 실행 옵션은 주피터 노트북을 참고하세요.
        )
```

5.2.5 모델 평가와 예측

이 예제의 평가는 테스트 세트의 타깃과 문맥 쌍에서 주어진 단어 문맥에서 타깃 단어를 예측하는 것을 기반으로 합니다.[10] 단어가 올바르게 분류된다면 모델이 문맥에서 단어를 예측하는 방법을 학습하고 있는 것입니다. 이 예제의 테스트 세트에서 모델의 타깃 단어 분류 정확도는 15%입니다. 결괏값이 높지 않은 이유는 다음과 같습니다. 첫째, 이 예제에서는 범용적인 임베딩을 구성하는 방법을 설명하기 편하도록 여러 기능을 생략해서 CBOW를 간단하게 만들었습니다. 배울 때 불필요하게 복잡해지기 때문에 원래 구현에 있는 (성능 최적화에 필수적인) 여러 가지 기능을 제외했습니다. 둘째, 여기서 사용하는 데이터셋은 아주 작습니다. 단어가 약 70,000개 포함된 책 한권은 밑바닥부터 학습할 때 많은 규칙성을 감지하기에 충분한 데이터가 아닙니다. 최첨단 임베딩은 일반적으로 테라바이트 규모의 텍스트로 이루어진 데이터셋에서 훈련됩니다.[11]

이 예제에서는 파이토치 `nn.Embedding` 층을 사용해 CBOW 분류 지도 학습 작업으로 밑바닥부터 임베딩을 훈련했습니다. 다음 예제에서는 말뭉치에 주어진 사전 훈련된 임베딩을 미세 조정해서 다른 작업에서 사용하는 방법을 살펴봅니다. 머신러닝에서는 한 작업에서 훈련된 모델을 다른 작업의 초기 모델로 사용하는 방식을 **전이 학습**transfer learning이라고 합니다.

5.3 예제: 문서 분류에 사전 훈련된 임베딩을 사용한 전이 학습

이전 예제에서는 Embedding 층을 사용해 간단한 분류를 수행했습니다. 이 예제는 세 가지 방법을 사용합니다. 먼저 사전 훈련된 단어 임베딩을 로드해 사용합니다. 그다음 뉴스 기사를 분류하여 사전 훈련된 임베딩을 미세 조정합니다. 마지막으로 단어 간의 공간 관계를 감지하는 합성곱 신경망을 사용합니다.

이 예제에서는 AG 뉴스 데이터셋을 사용합니다. Vocabulary 클래스를 수정한 SequenceVocabulary로 여러 토큰을 묶어서 AG 뉴스의 단어 시퀀스를 모델링합니다. 이런 작업은 시퀀스 모델링에 필수입니다. Vectorizer에서 이 클래스를 사용하는 방법을 확인할 수 있습니다.

---

10 테스트 세트 생성 부분은 '프랑켄슈타인 데이터셋(5.2.1)'을 참고하세요.
11 커먼 크롤 데이터셋은 100TB가 넘습니다.

데이터셋과 미니배치를 생성하는 방법을 설명한 후 사전 훈련된 단어 벡터를 Embedding 층에 로드하는 과정과 설정하는 방법을 보여줍니다. 그런 다음 '예제: CNN으로 성씨 분류하기(4.4 절)'에 사용된 CNN과 사전 훈련된 Embedding 층을 결합합니다. 모델의 복잡도를 실제 수준까지 끌어 올리기 위해 규제 기법으로 드롭아웃을 적용합니다. 그런 다음 훈련 과정을 설명합니다. 이 예제도 역시 4장부터 다뤄온 예제들과 매우 비슷합니다. 마지막으로 테스트 세트에서 모델을 평가하고 결과를 논의하며 이 예제를 마칩니다.

5.3.1 AG 뉴스 데이터셋

AG 뉴스 데이터셋(*http://bit.ly/2SbWzpL*)은 데이터 마이닝과 정보 추출 방법을 연구할 목적으로 2005년에 수집한 뉴스 기사 모음이며, 100만개 이상의 기사가 있습니다. 이 예제의 목표는 텍스트 분류에서 사전 훈련된 단어 임베딩의 효과를 알아보는 것입니다. 여기에서는 스포츠, 과학/기술, 세계, 비즈니스의 네 가지 범주로 균등하게 분할된 뉴스 기사 12만개로 구성된 축소 버전을 사용합니다. 또한 기사 제목에 초점을 맞춰 주어진 제목에서 카테고리를 예측하는 다중 분류 작업을 만들겠습니다.

이전과 마찬가지로 텍스트를 소문자로 변환하고 쉼표, 마침표, 느낌표, 물음표 주위에는 공백을 추가하며 그외 구두점 기호는 제거하는 식으로 텍스트를 전처리합니다.[12] 또한 데이터셋을 학습, 검증, 테스트 세트로 분할합니다. 먼저 클래스 레이블별로 데이터 포인트를 집계한 다음 각 데이터 포인트를 세 개의 분할 중 하나에 할당합니다. 이런 방식으로 각 세트에서 클래스 분포를 동일하게 유지합니다.

[코드 5-11]에 있는 NewsDataset.__getitem__()은 우리에게 익숙한 방식을 따릅니다. 데이터셋의 각 행에서 모델 입력을 나타내는 문자열을 추출하고 Vectorizer를 사용해 벡터로 변환합니다. 그다음 뉴스 카테고리(클래스 레이블)를 나타내는 정수와 쌍을 구성합니다.

코드 5-11 NewsDataset.__getitem__() 메서드

```
class NewsDataset(Dataset):
    @classmethod
    def load_dataset_and_make_vectorizer(cls, news_csv):
```

---

12 옮긴이_ 3장에서 옐프 리뷰 데이터셋을 이런 식으로 전처리했습니다.

```
             """데이터셋을 로드하고 처음부터 새로운 Vectorizer 만들기
             매개변수:
                 news_csv (str): 데이터셋의 위치
             반환값:
                 NewsDataset의 인스턴스
             """
             news_df = pd.read_csv(news_csv)
             train_news_df = news_df[news_df.split=='train']
             return cls(news_df, NewsVectorizer.from_dataframe(train_news_df))

    def __getitem__(self, index):
        """파이토치 데이터셋의 주요 진입 메서드

        매개변수:
            index (int): 데이터 포인트의 인덱스
        반환값:
            데이터 포인트의 특성(x_data)과 레이블(y_target)로 이루어진 딕셔너리
        """
        row = self._target_df.iloc[index]

        title_vector = \
            self._vectorizer.vectorize(row.title, self._max_seq_length)

        category_index = \
            self._vectorizer.category_vocab.lookup_token(row.category)

        return {'x_data': title_vector,
                'y_target': category_index}
```

5.3.2 Vocabulary, Vectorizer, DataLoader

이 예제에서는 Vocabulary 클래스를 상속한 SequenceVocabulary를 만듭니다. 이 클래스에는 시퀀스 데이터에 사용하는 특수 토큰 4개(UNK 토큰, MASK 토큰, BEGIN-OF-SEQUENCE 토큰, END-OF-SEQUENCE 토큰)가 있습니다. 6장에서 더 자세히 설명하겠지만 간단히 소개하면 이런 토큰은 크게 3가지 용도로 사용됩니다. 4장에서 본 (unknown의 약자인) UNK 토큰은 모델이 드물게 등장하는 단어에 대한 표현을 학습하도록 합니다. 그 결과로 테스트 시에 본 적 없는 단어를 처리할 수 있습니다. MASK 토큰은 Embedding 층의 마스킹 역할을 수행하고 가변 길이의 시퀀스가 있을 때 손실 계산을 돕습니다. 마지막으로 BEGIN-OF-SEQUENCE와 END-OF-

SEQUENCE 토큰은 시퀀스 경계에 관한 힌트를 신경망에 제공합니다. [그림 5-3]은 벡터 변환 파이프라인에서 이런 특수 토큰을 사용한 결과를 보여줍니다.

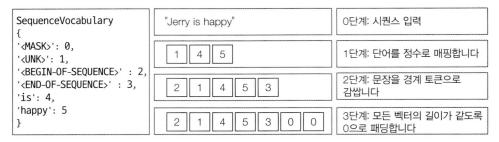

그림 5-3 앞에서 설명한 특수 토큰 4개가 있는 기본 SequenceVocabulary로 구성된 벡터 변환 파이프라인의 간단한 예. 먼저 단어를 정수 시퀀스에 매핑하는 데 사용됩니다. 단어 'Jerry'는 SequenceVocabulary에 없으니 〈UNK〉로 매핑됩니다. 다음으로 문장 경계를 표시하는 특수 토큰을 앞뒤에 추가합니다. 마지막으로 특정 길이까지 오른쪽에 0을 채워 데이터셋의 모든 벡터 길이를 통일합니다.

텍스트를 벡터의 미니배치로 변환하는 파이프라인의 두 번째 부분은 Vectorizer입니다. 이 클래스는 SequenceVocabulary 객체를 생성하고 캡슐화합니다. 이 예제의 Vectorizer는 'Vectorizer(3.6.3.2)'의 패턴을 따릅니다. 단어 빈도를 계산하고 특정 임곗값을 지정하여 Vocabulary에서 사용할 수 있는 전체 단어 집합을 제한합니다. 이 작업의 핵심 목적은 빈도가 낮은 잡음 단어를 제거하여 신호 품질을 개선하고 모델의 메모리 사용량 제약을 완화하는 것입니다.

인스턴스를 만든 후 Vectorizer의 vectorize() 메서드는 뉴스 제목 하나를 입력으로 받아 데이터셋에서 가장 긴 제목과 길이가 같은 벡터를 반환합니다. 이 메서드는 다음과 같은 2가지 주요 작업을 수행합니다. 첫째, 최대 시퀀스 길이를 사용합니다. 보통 데이터셋이 최대 시퀀스 길이를 관리하고 추론 시 테스트 데이터의 시퀀스 길이를 벡터 길이로 사용합니다.[13] 하지만 CNN 모델을 사용하므로 추론 시에도 벡터의 크기가 같아야 합니다. 둘째, 단어 시퀀스를 나타내는 0으로 패딩된 정수 벡터를 출력합니다(코드 5-11). 또한 이 정수 벡터는 시작 부분에 BEGIN-OF-SEQUENCE 토큰을 추가하고 끝에 END-OF-SEQUENCE 토큰을 추가합니다. 분류기는 이런 특수 토큰을 사용해 시퀀스 경계를 구분하고 경계 근처의 단어에 중앙에 가까운 단어와는

---

13 옮긴이_ 최대 시퀀스 길이는 NewsDataset 클래스의 _max_seq_length 속성에 저장됩니다.

다르게 반응할 수 있습니다.[14]

코드 5-12 AG 뉴스 데이터셋을 위한 Vectorizer 구현

```python
class NewsVectorizer(object):
    def vectorize(self, title, vector_length=-1):
        """
        매개변수:
            title (str): 공백으로 나누어진 단어 문자열
            vector_length (int): 인덱스 벡터의 길이 매개변수
        반환값:
            벡터로 변환된 제목 (numpy.array)
        """
        indices = [self.title_vocab.begin_seq_index]
        indices.extend(self.title_vocab.lookup_token(token)
                        for token in title.split(" "))
        indices.append(self.title_vocab.end_seq_index)

        if vector_length < 0:
            vector_length = len(indices)

        out_vector = np.zeros(vector_length, dtype=np.int64)
        out_vector[:len(indices)] = indices
        out_vector[len(indices):] = self.title_vocab.mask_index

        return out_vector

    @classmethod
    def from_dataframe(cls, news_df, cutoff=25):
        """데이터셋 데이터프레임에서 Vectorizer 객체를 만듭니다

        매개변수:
            news_df (pandas.DataFrame): 타깃 데이터셋
            cutoff (int): Vocabulary에 포함할 빈도 임곗값
        반환값:
            NewsVectorizer 객체
        """
        category_vocab = Vocabulary()
        for category in sorted(set(news_df.category)):
            category_vocab.add_token(category)
        word_counts = Counter()
```

---

14 이런 동작을 허용만한다는 점에 유의하세요. 데이터셋은 최종 손실에 유용하고 차이를 만들기 위한 단서를 제공해야합니다.

```
        for title in news_df.title:
            for token in title.split(" "):
                if token not in string.punctuation:
                    word_counts[token] += 1

        title_vocab = SequenceVocabulary()
        for word, word_count in word_counts.items():
            if word_count >= cutoff:
                title_vocab.add_token(word)

        return cls(title_vocab, category_vocab)
```

5.3.3 NewsClassifier 모델

이 장의 서두에서는 디스크에서 사전 훈련된 임베딩을 로드하고 근사 최근접 이웃 데이터 구조를 제공하는 스포티파이Spotify의 **annoy** 라이브러리를 사용하는 방법을 알아보았습니다. 이때 우리는 벡터를 서로 비교하여 언어적으로 흥미로운 점을 발견했습니다. 하지만 사전 훈련된 단어 벡터는 **Embedding** 층의 임베딩 행렬을 초기화할 때 훨씬 더 유용합니다.

단어 임베딩을 초기 임베딩 행렬로 사용하려면 먼저 디스크에서 임베딩을 로드한 다음 실제 데이터에 있는 단어에 해당하는 임베딩의 일부를 선택합니다. 마지막으로 **Embedding** 층의 가중치 행렬을 선택한 임베딩으로 지정합니다. 첫 번째와 두 번째 단계는 [코드 5–13]에서 설명합니다. 데이터셋에는 있지만 사전 훈련된 GloVe 임베딩에 없는 단어가 등장하면 문제가 발생합니다. 이를 처리하는 데는 Xavier 균등 분포 같은 파이토치 라이브러리의 초기화 방법을 많이 사용합니다(글로럿Glorot과 벤지오Bengio, 2010). [코드 5–13]에 이 방법이 나타나 있습니다.

코드 5-13 어휘 사전에 기반하여 단어 임베딩의 부분 집합을 선택합니다

```
def load_glove_from_file(glove_filepath):
    """GloVe 임베딩 로드

    매개변수:
        glove_filepath (str): 임베딩 파일 경로
    반환값:
        word_to_index (dict), embeddings (numpy.ndarray)
    """
```

```
        word_to_index = {}
        embeddings = []
        with open(glove_filepath, "r") as fp:
            for index, line in enumerate(fp):
                line = line.split(" ") # each line: word num1 num2 ...
                word_to_index[line[0]] = index # word = line[0]
                embedding_i = np.array([float(val) for val in line[1:]])
                embeddings.append(embedding_i)
        return word_to_index, np.stack(embeddings)

def make_embedding_matrix(glove_filepath, words):
    """
    특정 단어 집합에 대한 임베딩 행렬을 만듭니다.

    매개변수:
        glove_filepath (str): 임베딩 파일 경로
        words (list): 단어 리스트
    반환값:
        final_embeddings (numpy.ndarray): 임베딩 행렬
    """
    word_to_idx, glove_embeddings = load_glove_from_file(glove_filepath)
    embedding_size = glove_embeddings.shape[1]
    final_embeddings = np.zeros((len(words), embedding_size))

    for i, word in enumerate(words):
        if word in word_to_idx:
            final_embeddings[i, :] = glove_embeddings[word_to_idx[word]]
        else:
            embedding_i = torch.ones(1, embedding_size)
            torch.nn.init.xavier_uniform_(embedding_i)
            final_embeddings[i, :] = embedding_i

    return final_embeddings
```

이 예제에 있는 NewsClassifier는 4.4절의 합성곱 분류기를 기반으로 합니다. 이 합성곱 분류기는 문자의 원-핫 임베딩에서 CNN을 사용해 성씨를 분류했습니다. 특히 입력 토큰 인덱스를 벡터 표현으로 매핑하는 Embedding 층을 사용합니다. [코드 5-14]처럼 Embedding 층의 가중치를 사전 훈련된 임베딩으로 바꿉니다.[15] forward() 메서드에서 이 임베딩을 사용해 인덱

---

15 최신 버전 파이토치에서는 Embedding 층의 가중치 행렬을 초기화하는 부분이 추상화되었기 때문에 Embedding의 생성자로 임베딩 행렬을 전달하기만 하면 됩니다. 이에 관한 최신 정보는 파이토치 문서를 참고하세요. 옮긴이_ 파치토치 0.4.0 버전 이전에는 Embedding 층의 가중치에 직접 사전 훈련된 임베딩을 복사했습니다.

스를 벡터로 매핑합니다. 임베딩 층 외에는 '예제: CNN으로 성씨 분류하기(4.4절)' 예제와 완전히 같습니다.

코드 5-14 NewsClassifier 구현

```python
class NewsClassifier(nn.Module):
    def __init__(self, embedding_size, num_embeddings, num_channels,
                    hidden_dim, num_classes, dropout_p,
                    pretrained_embeddings=None, padding_idx=0):
        """
        매개변수:
            embedding_size (int): 임베딩 벡터의 크기
            num_embeddings (int): 임베딩 벡터의 개수
            num_channels (int): 합성곱 커널 개수
            hidden_dim (int): 은닉 차원 크기
            num_classes (int): 클래스 개수
            dropout_p (float): 드롭아웃 확률
            pretrained_embeddings (numpy.array): 사전에 훈련된 단어 임베딩
                기본값은 None
            padding_idx (int): 패딩 인덱스
        """
        super(NewsClassifier, self).__init__()

        if pretrained_embeddings is None:
            self.emb = nn.Embedding(embedding_dim=embedding_size,
                                    num_embeddings=num_embeddings,
                                    padding_idx=padding_idx)
        else:
            pretrained_embeddings = torch.from_numpy(pretrained_embeddings).float()
            self.emb = nn.Embedding(embedding_dim=embedding_size,
                                    num_embeddings=num_embeddings,
                                    padding_idx=padding_idx,
                                    _weight=pretrained_embeddings)


        self.convnet = nn.Sequential(
            nn.Conv1d(in_channels=embedding_size,
                    out_channels=num_channels, kernel_size=3),
            nn.ELU(),
            nn.Conv1d(in_channels=num_channels, out_channels=num_channels,
                    kernel_size=3, stride=2),
            nn.ELU(),
            nn.Conv1d(in_channels=num_channels, out_channels=num_channels,
```

```
                    kernel_size=3, stride=2),
        nn.ELU(),
        nn.Conv1d(in_channels=num_channels, out_channels=num_channels,
                    kernel_size=3),
        nn.ELU()
    )

    self._dropout_p = dropout_p
    self.fc1 = nn.Linear(num_channels, hidden_dim)
    self.fc2 = nn.Linear(hidden_dim, num_classes)

def forward(self, x_in, apply_softmax=False):
    """분류기의 정방향 계산

    매개변수:
        x_in (torch.Tensor): 입력 데이터 텐서
            x_in.shape는 (batch, dataset._max_seq_length)입니다.
        apply_softmax (bool): 소프트맥스 활성화 함수를 위한 플래그
            크로스 엔트로피크로스 엔트로피 손실을 사용하려면 False로 지정합니다
    반환값:
        결과 텐서. tensor.shape은 (batch, num_classes)입니다.
    """
    # 임베딩을 적용하고 특성과 채널 차원을 바꿉니다
    x_embedded = self.emb(x_in).permute(0, 2, 1)

    features = self.convnet(x_embedded)

    # 평균 값을 계산하여 부가적인 차원을 제거합니다
    remaining_size = features.size(dim=2)
    features = F.avg_pool1d(features, remaining_size).squeeze(dim=2)
    features = F.dropout(features, p=self._dropout_p)

    # 분류 출력을 만들기 위한 최종 선형 층
    intermediate_vector = F.relu(F.dropout(self.fc1(features),
                                            p=self._dropout_p))
    prediction_vector = self.fc2(intermediate_vector)

    if apply_softmax:
        prediction_vector = F.softmax(prediction_vector, dim=1)

    return prediction_vector
```

5.3.4 모델 훈련

훈련 과정은 다음과 같은 연산으로 구성됩니다. 데이터셋 초기화, 모델 초기화, 손실 함수 초기화, 옵티마이저 초기화, 훈련 세트에 대한 반복, 모델 파라미터 업데이트, 검증 세트에 대한 반복과 성능 측정을 한 뒤에 특정 횟수 동안 이 데이터셋을 반복합니다. 이런 과정은 이제 익숙해졌을 것입니다. 하이퍼파라미터를 포함한 이 예제의 훈련 매개변수가 [코드 5-15]에 있습니다.

코드 5-15 사전 훈련된 임베딩을 사용하는 CNN NewsClassifier의 매개변수

```
args = Namespace(
    # 날짜와 경로 정보
    news_csv="data/ag_news/news_with_splits.csv",
    vectorizer_file="vectorizer.json",
    model_state_file="model.pth",
    save_dir="model_storage/ch5/document_classification",
    # 모델 하이퍼파라미터
    glove_filepath='data/glove/glove.6B.100d.txt',
    use_glove=False,
    embedding_size=100,
    hidden_dim=100,
    num_channels=100,
    # 훈련 하이퍼파라미터
    seed=1337,
    learning_rate=0.001,
    dropout_p=0.1,
    batch_size=128,
    num_epochs=100,
    early_stopping_criteria=5,
    # 실행 옵션은 주피터 노트북을 참고하세요.
)
```

5.3.5 모델 평가와 예측

이 예제는 뉴스 제목을 해당하는 카테고리로 분류하는 작업입니다. 이전 예제에서 보았듯이 모델이 작업을 잘 수행하는지 평가하는 방법은 두 가지입니다. 테스트 세트를 사용하여 정량적으로 평가하거나 분류 결과를 개별적으로 조사하여 질적으로 평가하는 방법입니다.

테스트 데이터로 평가하기

뉴스 제목을 분류하는 작업은 처음이지만 평가 과정은 이전과 같습니다. (classifier. eval() 메서드를 사용해) 모델을 평가 모드로 설정하여 드롭아웃과 역전파를 끄고 훈련 세트 및 검증 세트와 같은 방식으로 테스트 세트를 반복합니다. 일반적으로 여러 가지 훈련 옵션으로 실험한 후 만족스러운 결과를 얻으면 모델을 평가해야 합니다. 이 작업은 숙제로 남겨 놓겠습니다. 테스트 세트에서 최종적으로 얻은 정확도는 얼마인가요? 전체 훈련 과정에서 테스트 세트는 딱 한 번만 사용해야 한다는 점을 기억하세요.

새로운 뉴스 제목의 카테고리 예측하기

분류기를 훈련하는 목적은 실전에 배치하여 본 적 없는 데이터에 대해 추론 또는 예측을 수행하는 것입니다. 데이터셋에 없는 새로운 뉴스 제목의 카테고리를 예측하려면 몇 가지 단계를 거쳐야 합니다. 먼저 훈련할 때 데이터를 전처리한 방식으로 텍스트를 전처리합니다. 예를 들어 훈련에 사용한 전처리 함수를 사용합니다. 전처리된 문자열은 훈련에 사용한 Vectorizer를 사용해 벡터로 바꾸고 파이토치 텐서로 변환합니다. 그다음 이 텐서에 분류기를 적용합니다. 예측 벡터에서 최댓값을 찾아 카테고리 이름을 조회합니다. [코드 5-16]에 이런 과정이 나타나 있습니다.

코드 **5-16** 훈련된 모델로 예측하기

```python
def predict_category(title, classifier, vectorizer, max_length):
    """뉴스 제목을 기반으로 카테고리를 예측합니다

    매개변수:
        title (str): 원시 제목 문자열
        classifier (NewsClassifier): 훈련된 분류기 객체
        vectorizer (NewsVectorizer): 해당 Vectorizer
        max_length (int): 최대 시퀀스 길이
            노트: CNN은 입력 텐서 크기에 민감합니다.
                훈련 데이터처럼 같은동일한 크기를 유지하도록 합갖도록 만듭니다.
    """
    title = preprocess_text(title)
    vectorized_title = \
        torch.tensor(vectorizer.vectorize(title, vector_length=max_length))
    result = classifier(vectorized_title.unsqueeze(0), apply_softmax=True)
    probability_values, indices = result.max(dim=1)
```

```
predicted_category = vectorizer.category_vocab.lookup_index(indices.item())

return {'category': predicted_category,
        'probability': probability_values.item()}
```

5.4 요약

이 장에서는 단어 임베딩을 배웠습니다. 고정된 차원의 벡터로 단어 같은 이산적인 항목을 표현하는 방법입니다. 이 공간은 벡터 간의 거리에 다양한 언어의 속성을 인코딩할 수 있습니다. 이 장에서 소개한 기법은 문장, 문단, 문서, 데이터베이스 레코드 등 어떤 이산적인 항목에도 적용할 수 있음을 기억하세요. 이로 인해 딥러닝 특히 NLP에서 임베딩은 필수적인 기술이 되었습니다. 사전 훈련된 임베딩을 블랙박스처럼 사용하는 방법을 알아보았습니다. 그리고 CBOW를 포함해 데이터에서 이런 임베딩을 직접 훈련하는 방법을 간략히 소개했습니다. 그 다음 언어 모델링 측면에서 CBOW 모델을 훈련하는 방법을 살펴봤습니다. 마지막으로 사전 훈련된 임베딩을 사용하는 예제를 만들어 보고 문서 분류와 같은 작업에서 임베딩을 미세 조정해 보았습니다.

하지만 지면 관계상 중요한 주제들을 많이 다루지 못했습니다. 예를 들어 단어 임베딩의 편향 제거, 문맥 모델링, 다의성 등입니다. 언어 데이터는 이 세상을 반영합니다. 편향된 말뭉치로 훈련하면 사회적 편견이 모델에 인코딩될 수 있습니다. 한 연구에서는 대명사 'she'에 가까운 단어가 homemaker, nurse, receptionist, librarian, hairdresser[16] 등이었습니다. 반면 'he'에 가까운 단어는 surgeon, protege, philosopher, architect, financier[17] 등이었습니다. 이런 편향된 임베딩에서 훈련된 모델은 불공평한 결과로 이어지는 결정을 내릴 수 있습니다. 단어 임베딩의 편향을 제거하는 연구는 아직 초기 단계입니다. 볼루크바시 등의 2016년 논문과 이 논문을 인용하는 최신 논문들을 참고하세요. 이 장에서 사용한 단어 임베딩은 문맥을 고려하지 않았습니다. 예를 들어 단어 'play'는 문맥에 따라 의미가 달라집니다. 하지만 여기서 언급한 임베딩 방법은 모두 이런 의미를 무시합니다. 피터스[Peters] 등의 2018년 논문과 같은 최

---

16 옮긴이_ 주부, 간호사, 안내원, 사서, 미용사
17 옮긴이_ 외과의사, 문하생, 철학자, 건축가, 금융업자

근 논문은 문맥 조건에 따라 임베딩을 제공하는 방법을 조사했습니다.

5.5 참고 문헌

1. Firth, John. (1935). "The Technique of Semantics." Transactions of the Philological Society.

2. Baroni, Marco, Georgiana Dinu, and Germán Kruszewski. (2014). "Don't Count, Predict! A Systematic Comparison of Context-Counting vs. Context-Predicting Semantic Vectors." *Proceedings of the 52nd Annual Meeting of the ACL*.

3. Bolukbasi, Tolga, et al. (2016). "Man Is to Computer Programmer as Woman Is to Homemaker? Debiasing Word Embeddings." NIPS.

4. Goldberg, Yoav. (2017). *Neural Network Methods for Natural Language Processing*. Morgan and Claypool.

5. Peters, Matthew et al. (2018). "Deep Contextualized Word Representations." arXiv preprint arXiv:1802.05365.

6. Glorot, Xavier, and Yoshua Bengio. (2010). "Understanding the Difficulty of Training Deep Feedforward Neural Networks." Proceedings of the *13th International Conference on Artificial Intelligence and Statistics*.

## CHAPTER 6

자연어 처리를 위한 시퀀스 모델링 – 초급

시퀀스sequence는 순서가 있는 항목의 모음입니다. 전통적인 머신러닝은 데이터 포인트가 독립동일분포independently and identically distributed(IID)라고 가정합니다. 하지만 언어, 음성, 시계열처럼 한 데이터 항목이 앞뒤 항목에 의존하기도 합니다. 이런 데이터를 **순차 데이터**sequence data라고 부릅니다. 사람의 언어에는 늘 순서 정보가 있습니다. 예를 들어 음성은 **음소**phoneme라는 기본 단위의 연속이라 할 수 있습니다. 영어와 같은 언어에서는 문장의 단어가 무작위로 나열되지 않습니다. 앞이나 뒤에 있는 단어의 제한을 받기도 합니다. 예를 들어 영어에서 전치사 'of' 뒤에는 관사 'the'가 올 가능성이 높습니다. "The lion is the king of the jungle"처럼 말입니다. 또한 영어를 포함한 많은 언어에서 문장의 주어가 단수인지 복수인지에 따라 동사가 달라집니다. 예를 들면 다음과 같습니다.

```
The book is on the table
The books are on the table.
```

이따금 다음 문장에서처럼 이런 의존성이나 제약이 아주 길어지기도 합니다.

```
The book that I got yesterday is on the table.
The books read by the second-grade children are shelved in the lower rack.
```

간단히 말해 언어를 이해하려면 시퀀스를 반드시 이해해야 합니다. 이전 장에서는 다층 퍼셉트론과 합성곱 신경망 같은 피드 포워드 신경망을 소개했습니다. 이런 기술은 NLP 문제에 광범위하게 적용할 수 있지만, 지금부터 세 장에 걸쳐 이런 신경망이 시퀀스를 적절하게 모델링하지 못함을 살펴보겠습니다.[1]

책에서 다루지는 않지만 은닉 마르코프hidden Markov 모델, 조건부 무작위장conditional random field, 그 외 다른 확률적 그래프 모델probabilistic graphical model을 사용해 NLP에서 시퀀스를 모델링하는 전통적인 방법도 여전히 유효합니다.[2]

딥러닝에서 시퀀스 모델링은 숨겨진 '상태 정보' 또는 **은닉 상태**hidden state를 유지하는 것과 관련이 있습니다. 시퀀스에 있는 각 항목을 만나면서 은닉 상태를 업데이트합니다(예를 들어 모델이 문장의 단어를 처리합니다). 따라서 (일반적으로 벡터 하나인) 은닉 상태는 지금까지 시퀀스에서 본 모든 정보를 담습니다.[3] **시퀀스 표현**sequence representation이라 부르는 이 은닉 상태 벡터는 수많은 시퀀스 모델링 작업에 사용됩니다. 해결하려는 문제에 따라 시퀀스 분류에서 시퀀스 예측에 이르기까지 매우 다양한 방법으로 활용할 수 있습니다. 이 장에서는 시퀀스 데이터 분류를 배웁니다. 시퀀스 모델을 사용하여 시퀀스를 생성하는 방법은 7장에서 다루겠습니다.

먼저 가장 기본적인 신경망 시퀀스 모델인 **순환 신경망**recurrent neural network(RNN)을 소개합니다. 그다음 RNN을 사용해 엔드 투 엔드end-to-end 분류 예제를 다룹니다. 구체적으로 문자 기반 RNN을 사용해 성씨를 국적에 따라 분류하는 방법을 알아보겠습니다. 성씨 분류 예제에서는 시퀀스 모델이 언어의 철자 (부분 단어) 패턴을 감지할 수 있는지 살펴보겠습니다. 여러분이 이 모델을 다른 상황에 적용할 수 있도록 예제를 구성했습니다. 예를 들어 데이터 항목이 문자가 아니라 단어로 이루어진 텍스트 시퀀스 모델링에도 적용할 수 있습니다.

6.1 순환 신경망 소개

RNN의 목적은 시퀀스 텐서를 모델링하는 것입니다.[4] 피드 포워드 신경망처럼 RNN은 모델의 한 종류입니다. RNN에는 여러 모델이 있습니다. 이 장에서는 가장 기본적인 형태인 **엘만**

---

1 CNN은 예외입니다. 9장에서 소개하겠지만 CNN을 사용해 순차 정보를 효과적으로 감지할 수 있습니다.
2 자세한 내용은 콜러(Koller)와 프리드먼(Friedman)의 2009년 논문을 참고하세요.
3 7장에서 관련없는 과거 정보를 삭제할 수 있는 시퀀스 모델을 알아보겠습니다.
4 1장에서 언급했듯이 모든 것을 텐서로 나타낼 수 있습니다. 여기에서 RNN은 이산적인 타임 스텝에 놓인 항목의 시퀀스를 모델링합니다. 각각의 항목은 텐서로 표현할 수 있습니다. 이 장의 나머지에서는 '벡터'와 '텐서'를 혼용하여 사용합니다. 차원은 문맥에 따라 이해해주세요. 옮긴이_ 1차원 텐서인 벡터의 차원은 벡터에 포함된 원소의 개수입니다. 텐서의 차원은 배열 축의 개수입니다.

RNN[Elman RNN][5]만 다룹니다. 엘만 RNN이나 7장에서 소개할 복잡한 RNN의 목적은 모두 시퀀스 표현을 학습하는 것입니다. 이를 위해 시퀀스의 현재 상태를 감지하는 은닉 상태 벡터를 관리합니다. 현재 입력 벡터와 이전 은닉 상태 벡터로 은닉 상태 벡터를 계산합니다. [그림 6-1]에 이런 관계가 나타나 있습니다. 계산 의존성을 기능적인 표현(왼쪽)과 펼친 표현(오른쪽)으로 표시했습니다. 두 그림의 출력은 은닉 상태로 동일합니다. 항상 그렇지는 않지만, 엘만 RNN에서는 은닉 벡터가 예측 대상입니다.

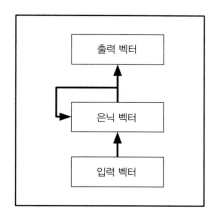 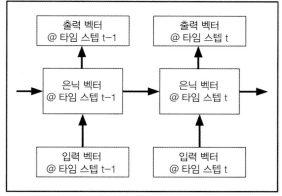

그림 6-1 엘만 RNN의 기능적 표현(왼쪽)은 피드백 루프를 통한 은닉 벡터의 순환 관계를 보여줍니다. 펼친 표현(오른쪽)은 계산 관계를 명확하게 보여줍니다. 각 타임 스텝의 은닉 벡터는 현재 타임 스텝의 입력과 이전 타임 스텝의 은닉 벡터에 의존합니다.

엘만 RNN에서 어떤 일이 일어나는지 조금 더 구체적으로 설명해 보겠습니다. [그림 6-1]의 펼친 표현은 BPTT[backpropagation through time]라고도 합니다. 여기서 현재 타임 스텝의 입력 벡터와 이전 타임 스텝의 은닉 상태 벡터는 현재 타임 스텝의 은닉 상태 벡터에 매핑됩니다. [그림 6-2]에 조금 더 자세히 나타나 있습니다. 은닉-은닉 가중치 행렬을 사용해 이전 은닉 상태 벡터를 매핑하고 입력-은닉 가중치 행렬을 사용해 입력 벡터를 매핑하여 새로운 은닉 벡터를 계산합니다.

---

5 이 장에서 RNN은 엘만 RNN을 의미합니다. 사실 이 장에서 사용하는 모델은 모두 다른 RNN을 사용해 만들 수 있습니다(8장의 주제입니다). 하지만 엘만 RNN만 사용해 간단히 설명합니다. 이 장을 읽을 때 이런 차이를 유념해 주세요. 옮긴이_ 엘만 RNN은 이 모델을 소개한 제프리 엘만(Jeffrey L. Elman)의 이름에서 따왔습니다.

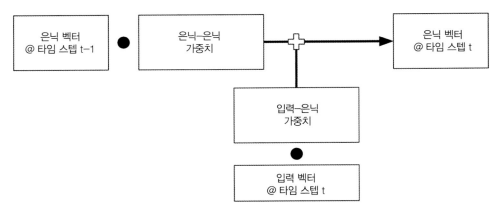

그림 6-2 엘만 RNN에서는 값 두 개를 더하는 계산이 일어납니다. 이전 타임 스텝의 은닉 벡터와 은닉-은닉 가중치 행렬의 점곱, 그리고 입력 벡터와 입력-은닉 가중치 행렬의 점곱입니다.

은닉-은닉 가중치와 입력-은닉 가중치가 연속된 타임 스텝에 걸쳐 공유된다는 점이 중요합니다. 또한 RNN이 학습하기 위해 훈련 과정에서 이런 가중치가 수정됨을 알 수 있습니다. RNN은 현재 입력 정보와 지금까지 본 입력을 요약한 상태 표현을 사용하는 방법을 배웁니다. RNN은 어느 타임 스텝에 있는지 알 방법이 없습니다. 대신 한 타임 스텝에서 다른 타임 스텝으로 이동하면서 손실 함수를 최소화하기 위해 상태 표현을 관리하는 방법을 학습합니다.

동일한 가중치를 사용해 타임 스텝마다 입력을 출력으로 변환하는 것은 파라미터 공유의 또 다른 예입니다. 4장에서 CNN이 공간을 따라 파라미터를 공유하는 방법을 살펴보았습니다. CNN은 커널이란 파라미터를 사용해 입력 데이터의 부분 영역에서 출력을 계산합니다. 합성곱 커널은 입력을 가로질러 이동하고 가능한 위치마다 출력을 계산해 이동 불변성^{translation invariance}을 학습합니다.[6] 반면 RNN은 같은 파라미터를 사용해 타임 스텝마다 출력을 계산합니다. 이때 은닉 상태 벡터에 의존해서 시퀀스의 상태를 감지합니다. RNN의 목적은 주어진 은닉 상태 벡터와 입력 벡터에 대한 출력을 계산함으로써 시퀀스 불변성을 학습하는 것입니다. RNN은 시간을 따라 파라미터를 공유하고 CNN은 공간을 따라 파라미터를 공유한다고 할 수 있습니다.

단어와 문장은 길이가 다양하므로 RNN 같은 시퀀스 모델은 **가변 길이 시퀀스**^{variable-length sequence}를 다룰 수 있어야 합니다. 한 가지 방법은 시퀀스 길이를 인위적으로 동일하게 맞추는 것입

---

6 옮긴이_ 감지하려는 특성이 입력 데이터의 어느 위치에 있든지 잡아낼 수 있다는 뜻입니다.

니다. 이 책에서는 시퀀스 길이 정보를 이용해 가변 길이 시퀀스를 다루는 **마스킹**masking이란 다른 방법을 사용합니다. 간단히 말해, 마스킹을 사용하면 어떤 입력이 그레이디언트나 최종 출력에 포함되어서는 안 될 때 신호를 보낼 수 있습니다. 파이토치는 가변 길이 시퀀스를 다루는 PackedSequence 클래스를 제공합니다. 이 클래스는 일부 원소가 빈 텐서로부터 밀집 텐서를 만듭니다. '예제: 문자 RNN으로 성씨 국적 분류하기(6.2절)'에서 마스킹의 예를 보겠습니다.[7]

6.1.1 엘만 RNN 구현하기

엘만 RNN을 간단하게 구현해서 RNN의 상세 내용을 살펴 보겠습니다. 파이토치는 RNN 구현에 필요한 유용한 클래스와 헬퍼 함수를 많이 제공합니다. 파이토치 **RNN** 클래스는 엘만 RNN의 구현입니다. 이 장에서는 이 클래스 대신 하나의 RNN 타임 스텝을 구현한 **RNNCell**을 사용하여 RNN을 만듭니다. 이렇게 하는 이유는 RNN 계산을 명시적으로 드러내기 위해서 입니다. [코드 6-1]에 있는 ElmanRNN은 RNNCell을 사용해 앞서 언급한 입력-은닉 가중치 행렬과 은닉-은닉 가중치 행렬을 만듭니다. RNNCell() 호출마다 입력 벡터 행렬과 은닉 벡터 행렬을 받습니다. 그다음 이 타임 스텝의 은닉 벡터 행렬과 결과를 반환합니다.

코드 6-1 파이토치 RNNCell을 사용한 Elman RNN 구현

```
class ElmanRNN(nn.Module):
    """ RNNCell을 사용하여 만든 엘만 RNN """
    def __init__(self, input_size, hidden_size, batch_first=False):
        """
        매개변수:
            input_size (int): 입력 벡터 크기
            hidden_size (int): 은닉 상태 벡터 크기
            batch_first (bool): 0번째 차원이 배치인지 여부
        """
        super(ElmanRNN, self).__init__()
        self.rnn_cell = nn.RNNCell(input_size, hidden_size)

        self.batch_first = batch_first
        self.hidden_size = hidden_size
```

----

7 마스킹과 PackedSequence는 딥러닝 논문이나 책에서 보통 자세히 다루지 않는 구현 상세입니다. RNN의 개념을 이해하는 것이 절대적이지는 않지만 이 장에서 소개하는 이런 개념과 친숙해지는 것이 기술자에게 꼭 필요합니다. 특별히 주의를 기울여 주세요! 옮긴이_ PackedSequence를 사용하는 예는 8장에 나옵니다.

```python
def _initialize_hidden(self, batch_size):
    return torch.zeros((batch_size, self.hidden_size))

def forward(self, x_in, initial_hidden=None):
    """ ElmanRNN의 정방향 계산

    매개변수:
        x_in (torch.Tensor): 입력 데이터 텐서
            If self.batch_first: x_in.shape = (batch_size, seq_size, feat_size)
            Else: x_in.shape = (seq_size, batch_size, feat_size)
        initial_hidden (torch.Tensor): RNN의 초기 은닉 상태
    반환값:
        hiddens (torch.Tensor): 각 타임 스텝에서 RNN 출력
            If self.batch_first:
                hiddens.shape = (batch_size, seq_size, hidden_size)
            Else: hiddens.shape = (seq_size, batch_size, hidden_size)
    """
    if self.batch_first:
        batch_size, seq_size, feat_size = x_in.size()
        x_in = x_in.permute(1, 0, 2)
    else:
        seq_size, batch_size, feat_size = x_in.size()

    hiddens = []

    if initial_hidden is None:
        initial_hidden = self._initialize_hidden(batch_size)
        initial_hidden = initial_hidden.to(x_in.device)

    hidden_t = initial_hidden

    for t in range(seq_size):
        hidden_t = self.rnn_cell(x_in[t], hidden_t)
        hiddens.append(hidden_t)

    hiddens = torch.stack(hiddens)

    if self.batch_first:
        hiddens = hiddens.permute(1, 0, 2)

    return hiddens
```

이 RNN에서 입력과 은닉 상태의 크기를 하이퍼파라미터로 제어하는 것 외에도 배치 차원이 0번째에 있는지 지정하는 불리언 매개변수가 있습니다. 이 매개변수는 모든 파이토치 RNN 구현에 있습니다. True로 설정하면 RNN이 입력 텐서의 0번째와 1번째 차원을 바꿉니다.

ElmanRNN 클래스에서 forward() 메서드는 입력 텐서를 순회하면서 타임 스텝마다 은닉 상태 벡터를 계산합니다. 초기 은닉 상태를 지정하는 옵션이 있지만 따로 지정하지 않으면 기본 은닉 상태 벡터는 모두 0이 됩니다. ElmanRNN 클래스가 입력 벡터의 길이만큼 반복하면서 새로운 은닉 상태를 계산합니다. 이런 은닉 상태를 수집해 쌓아 놓습니다.[8] 은닉 상태를 반환하기 전에 batch_first 플래그를 다시 확인합니다. 이 매개변수가 True이면 출력 은닉 상태의 배치 차원을 0번째로 바꿉니다.

이 클래스의 출력은 3차원 텐서입니다. 배치에 있는 각 데이터 포인트와 타임 스텝에 대한 은닉 상태 벡터입니다. 이 은닉 벡터를 주어진 작업에 따라 여러 가지 방법으로 사용할 수 있습니다. 한 가지 방법은 각 타임 스텝을 정해진 범주로 분류하는 것입니다. 이는 타임 스텝마다 예측과 관련된 정보를 추적하도록 RNN 가중치가 조정됨을 의미합니다. 또는 최종 벡터를 사용해 전체 시퀀스를 분류할 수 있습니다. 이는 최종 분류에 중요한 정보를 추적하도록 RNN 가중치가 조정됨을 의미합니다. 이 장에서는 시퀀스 분류 문제만 다루지만 이어지는 두 장에서는 순차 예측을 조금 더 자세히 알아보겠습니다.

6.2 예제: 문자 RNN으로 성씨 국적 분류하기

지금까지 RNN의 기본 성질을 소개하고 ElmanRNN을 구현했습니다. 이제 예제에 적용해 보죠. 4장과 마찬가지로 문자 시퀀스(성씨)를 국적에 따라 분류하겠습니다.

6.2.1 SurnameDataset 클래스

이 예제에서는 4장에서 다룬 성씨 데이터셋을 사용합니다. 각 데이터 포인트는 성씨와 해당하는 국적으로 표현됩니다. 데이터셋의 상세 내용을 다시 반복하지 않겠습니다. 자세한 내용은

---

8 파이토치의 스태킹 연산에 관한 자세한 내용은 '파이토치 기초(1.4절)'을 참고하세요.

'성씨 데이터셋(4.2.1)'을 참고하세요.

이 예제에서는 '예제: CNN으로 성씨 분류하기(4.4절)'처럼 각 성씨를 문자의 시퀀스로 다룹니다. 이전과 마찬가지로 [코드 6-2]에 있는 데이터셋 클래스를 만듭니다. 이 클래스는 벡터로 변환된 성씨와 국적을 나타내는 정수를 반환합니다. 추가로 시퀀스의 길이를 반환합니다. 이 값은 나중에 시퀀스에 있는 최종 벡터의 위치를 파악하는 데 사용됩니다. 실제 훈련을 수행하기 전에 Dataset, Vectorizer, Vocabulary을 구현하는 단계는 이제 익숙할 것입니다.

코드 6-2 SurnameDataset 클래스 구현

```python
class SurnameDataset(Dataset):
    @classmethod
    def load_dataset_and_make_vectorizer(cls, surname_csv):
        """데이터셋을 로드하고 새로운 Vectorizer 객체를 만듭니다

        매개변수:
            surname_csv (str): 데이터셋의 위치
        반환값:
            SurnameDataset의 객체
        """
        surname_df = pd.read_csv(surname_csv)
        train_surname_df = surname_df[surname_df.split=='train']
        return cls(surname_df, SurnameVectorizer.from_dataframe(train_surname_df))

    def __getitem__(self, index):
        """파이토치 데이터셋의 주요 진입 메서드

        매개변수:
            index (int): 데이터 포인트 인덱스
        반환값:
            다음 값을 담고 있는 딕셔너리:
                특성 (x_data)
                레이블 (y_target)
                특성 길이 (x_length)
        """
        row = self._target_df.iloc[index]

        surname_vector, vec_length = \
            self._vectorizer.vectorize(row.surname, self._max_seq_length)

        nationality_index = \
```

```
        self._vectorizer.nationality_vocab.lookup_token(row.nationality)

    return {'x_data': surname_vector,
            'y_target': nationality_index,
            'x_length': vec_length}
```

6.2.2 데이터 구조

벡터 변환 파이프라인의 첫 번째 단계는 성씨에 있는 각 문자 토큰을 고유한 정수에 매핑하는 작업입니다. 이를 위해 '예제: 문서 분류에 사전 훈련된 임베딩을 사용한 전이 학습(5.3절)'에서 소개한 SequenceVocabulary를 사용합니다. 이 데이터 구조는 이름에 등장하는 문자를 정수로 매핑할 뿐만 아니라 특별한 목적의 토큰도 활용합니다. UNK 토큰, MASK 토큰, BEGIN-OF-SEQUENCE 토큰, END-OF-SEQUENCE 토큰입니다. 처음 두 토큰은 언어 데이터에서 필수적입니다. UNK 토큰은 입력에 어휘 사전에 없는 토큰이 있을 때 사용합니다. MASK 토큰은 가변 길이 입력을 처리하는 데 사용합니다. 나머지 두 토큰은 시퀀스 앞뒤에 추가해서 모델이 문장 경계를 인식하도록 합니다. SequenceVocabulary에 관한 자세한 설명은 'Vocabulary, Vectorizer, DataLoader(5.2.2)'를 참고하세요.

전체적인 벡터 변환 과정은 SurnameVectorizer에서 수행됩니다. 여기에서 SequenceVocabulary를 사용해 성씨에 있는 문자와 정수 간의 매핑을 관리합니다. 매우 익숙해 보이는 [코드 6-3]이 SurnameVectorizer의 구현입니다. 이전 장에서 뉴스 기사 제목을 특정 카테고리로 분류할 때와 거의 같은 벡터 변환 과정을 수행합니다.

코드 6-3 SurnameVectorizer 구현

```
class SurnameVectorizer(object):
    """ 어휘 사전을 생성하고 관리합니다 """
    def vectorize(self, surname, vector_length=-1):
        """
        매개변수:
            title (str): 문자열
            vector_length (int): 인덱스 벡터의 길이를 맞추기 위한 매개변수
        """
        indices = [self.char_vocab.begin_seq_index]
        indices.extend(self.char_vocab.lookup_token(token)
```

```
                        for token in surname)
        indices.append(self.char_vocab.end_seq_index)

        if vector_length < 0:
            vector_length = len(indices)

        out_vector = np.zeros(vector_length, dtype=np.int64)
        out_vector[:len(indices)] = indices
        out_vector[len(indices):] = self.char_vocab.mask_index

        return out_vector, len(indices)

    @classmethod
    def from_dataframe(cls, surname_df):
        """데이터셋 데이터프레임으로 SurnameVectorizer 객체를 초기화합니다.

        매개변수:
            surname_df (pandas.DataFrame): 성씨 데이터셋
        반환값:
            SurnameVectorizer 객체
        """
        char_vocab = SequenceVocabulary()
        nationality_vocab = Vocabulary()

        for index, row in surname_df.iterrows():
            for char in row.surname:
                char_vocab.add_token(char)
            nationality_vocab.add_token(row.nationality)

        return cls(char_vocab, nationality_vocab)
```

6.2.3 SurnameClassifier 모델

SurnameClassifier 모델은 임베딩 층과 ElmanRNN 층, Linear 층으로 구성됩니다. 모델 입력은 SequenceVocabulary에서 정수로 매핑한 토큰이라고 가정합니다. 이 모델은 먼저 임베딩 층을 사용해 정수를 임베딩합니다. 그다음 RNN으로 시퀀스의 벡터 표현를 계산합니다. 이 벡터는 성씨에 있는 각 문자에 대한 은닉 상태를 나타냅니다. 성씨를 분류하는 작업이므로 성씨의 마지막 문자에 해당하는 벡터를 추출합니다. 이 최종 벡터가 전체 시퀀스 입력을 거쳐 전달된 결과물이라 할 수 있습니다. 즉 성씨를 요약한 벡터입니다. 이 요약 벡터를 Linear 층으로

전달해 예측 벡터를 계산합니다. 이 예측 벡터를 사용해 훈련 손실을 계산하거나 소프트맥스 함수에 적용하여 성씨에 대한 확률 분포를 만듭니다.[9]

모델의 매개변수는 임베딩 크기, 임베딩 개수(즉, 어휘 사전 크기), 클래스 개수, RNN의 은닉 상태 크기입니다. 이 매개변수 중 임베딩 개수와 클래스 개수는 데이터에 따라 결정됩니다. 나머지 하이퍼파라미터는 임베딩 크기와 은닉 상태 크기입니다. 어떤 값을 사용해도 되지만 보통 빨리 훈련할 수 있는 작은 값으로 시작해서 모델이 동작하는지 확인하는 편이 좋습니다.

코드 6-4 ElmanRNN을 사용한 SurnameClassifier 모델 구현

```python
class SurnameClassifier(nn.Module):
    """ RNN으로 특성을 추출하고 MLP로 분류하는 분류 모델 """
    def __init__(self, embedding_size, num_embeddings, num_classes,
                 rnn_hidden_size, batch_first=True, padding_idx=0):
        """
        매개변수:
            embedding_size (int): 문자 임베딩의 크기
            num_embeddings (int): 임베딩할 문자 개수
            num_classes (int): 예측 벡터의 크기
                노트: 국적 개수
            rnn_hidden_size (int): RNN의 은닉 상태 크기
            batch_first (bool): 입력 텐서의 0번째 차원이 \
                                배치인지 시퀀스인지 나타내는 플래그
            padding_idx (int): 텐서 패딩을 위한 인덱스
                torch.nn.Embedding을 참고하세요
        """
        super(SurnameClassifier, self).__init__()

        self.emb = nn.Embedding(num_embeddings=num_embeddings,
                                embedding_dim=embedding_size,
                                padding_idx=padding_idx)
        self.rnn = ElmanRNN(input_size=embedding_size,
                            hidden_size=rnn_hidden_size,
                            batch_first=batch_first)
        self.fc1 = nn.Linear(in_features=rnn_hidden_size,
                             out_features=rnn_hidden_size)
```

---

9 이 예제에서는 클래스 개수가 작습니다. NLP에서 출력 클래스 개수는 수천 또는 수십 만개가 될 수 있습니다. 이럴 때는 기본 소프트맥스 대신에 계층적 소프트맥스(hierarchical softmax)를 사용할 수 있습니다. 옮긴이_ 계층적 소프트맥스는 마지막 층의 출력과 이진 트리의 각 노드에 해당하는 가중치를 곱하는 식으로 소프트맥스 계산을 이진 트리 탐색으로 바꿔 가장 높은 확률의 단어를 빠르게 찾는 방법입니다.

```python
        self.fc2 = nn.Linear(in_features=rnn_hidden_size,
                             out_features=num_classes)

    def forward(self, x_in, x_lengths=None, apply_softmax=False):
        """ 분류기의 정방향 계산

        매개변수:
            x_in (torch.Tensor): 입력 데이터 텐서
                x_in.shape는 (batch, input_dim)입니다
            x_lengths (torch.Tensor): 배치에 있는 각 시퀀스의 길이
                시퀀스의 마지막 벡터를 찾는 데 사용합니다
            apply_softmax (bool): 소프트맥스 활성화 함수를 위한 플래그
                크로스 엔트로피 손실을 사용하려면 False로 지정합니다
        반환값:
            결과 텐서. tensor.shape는 (batch, output_dim)입니다
        """
        x_embedded = self.emb(x_in)
        y_out = self.rnn(x_embedded)

        if x_lengths is not None:
            y_out = column_gather(y_out, x_lengths)
        else:
            y_out = y_out[:, -1, :]

        y_out = F.dropout(y_out, 0.5)
        y_out = F.relu(self.fc1(y_out))
        y_out = F.dropout(y_out, 0.5)
        y_out = self.fc2(y_out)

        if apply_softmax:
            y_out = F.softmax(y_out, dim=1)

        return y_out
```

forward() 메서드는 시퀀스 길이가 필요합니다. [코드 6-5]의 column_gather() 함수가 이 길이를 사용해 텐서에서 시퀀스마다 마지막 벡터를 추출하여 반환합니다. 이 함수는 배치의 행 인덱스를 순회하면서 시퀀스의 마지막 인덱스에 있는 벡터를 추출합니다.

```python
def column_gather(y_out, x_lengths):
    """ y_out에 있는 각 데이터 포인트에서 마지막 벡터를 추출합니다

    매개변수:
        y_out (torch.FloatTensor, torch.cuda.FloatTensor)
            shape: (batch, sequence, feature)
        x_lengths (torch.LongTensor, torch.cuda.LongTensor)
            shape: (batch,)

    반환값:
        y_out (torch.FloatTensor, torch.cuda.FloatTensor)
            shape: (batch, feature)
    """
    x_lengths = x_lengths.long().detach().cpu().numpy() - 1

    out = []
    for batch_index, column_index in enumerate(x_lengths):
        out.append(y_out[batch_index, column_index])

    return torch.stack(out)
```

6.2.4 모델 훈련과 결과

훈련 과정은 이전과 같습니다. 배치 데이터 하나에 모델을 적용하고 예측 벡터를 계산합니다. CrossEntropyLoss() 함수와 정답을 사용해 손실을 계산합니다. 손실값과 옵티마이저로 그레이디언트를 계산하고 이 그레이디언트로 모델의 가중치를 업데이트합니다. 이 과정을 훈련 데이터에 있는 모든 배치에 반복합니다. 검증 데이터에도 비슷하게 적용하지만 모델을 평가 모드로 설정하여 역전파를 끕니다. 검증 데이터는 편향되지 않은 모델의 성능을 얻는 목적으로만 사용합니다. 전체 과정을 특정 횟수의 에포크 동안 반복합니다. 자세한 코드는 주피터 노트북을 참고해 주세요. 하이퍼파라미터를 바꿔가며 어느 요소가 얼마나 성능에 영향을 미치는지를 파악하고 결과를 정리해 보세요. 이 예제에 적합한 기준 모델baseline model을 만들어 보세요. 이 부분은 독자들에게 숙제로 남겨 놓겠습니다.[10] 'SurnameClassifier 모델(6.2.3)'에서 만든

---

10 워밍업으로 문자 유니그램을 입력으로 사용하는 MLP를 생각해 볼 수 있습니다. 그다음 이를 수정해 문자 바이그램을 입력으로 사용해 보세요. 이 문제에서는 기준 모델이 기본 RNN 모델보다 더 성능이 높을 수 있습니다. 여기서 시사하는 바는 문자 바이그램에 있는 신호

모델은 일반적인 구현으로 문자에만 국한되지 않습니다. 모델의 임베딩 층은 어떤 이산적인 시퀀스 항목도 매핑할 수 있습니다. 예를 들어 문장은 단어의 시퀀스입니다. [코드 6-6]의 코드를 문장 분류 같은 다른 시퀀스 분류 문제에 적용해 보세요.

코드 6-6 RNN 기반의 SurnameClassifier 매개변수

```
args = Namespace(
    # 날짜와 경로 정보
    surname_csv="data/surnames/surnames_with_splits.csv",
    vectorizer_file="vectorizer.json",
    model_state_file="model.pth",
    save_dir="model_storage/ch6/surname_classification",
    # 모델 하이퍼파라미터
    char_embedding_size=100,
    rnn_hidden_size=64,
    # 훈련 하이퍼파라미터
    num_epochs=100,
    learning_rate=1e-3,
    batch_size=64,
    seed=1337,
    early_stopping_criteria=5,
    # 실행 옵션은 주피터 노트북을 참고하세요.
)
```

6.3 요약

이 장에서는 시퀀스 데이터를 모델링하기 위한 순환 신경망을 소개했습니다. 가장 간단한 RNN인 엘만 RNN을 살펴보았습니다. 시퀀스 모델링의 목표는 시퀀스에 대한 표현(즉, 벡터)을 학습하는 것입니다. 이 학습된 표현은 문제에 따라 다양한 방법으로 사용될 수 있습니다. 은닉 상태 표현을 여러 클래스로 분류하는 작업을 예제로 다루었습니다. 성씨 분류 예제를 보며 RNN이 부분 단어 수준에서 정보를 감지할 수 있다는 점을 배웠습니다.

....

를 기준 모델에 주입한 것이 일종의 특성 공학이라는 점입니다. 유니그램과 바이그램 입력을 사용해서 파라미터 개수를 계산해 보고 이 장의 RNN 모델과 비교해 보세요. 파라미터 개수가 더 많은가요? 적은가요? 그 이유는 무엇인가요? 마지막으로 이 문제에 잘 동작하는 MLP보다 훨씬 간단한 기준 모델을 생각해낼 수 있나요?

6.4 참고 문헌

1. Koller, Daphne, and Nir Friedman. (2009). *Probabilistic Graphical Models: Principles and Techniques*. MIT Press.

## CHAPTER 7

자연어 처리를 위한 시퀀스 모델링 - 중급

이 장의 목표는 **시퀀스 예측**sequence prediction입니다. 시퀀스 예측 작업은 시퀀스의 각 항목에 레이블을 할당해야 합니다. 이런 작업은 NLP에 흔합니다. 예를 들면 각 타임 스텝에서 주어진 단어 시퀀스를 기반으로 다음 단어를 예측하는 **자연어 모델링**(그림 7-1), 단어의 문법 품사를 예측하는 **품사 태깅**part-of-speech tagging, 단어가 사람, 위치, 제품, 회사 같은 개체명에 속하는지 예측하는 **개체명 인식**named entity recognition 등입니다. 이따금 NLP 논문에서는 시퀀스 예측을 **시퀀스 레이블링**sequence labeling이라고도 합니다.

이론적으로는 6장에서 소개한 엘만 순환 신경망을 시퀀스 예측 작업에 사용할 수는 있지만 실제로는 멀리 떨어진 의존성을 잘 감지하지 못하기 때문에 잘 동작하지 않습니다. 이 장에서는 그 이유를 이해하고 **게이트 네트워크**gated network라는 새로운 RNN 구조를 배웁니다.

또한 시퀀스 예측 애플리케이션의 하나인 **자연어 생성 작업**natural language generation을 소개하고 출력 시퀀스를 특정 방식으로 제한하는 조건부 생성을 살펴봅니다.

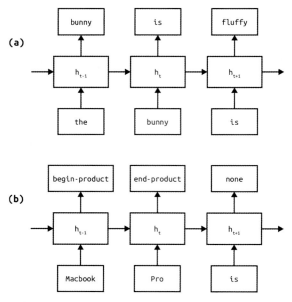

그림 7-1 시퀀스 예측 작업의 2가지 예시. (a) 시퀀스의 다음 단어를 예측하는 언어 모델링, (b) 텍스트에서 개체명의 경계와 타입을 예측하는 개체명 인식

7.1 엘만 RNN의 문제점

6장의 엘만 RNN은 시퀀스 모델링에 잘 맞지만 두 가지 이유로 다양한 작업에 적절하지 않습니다. 멀리 떨어진 정보를 예측에 사용하지 못하며 불안정한 그레이디언트라는 점입니다. 두 가지 문제를 이해하기 위해 RNN의 핵심을 다시 생각해 보죠. RNN은 현재 타임 스텝의 입력 벡터와 이전 타임 스텝의 은닉 상태 벡터를 사용해 타임 스텝마다 은닉 상태 벡터를 계산합니다. 이 계산이 RNN을 강력하게 만들지만 극단적인 수치 문제도 만듭니다.

엘만 RNN의 첫 번째 이슈는 멀리 떨어진 정보를 유지하기 어렵다는 점입니다. 예를 들어 6장에서 RNN으로 타임 스텝마다 정보의 유익성에 상관없이 은닉 상태 벡터를 업데이트했습니다. 결국 RNN은 은닉 상태에 어떤 값을 유지하고 어떤 값을 버릴지 제어하지 못합니다. 순전히 입력에 따라 결정됩니다. 당연히 이래서는 안 됩니다. RNN이 선택적으로 업데이트를 결정하거나 업데이트할 때 상태 벡터의 어느 부분을 얼마만큼 업데이트할지 판단할 방법이 필요합니다.

엘만 RNN의 두 번째 이슈는 그레이디언트가 통제되지 않고 0이나 무한대를 만드는 경향이 있다는 점입니다. 그레이디언트 절댓값이 감소 또는 증가하는 방향에 따라 통제할 수 없는 불안정한 그레이디언트를 **그레이디언트 소실**vanishing gradient 또는 **그레이디언트 폭주**exploding gradient라고 부릅니다. 절댓값이 아주 큰 그레이디언트나 (1보다 작은) 아주 작은 값은 최적화 과정을 불안정하게 합니다(호흐라이터Hochreiter 등의 2001년 논문, 파스카누Pascanu 등의 2013년 논문).

엘만 RNN에서 이런 그레이디언트 문제를 다루는 방법이 있습니다. **렐루**ReLU 함수 사용, **그레이디언트 클리핑**clipping, 적절한 가중치 초기화 등입니다. 하지만 이런 해결책보다 **게이팅**gating이 더 안정적으로 동작합니다.

7.2 엘만 RNN의 문제 해결책: 게이팅

게이팅을 이해하기 위해 a와 b를 더할 때 b가 더해지는 양을 제어하고 싶다고 가정해 보죠. 이런 덧셈 a + b를 수학적으로 다음처럼 쓸 수 있습니다.

$$a + \lambda b$$

여기서 λ는 0과 1 사이의 값입니다. $\lambda = 0$이면 b의 기여가 없습니다. $\lambda = 1$이면 b의 기여가 최대가 됩니다. 이런 식으로 보면 λ를 덧셈에 b가 포함되는 양을 조절하는 '스위치' 또는 '게이트'로 생각할 수 있습니다. 이것이 게이팅 메커니즘 이면에 있는 아이디어입니다. 그럼 엘만 RNN에 게이팅을 적용해서 조건부 업데이트를 수행하는 방법을 알아보겠습니다. 이전 타임 스텝의 은닉 상태가 h_{t-1}이고 현재 입력이 x_t이면 엘만 RNN의 업데이트 식은 다음과 같은 형태를 띱니다.

$$h_t = h_{t-1} + F(h_{t-1}, x_t)$$

여기에서 F는 RNN의 순환 계산입니다. 확실히 이는 조건 없는 덧셈이고 '엘만 RNN의 문제점(7.1절)'에서 설명한 이슈를 발생시킵니다. λ가 상수가 아니라 이전 은닉 상태 벡터 h_{t-1}과 현재 입력 x_t의 함수라 하더라도 필요한 게이팅 동작을 수행할 수 있습니다. 즉 이 함수는 0과 1 사이를 출력합니다. 이 게이팅 함수를 사용한 RNN 업데이트 공식은 다음과 같습니다.

$$h_t = h_{t-1} + \lambda\,(h_{t-1},\,x_t)\,F(h_{t-1},\,x_t)$$

이제 상태 h_{t-1}을 업데이트하는 데 현재 입력이 얼마나 들어가는지를 함수 λ가 제어하게 됩니다. 또한 함수 λ는 문맥에 따라 달라집니다.[1] 이것이 모든 게이팅 네트워크의 기본 아이디어입니다. 함수 λ는 보통 3장에서 소개한 시그모이드 함수로, 0과 1 사이의 값을 출력합니다.

LSTMlong short-term memory network 신경망(호흐라이터Hochreiter와 슈미트후버Schmidhuber, 1997)은 이런 아이디어를 확장하여 조건에 따라 업데이트하는 것뿐만 아니라 이전 은닉 상태 h_{t-1}의 값을 의도적으로 지웁니다. 이런 '삭제' 기능은 이전 은닉 상탯값 h_{t-1}과 또 다른 함수 μ를 곱해서 수행됩니다. 이 함수도 0과 1 사이의 값을 출력하며 현재 입력에 의존합니다.

$$h_t = \mu\,(h_{t-1},\,x_t)\,h_{t-1} + \lambda\,(h_{t-1},\,x_t)\,F(h_{t-1},\,x_t)$$

아마 눈치챘겠지만 μ도 게이팅 함수입니다. 실제 LSTM에서는 게이팅 함수가 학습되므로 식이 더 복잡합니다. 이는 사전의 정의되지 않은 복잡한 일련의 연산으로 이어집니다. 이 절에서 얻은 아이디어를 바탕으로 LSTM의 업데이트 메커니즘에 관해 자세히 알고 싶다면 크리스토퍼 올라Christopher Olah의 블로그(*http://colah.github.io/posts/2015-08-Understanding-LSTMs/*)를 참고하세요.[2] 이런 내용을 숙지하지 않아도 NLP 애플리케이션에서 LSTM을 사용할 수 있으니 이 책에서는 자세히 다루지 않겠습니다.

LSTM 외에도 다양한 게이팅 RNN이 있습니다. **GRU**gated recurrent unit(정Chung 등, 2015)도 인기가 많은 RNN입니다. 다행히 파이토치에서는 LSTM으로 바꾸는 작업이 간단합니다. 다른 코드를 변경할 필요 없이 nn.RNN이나 nn.RNNCell을 nn.LSTM이나 nn.LSTMCell로 바꾸면 됩니다(GRU도 마찬가지입니다)!

게이팅 메커니즘은 '엘만 RNN의 문제점(7.1절)'에서 나열한 문제의 효과적인 해결책입니다. 업데이트 과정을 제어할 뿐만 아니라 그레이디언트 이슈를 억제하고 훈련을 쉽게 만들어 줍니다. 설명은 여기까지 하고 게이팅 구조를 두 가지 예제에 실제로 적용해 보겠습니다.

---

1 옮긴이_ λ가 h_{t-1}의 함수라는 의미입니다.
2 옮긴이_ 이 절에 나온 공식은 순환 신경망의 개념을 설명하기 위한 것으로 실제 RNN이나 LSTM의 공식과는 조금 다릅니다. RNN과 LSTM에서 수행되는 자세한 공식에 관해서는 『핸즈온 머신러닝 2판』(한빛미디어, 2020)의 15장을 참고하세요.

7.3 예제: 문자 RNN으로 성씨 생성하기

이 예제[3]에서는 RNN으로 성씨를 생성하는 간단한 시퀀스 예측 작업을 만듭니다. 이는 각 타임 스텝에서 RNN이 성씨에 포함될 수 있는 문자 집합에 대한 확률 분포를 계산한다는 의미입니다. 이 확률 분포를 사용해 신경망을 최적화하여 (예측해야 하는 문자를 주입하는 식으로) 예측을 향상시키거나 완전히 새로운 성씨를 생성할 수 있습니다.

이 작업에서는 이미 사용해 본 익숙한 데이터셋을 사용하지만, 시퀀스 예측을 위해 데이터 샘플을 구성하는 점에 차이가 있습니다. 데이터셋과 작업을 설명한 후에 체계적으로 시퀀스 예측을 가능하게 하는 데이터 구조를 소개하겠습니다.

그다음 성씨를 생성하는 모델을 두 가지 소개합니다. 조건이 없는 SurnameGenerationModel과 조건이 있는 SurnameGenerationModel입니다. 조건이 없는 모델은 국적 정보를 사용하지 않고 성씨 문자의 시퀀스를 예측합니다. 반면 조건이 있는 모델은 RNN의 초기 은닉 상태에 임베딩된 특정 국적을 활용해서 시퀀스 예측에 편향을 줍니다.

7.3.1 SurnameDataset 클래스

'예제: MLP로 성씨 분류하기(4.2절)'에서 처음 소개한 성씨 데이터셋은 성씨와 해당 국적으로 구성된 데이터입니다. 지금까지는 이 데이터셋을 분류 작업에 사용했습니다. 모델에 새로운 성씨를 주입하면 국적에 따라 정확하게 분류해야 합니다. 하지만 이 예제에서는 이 데이터셋을 사용해 문자 시퀀스에 확률을 할당하고 새로운 시퀀스를 생성하는 모델을 훈련하겠습니다.

SurnameDataset 클래스는 이전 장과 거의 같습니다. 판다스 데이터프레임을 사용해 데이터셋과 SurnameVectorizer 객체를 로드합니다. SurnameVectorizer 객체는 현재 작업과 모델에 필요한 토큰–정수 매핑을 캡슐화합니다. 차이점은 SurnameDataset.__getitem__() 메서드가 [코드 7–1]에서와 같이 예측 타깃에 대한 정수 시퀀스를 출력한다는 점입니다. 이 메서드는 Vectorizer를 사용하여 입력으로 사용되는 정수 시퀀스(from_vector)와 출력으로 사용되는 정수 시퀀스(to_vector)를 계산합니다.

---

3 이 코드는 책의 깃허브(*https://bit.ly/nlp-pytorch-git*)에서 /chapters/chapter_7/7_3_surname_generation 폴더 안에 있습니다.

```python
class SurnameDataset(Dataset):
    @classmethod
    def load_dataset_and_make_vectorizer(cls, surname_csv):
        """데이터셋을 로드하고 새로운 Vectorizer를 만듭니다

        매개변수:
            surname_csv (str): 데이터셋의 위치
        반환값:
            SurnameDataset 객체
        """

        surname_df = pd.read_csv(surname_csv)
        return cls(surname_df, SurnameVectorizer.from_dataframe(surname_df))

    def __getitem__(self, index):
        """파이토치 데이터셋의 주요 진입 메서드

        매개변수:
            index (int): 데이터 포인트에 대한 인덱스
        반환값:
            데이터 포인트(x_data, y_target, class_index)를 담은 딕셔너리
        """
        row = self._target_df.iloc[index]

        from_vector, to_vector = \
            self._vectorizer.vectorize(row.surname, self._max_seq_length)

        nationality_index = \
            self._vectorizer.nationality_vocab.lookup_token(row.nationality)

        return {'x_data': from_vector,
                'y_target': to_vector,
                'class_index': nationality_index}
```

7.3.2 벡터 변환 클래스

이전 예제에서처럼 성씨의 문자 시퀀스를 벡터화된 형태로 변환하는 주요 클래스는 3개입니다. SequenceVocabulary는 개별 토큰을 정수로 매핑하고 SurnameVectorizer는 이 정수 매핑을 관리합니다. DataLoader는 SurnameVectorizer의 결과를 미니배치로 만듭니다. 이 예제

에서는 이전과 같은 방법으로 DataLoader를 사용하므로 자세한 구현은 건너 뛰겠습니다.[4]

SurnameVectorizer와 END-OF-SEQUENCE

시퀀스 예측 훈련에서는 타임 스텝마다 토큰 샘플과 토큰 타깃을 표현하는 정수 시퀀스 2개를 기대합니다. 일반적으로 이 예제의 성씨와 같이 훈련 시퀀스가 예측 대상이 됩니다. 즉 하나의 토큰 시퀀스에서 토큰을 하나씩 엇갈리게 하는 식으로 샘플과 타깃을 구성합니다.

시퀀스 예측 문제를 위해 SequenceVocabulary로 각 토큰을 적절한 인덱스로 매핑합니다. 그 다음 BEGIN-OF-SEQUENCE 토큰 인덱스 begin_seq_index를 시퀀스 시작에 덧붙이고 END-OF-SEQUENCE 토큰 인덱스 end_seq_index를 시퀀스 끝에 추가합니다. 이제 모든 데이터 포인트는 인덱스의 시퀀스이고 첫 번째 및 마지막 인덱스가 동일합니다. 이 인덱스 시퀀스를 두 번 슬라이싱해서 훈련에 필요한 입력과 출력 인덱스를 만듭니다. 첫 번째 슬라이싱은 마지막을 제외한 모든 토큰 인덱스를 포함합니다. 두 번째 슬라이싱은 첫 번째를 제외한 모든 토큰 인덱스를 포함합니다. 슬라이싱한 배열에 패딩을 추가해 정렬하면 올바른 입력-출력 인덱스 시퀀스가 됩니다.

[코드 7-2]의 SurnameVectorizer.vectorize() 메서드가 이를 명확하게 보여줍니다. 먼저 문자열 surname을 문자를 나타내는 정수 리스트인 indices로 매핑합니다. 그다음 indices를 시작 인덱스와 종료 인덱스로 감쌉니다. 구체적으로 begin_seq_index를 indices 앞에 추가하고 end_seq_index를 indices 뒤에 추가합니다. 그다음 실행 시 제공되는 vector_length를 확인합니다(하지만 이 코드는 어떤 벡터 길이도 사용할 수 있습니다). 훈련하는 동안에는 벡터 표현을 쌓아 미니배치를 구성하므로 vector_length를 제공해야 합니다. 벡터의 길이가 다르면 한 행렬에 쌓을 수 없습니다. vector_length를 확인한 후 from_vector와 to_vector를 만듭니다. 마지막 인덱스를 포함하지 않는 인덱스 슬라이스가 from_vector에 들어가고 처음 인덱스를 포함하지 않는 인덱스 슬라이스가 to_vector에 들어갑니다. 벡터의 나머지 위치는 mask_index로 채워집니다. 시퀀스의 오른쪽에 채워진다는 (또는 패딩된다는) 점을 유념하세요. 빈 위치가 출력 벡터를 변경하는데, 시퀀스를 처리한 후에 변경이 일어나게 하려고 이렇게 채웁니다.

---

4 SequenceVocabulary에 관한 자세한 설명은 'Vocabulary, Vectorizer, DataLoader(5.2.2)'를 참고하세요. Vocabulary와 Vectorizer에 관한 소개는 'Vocabulary, Vectorizer, DataLoader(3.6.3)'를 참고하세요.

```python
class SurnameVectorizer(object):
    """ 어휘 사전을 생성하고 관리합니다 """
    def vectorize(self, surname, vector_length=-1):
        """ 성씨를 샘플과 타깃 벡터로 변환합니다

        매개변수:
            surname (str): 벡터로 변경할 성씨
            vector_length (int): 인덱스 벡터의 길이를 맞추기 위한 매개변수
        반환값:
            튜플: (from_vector, to_vector)
                from_vector (numpy.ndarray): 샘플 벡터
                to_vector (numpy.ndarray): 타깃 벡터 vector
        """
        indices = [self.char_vocab.begin_seq_index]
        indices.extend(self.char_vocab.lookup_token(token) for token in surname)
        indices.append(self.char_vocab.end_seq_index)

        if vector_length < 0:
            vector_length = len(indices) - 1

        from_vector = np.zeros(vector_length, dtype=np.int64)
        from_indices = indices[:-1]
        from_vector[:len(from_indices)] = from_indices
        from_vector[len(from_indices):] = self.char_vocab.mask_index

        to_vector = np.empty(vector_length, dtype=np.int64)
        to_indices = indices[1:]
        to_vector[:len(to_indices)] = to_indices
        to_vector[len(to_indices):] = self.char_vocab.mask_index

        return from_vector, to_vector

    @classmethod
    def from_dataframe(cls, surname_df):
        """데이터셋 데이터프레임으로 객체를 초기화합니다

        매개변수:
            surname_df (pandas.DataFrame): 성씨 데이터셋
        반환값:
            SurnameVectorizer 객체
        """
        char_vocab = SequenceVocabulary()
```

```
nationality_vocab = Vocabulary()

for index, row in surname_df.iterrows():
    for char in row.surname:
        char_vocab.add_token(char)
    nationality_vocab.add_token(row.nationality)

return cls(char_vocab, nationality_vocab)
```

7.3.3 ElmanRNN을 GRU로 바꾸기

사실 기본 RNN을 GRU로 바꾸기는 아주 쉽습니다. 다음 모델에서는 기본 RNN 대신 GRU를 사용하지만, LSTM으로 바꾸는 것도 간단합니다. GRU를 사용하려면 6장의 ElmanRNN에서 사용한 매개변수로 torch.nn.GRU 클래스 객체를 만들면 됩니다.

7.3.4 모델 1: 조건이 없는 SurnameGenerationModel

첫 번째 모델은 조건이 없습니다. 성씨를 생성하기 전에 국적 정보를 사용하지 않습니다. 조건이 없다는 말은 GRU가 어떤 국적에도 편향된 계산을 수행하지 않는다는 의미입니다. 다음 예제(코드 7-4)에서는 초기 은닉 상태를 사용해 편향된 계산을 유도하지만, 이 예제에서는 초기 은닉 상태 벡터가 계산에 영향을 미치지 않도록 모두 0으로 초기화합니다.[5]

일반적으로 (예제 7-3의) SurnameGenerationModel은 문자 인덱스를 임베딩하여 GRU로 상태를 순서대로 계산합니다. 그리고 Linear 층을 사용해 토큰의 예측 확률을 계산합니다. 조금 더 구체적으로 설명하면 조건이 없는 SurnameGenerationModel은 먼저 Embedding 층, GRU, Linear 층을 초기화합니다. 6장의 시퀀스 모델과 비슷하게 정수 행렬이 모델의 입력이 됩니다. 파이토치 Embedding 층의 객체인 char_embedding을 사용해 정수를 3차원 텐서(각 배치 샘플에 대한 벡터의 시퀀스)로 변환합니다. 이 텐서가 GRU를 통과해 시퀀스의 각 위치에 대한 상태 벡터가 계산됩니다.

----

5 초기 은닉 벡터가 모두 0이면 행렬 곱셈 결과도 모두 0이 됩니다.

```python
class SurnameGenerationModel(nn.Module):
    def __init__(self, char_embedding_size, char_vocab_size, rnn_hidden_size,
                 batch_first=True, padding_idx=0, dropout_p=0.5):
        """
        매개변수:
            char_embedding_size (int): 문자 임베딩 크기
            char_vocab_size (int): 임베딩될 문자 개수
            rnn_hidden_size (int): RNN의 은닉 상태 크기
            batch_first (bool): 0번째 차원이 배치인지 시퀀스인지 나타내는 플래그
            padding_idx (int): 텐서 패딩을 위한 인덱스
                torch.nn.Embedding를 참고하세요
            dropout_p (float): 드롭아웃으로 활성화 출력을 0으로 만들 확률
        """
        super(SurnameGenerationModel, self).__init__()

        self.char_emb = nn.Embedding(num_embeddings=char_vocab_size,
                                     embedding_dim=char_embedding_size,
                                     padding_idx=padding_idx)
        self.rnn = nn.GRU(input_size=char_embedding_size,
                          hidden_size=rnn_hidden_size,
                          batch_first=batch_first)
        self.fc = nn.Linear(in_features=rnn_hidden_size,
                            out_features=char_vocab_size)
        self._dropout_p = dropout_p

    def forward(self, x_in, apply_softmax=False):
        """모델의 정방향 계산

        매개변수:
            x_in (torch.Tensor): 입력 데이터 텐서
                x_in.shape는 (batch, input_dim)입니다.
            apply_softmax (bool): 소프트맥스 활성화를 위한 플래그로 훈련 시에는 False가 되어야 합니다
        반환값:
            결과 텐서. tensor.shape는 (batch, output_dim)입니다
        """
        x_embedded = self.char_emb(x_in)

        y_out, _ = self.rnn(x_embedded)

        batch_size, seq_size, feat_size = y_out.shape
        y_out = y_out.contiguous().view(batch_size * seq_size, feat_size)
```

```
y_out = self.fc(F.dropout(y_out, p=self._dropout_p))

if apply_softmax:
    y_out = F.softmax(y_out, dim=1)

new_feat_size = y_out.shape[-1]
y_out = y_out.view(batch_size, seq_size, new_feat_size)

return y_out
```

6장의 시퀀스 분류 작업과 이 장의 시퀀스 예측 작업의 가장 큰 차이점은 RNN이 계산한 상태 벡터를 다루는 방법입니다. 6장에서는 배치 인덱스마다 벡터 하나를 얻고 이를 사용해 예측을 수행했습니다. 이 장의 예제에서는 행 차원이 (배치와 시퀀스 인덱스에 해당하는) 샘플 하나를 나타내도록 3차원 텐서를 2차원 텐서(행렬)로 크기를 바꿉니다. 이 행렬과 Linear 층을 사용해 각 샘플에 대한 예측 벡터를 계산합니다. 행렬을 다시 3차원 텐서로 크기를 바꾸며 계산이 마무리됩니다. 크기를 바꾸는 과정에서 순서 정보가 보존되므로 각 배치와 시퀀스 인덱스는 여전히 같은 위치에 있습니다. 크기를 바꾸는 이유는 Linear 층의 입력이 행렬이어야 하기 때문입니다.

7.3.5 모델 2: 조건이 있는 SurnameGenerationModel

두 번째 모델은 성씨를 생성할 때 국적을 고려합니다. 모델이 특정 성씨에 상대적으로 편향될 수 있는 어떤 메커니즘이 있다는 의미입니다. 은닉 상태 크기의 벡터로 국적을 임베딩하여 RNN의 초기 은닉 상태를 만듭니다. 모델 파라미터가 수정될 때 임베딩 행렬의 값도 조정됩니다. 따라서 성씨의 국적과 규칙에 더 민감하게 예측하게 됩니다. 예를 들어 아일랜드 국적 벡터는 'Mc' 또는 'O'로 시퀀스가 시작되도록 편향됩니다.

[코드 7-4]는 조건이 있는 모델에서 다른 점을 보여줍니다. 국적 인덱스를 RNN 은닉 층과 같은 크기의 벡터로 매핑하는 Embedding 층이 추가됩니다. 그다음 정방향 계산에서 국적 인덱스를 매핑하고 RNN의 초기 은닉 상태로 전달됩니다. 첫 번째 모델에서 아주 조금만 변경했지만 생성할 성씨의 국적에 따라 RNN의 동작을 바꾸는 데 큰 영향을 미칩니다.

```python
class SurnameGenerationModel(nn.Module):
    def __init__(self, char_embedding_size, char_vocab_size, num_nationalities,
                 rnn_hidden_size, batch_first=True, padding_idx=0, dropout_p=0.5):
        # ...
        self.nation_embedding = nn.Embedding(embedding_dim=rnn_hidden_size,
                                             num_embeddings=num_nationalities)


    def forward(self, x_in, nationality_index, apply_softmax=False):
        # ...
        x_embedded = self.char_embedding(x_in)
        # hidden_size: (num_layers * num_directions, batch_size, rnn_hidden_size)
        nationality_embedded = self.nation_emb(nationality_index).unsqueeze(0)
        y_out, _ = self.rnn(x_embedded, nationality_embedded)
        # ...
```

7.3.6 모델 훈련과 결과

이 예제는 성씨를 생성하기 위해 문자 시퀀스를 예측하는 작업입니다. 상세한 구현과 훈련 과정이 6장의 시퀀스 분류 예제와 비슷하지만 몇 가지 중요한 차이점이 있습니다. 이 절에서는 이런 차이점과 사용한 하이퍼파라미터, 결과에 초점을 맞춥니다.

시퀀스의 타임 스텝마다 예측을 만들기 때문에 이 예제에서 손실을 계산하려면 이전 예제에서 두 가지를 변경해야 합니다. 첫째, 계산을 위해 3차원 텐서[6]를 2차원 텐서(행렬)로 변환합니다. 둘째, 가변 길이 시퀀스를 위해 마스킹 인덱스를 준비합니다. 따라서 마스킹된 위치에서는 손실을 계산하지 않습니다.

[코드 7-5] 를 사용해 3차원 텐서와 가변 길이 시퀀스 이슈를 다룹니다. 먼저 예측과 타깃을 손실 함수가 기대하는 크기(예측은 2차원, 타깃은 1차원)로 정규화합니다. 이제 각 행은 하나의 샘플, 즉 시퀀스에 있는 하나의 타임 스텝을 나타냅니다. 그다음 ignore_index를 mask_index로 지정하여 크로스 엔트로피 손실을 사용합니다. 이는 손실 함수가 타깃에서 mask_index에 해당하는 위치를 무시하도록 합니다.

---

6 이 3차원 텐서의 첫 번째 차원은 배치 차원이고 두 번째는 시퀀스, 세 번째는 예측 벡터입니다.

```python
def normalize_sizes(y_pred, y_true):
    """텐서 크기 정규화

    매개변수:
        y_pred (torch.Tensor): 모델의 출력
            3차원 텐서이면 행렬로 변환합니다
        y_true (torch.Tensor): 타깃 예측
            행렬이면 벡터로 변환합니다
    """
    if len(y_pred.size()) == 3:
        y_pred = y_pred.contiguous().view(-1, y_pred.size(2))
    if len(y_true.size()) == 2:
        y_true = y_true.contiguous().view(-1)
    return y_pred, y_true


def sequence_loss(y_pred, y_true, mask_index):
    y_pred, y_true = normalize_sizes(y_pred, y_true)
    return F.cross_entropy(y_pred, y_true, ignore_index=mask_index)
```

수정된 손실 계산을 사용해 이 책의 다른 예제와 비슷한 훈련 과정을 구성합니다. 한 번에 미니배치 하나씩 훈련 데이터셋을 순회합니다. 각 미니배치에 대해 입력으로부터 모델의 출력이 계산됩니다. 타임 스텝마다 예측을 수행하기 때문에 모델의 출력은 3차원 텐서입니다. 앞서 설명한 sequence_loss()와 옵티마이저로 모델 예측의 오차 신호를 계산하고 모델 파라미터를 업데이트하는 데 사용합니다.

모델 하이퍼파라미터는 대부분 문자 어휘 사전의 크기에 따라 결정됩니다. 이 크기는 모델 입력에 나타나는 이산적인 토큰의 개수이고 타임 스텝마다 출력에 나타나는 클래스 개수입니다. 그 외 모델 하이퍼파라미터는 문자 임베딩 크기와 RNN 은닉 상태 크기입니다. [코드 7-6]에서 이런 하이퍼파라미터와 훈련 설정을 볼 수 있습니다.

코드 **7-6** 성씨 생성을 위한 하이퍼파라미터

```python
args = Namespace(
    # 날짜와 경로 정보
    surname_csv="data/surnames/surnames_with_splits.csv",
    vectorizer_file="vectorizer.json",
```

```
        model_state_file="model.pth",
        save_dir="model_storage/ch7/model1_unconditioned_surname_generation",
        # 또는: save_dir="model_storage/ch7/model2_conditioned_surname_generation",
        # 모델 하이퍼파라미터
        char_embedding_size=32,
        rnn_hidden_size=32,
        # 훈련 하이퍼파라미터
        seed=1337,
        learning_rate=0.001,
        batch_size=128,
        num_epochs=100,
        early_stopping_criteria=5,
        # 실행 옵션은 주피터 노트북을 참고하세요.
)
```

예측의 문자별 정확도가 모델 정확도의 측정 지표이지만, 이 예제에서는 모델이 어떤 성씨를 생성했는지 조사하여 질적으로 평가하는 것이 좋습니다. 이를 위해 forward() 메서드의 단계를 수정해서 새로운 반복문을 만듭니다. 여기에서 타임 스텝마다 예측을 계산한 뒤 다음 타임 스텝의 입력으로 사용합니다. 이 반복문은 [코드 7-7]에 있습니다. 타임 스텝마다 모델은 소프트맥스 함수를 사용해 확률 분포로 변환된 예측 벡터를 출력합니다. 확률 분포를 사용하면 torch.multinomial() 샘플링 함수를 이용할 수 있습니다. 이 함수는 인덱스 확률에 비례하여 인덱스를 선택합니다. 샘플링은 매번 다른 출력을 만드는 랜덤한 과정입니다.

코드 7-7 조건이 없는 생성 모델의 샘플링

```
def sample_from_model(model, vectorizer, num_samples=1, sample_size=20,
                      temperature=1.0):
    """모델이 만든 인덱스 시퀀스를 샘플링합니다.

    매개변수:
        model (SurnameGenerationModel): 훈련 모델
        vectorizer (SurnameVectorizer): SurnameVectorizer 객체
        num_samples (int): 샘플 개수
        sample_size (int): 샘플의 최대 길이
        temperature (float): 무작위성 정도
            0.0 < temperature < 1.0 이면 최댓값을 선택할 가능성이 높습니다
            temperature > 1.0 이면 균등 분포에 가깝습니다
    반환값:
        indices (torch.Tensor): 인덱스 행렬
```

```
        shape = (num_samples, sample_size)
    """
    begin_seq_index = [vectorizer.char_vocab.begin_seq_index
                       for _ in range(num_samples)]
    begin_seq_index = torch.tensor(begin_seq_index,
                                   dtype=torch.int64).unsqueeze(dim=1)
    indices = [begin_seq_index]
    h_t = None

    for time_step in range(sample_size):
        x_t = indices[time_step]
        x_emb_t = model.char_emb(x_t)
        rnn_out_t, h_t = model.rnn(x_emb_t, h_t)
        prediction_vector = model.fc(rnn_out_t.squeeze(dim=1))
        probability_vector = F.softmax(prediction_vector / temperature, dim=1)
        indices.append(torch.multinomial(probability_vector, num_samples=1))
    indices = torch.stack(indices).squeeze().permute(1, 0)
    return indices
```

sample_from_model() 함수에서 얻은 샘플링 인덱스를 사람이 읽을 수 있는 문자열로 바꿔야 합니다. [코드 7-8]에서는 이를 위해 성씨를 벡터화하는 SequenceVocabulary를 사용합니다. 문자열을 만들 때 END-OF-SEQUENCE 인덱스까지만 인덱스를 사용합니다. 모델이 성씨를 종료할 때를 학습했다고 가정하기 때문입니다.

코드 7-8 샘플링된 인덱스를 성씨 문자열로 매핑합니다

```
def decode_samples(sampled_indices, vectorizer):
    """인덱스를 성씨 문자열로 변환합니다

    매개변수:
        sampled_indices (torch.Tensor): `sample_from_model` 함수에서 얻은 인덱스
        vectorizer (SurnameVectorizer): SurnameVectorizer 객체
    """
    decoded_surnames = []
    vocab = vectorizer.char_vocab

    for sample_index in range(sampled_indices.shape[0]):
        surname = ""
        for time_step in range(sampled_indices.shape[1]):
            sample_item = sampled_indices[sample_index, time_step].item()
            if sample_item == vocab.begin_seq_index:
```

```
            continue
        elif sample_item == vocab.end_seq_index:
            break
        else:
            surname += vocab.lookup_index(sample_item)
    decoded_surnames.append(surname)
return decoded_surnames
```

이 함수를 사용하면 [코드 7-9]와 같은 모델의 출력을 조사하여 그럴싸한 성씨를 생성하는 법을 학습했는지 확인할 수 있습니다. 출력을 조사하여 무엇을 알 수 있나요? 성씨가 몇몇 형태소 패턴을 따르는 것 같지만 한 국적의 이름처럼 보이지는 않습니다. 일반적인 성씨 모델을 학습하면 여러 국적 간의 문자 분포를 혼동하게 만들 수 있습니다. 조건이 있는 SurnameGenerationModel은 이런 상황에 대처합니다.

코드 7-9 조건이 없는 모델에서 샘플링하기

```
In[0]   samples = sample_from_model(unconditioned_model, vectorizer,
                                     num_samples=10)
        decode_samples(samples, vectorizer)

Out[0] ['Aqtaliby',
        'Yomaghev',
        'Mauasheev',
        'Unander',
        'Virrovo',
        'NInev',
        'Bukhumohe',
        'Burken',
        'Rati',
        'Jzirmar']
```

조건이 있는 SurnameGenerationModel을 위해 sample_from_model( ) 함수를 수정하여 샘플 개수 대신에 국적 인덱스의 리스트를 받습니다(코드 7-10). 이 함수는 국적 인덱스를 임베딩으로 바꾸어 GRU의 초기 은닉 상태로 사용합니다. 그 다음 샘플링 과정은 조건이 없는 모델과 완전히 같습니다.

```python
def sample_from_model(model, vectorizer, nationalities, sample_size=20,
                      temperature=1.0):
    """모델이 만든 인덱스 시퀀스를 샘플링합니다.

    매개변수:
        model (SurnameGenerationModel): 훈련 모델
        vectorizer (SurnameVectorizer): SurnameVectorizer 객체
        nationalities (list): 국적을 나타내는 정수 리스트
        sample_size (int): 샘플의 최대 길이
        temperature (float): 무작위성 정도
            0.0 < temperature < 1.0 이면 최댓값을 선택할 가능성이 높습니다
            temperature > 1.0 이면 균등 분포에 가깝습니다
    반환값:
        indices (torch.Tensor): 인덱스 행렬
        shape = (num_samples, sample_size)
    """
    num_samples = len(nationalities)
    begin_seq_index = [vectorizer.char_vocab.begin_seq_index
                       for _ in range(num_samples)]
    begin_seq_index = torch.tensor(begin_seq_index,
                                   dtype=torch.int64).unsqueeze(dim=1)
    indices = [begin_seq_index]
    nationality_indices = torch.tensor(nationalities,
                                       dtype=torch.int64).unsqueeze(dim=0)
    h_t = model.nation_emb(nationality_indices)

    for time_step in range(sample_size):
        x_t = indices[time_step]
        x_emb_t = model.char_emb(x_t)
        rnn_out_t, h_t = model.rnn(x_emb_t, h_t)
        prediction_vector = model.fc(rnn_out_t.squeeze(dim=1))
        probability_vector = F.softmax(prediction_vector / temperature, dim=1)
        indices.append(torch.multinomial(probability_vector, num_samples=1))
    indices = torch.stack(indices).squeeze().permute(1, 0)
    return indices
```

조건 벡터로 샘플링하면 생성된 출력에 영향을 미칠 수 있습니다. [코드 7-11]에서는 국적 인 덱스를 순회하면서 각 국적에서 샘플링을 수행합니다. 지면의 제약 때문에 출력의 일부만 실었 습니다. 출력을 보면 모델이 성씨 철자에 있는 어떤 패턴을 따름을 알 수 있습니다.

코드 7-11 조건이 있는 SurnameGenerationModel의 샘플링 (출력의 일부)

```
In[0]  for index in range(len(vectorizer.nationality_vocab)):
           nationality = vectorizer.nationality_vocab.lookup_index(index)

           print("{} 샘플: ".format(nationality))

           sampled_indices = sample_from_model(model=conditioned_model,
                                                vectorizer=vectorizer,
                                                nationalities=[index] * 3,
                                                temperature=0.7)

           for sampled_surname in decode_samples(sampled_indices,
                                                   vectorizer):
               print("- " + sampled_surname)


Out[0] Arabic 샘플:
          - Khatso
          - Salbwa
          - Gadi
       Chinese 샘플:
          - Lie
          - Puh
          - Pian
       German 샘플:
          - Lenger
          - Schanger
          - Schumper
       Irish 샘플:
          - Mcochin
          - Corran
          - O'Baintin
       Russian 샘플:
          - Mahghatsunkov
          - Juhin
          - Karkovin
       Vietnamese 샘플:
          - Lo
          - Tham
          - Tou
```

7.4 시퀀스 모델 훈련 노하우

시퀀스 모델은 훈련에 어려움이 많습니다. 훈련 과정에 많은 이슈가 발생합니다. 여기에 저자들이 찾은 팁과 다른 문헌에 보고된 노하우를 몇 가지 요약해 두었습니다.

가능하면 게이트가 있는 셀을 사용합니다

게이트 구조는 그렇지 않은 구조에서 발생하는 수치 안정성과 관련된 여러 문제를 해결하여 훈련을 쉽게 만듭니다.

가능하면 LSTM보다 GRU를 사용합니다

GRU는 LSTM과 거의 비슷한 성능을 제공하면서 파라미터가 훨씬 적고 계산 자원도 덜 사용합니다. 다행히 파이토치에서 LSTM 대신 GRU를 사용하려면 클래스만 교체하면 됩니다.

Adam 옵티마이저를 사용합니다

6, 7, 8장에서는 Adam 옵티마이저만 사용합니다. 안정적이고 다른 옵티마이저보다 빠르게 수렴하기 때문입니다. 특히 시퀀스 모델에서 그렇습니다. 어떤 이유로 Adam 옵티마이저로 모델이 수렴하지 않는다면 확률적 경사 하강법 옵티마이저로 바꾸는게 도움이 될 수 있습니다.

그레이디언트 클리핑을 사용합니다

이 책에서 배운 개념을 적용할 때 수치상의 문제를 발견했다면 훈련 과정의 그레이디언트값을 그래프로 출력해 보세요. 범위를 가늠한 후에 이상치를 클리핑합니다. 이렇게 하면 훈련 과정을 안정시킬 수 있습니다. 파이토치에서는 [코드 7-12]와 같이 clip_grad_norm() 함수를 사용합니다. 일반적으로 그레이디언트를 클리핑하는 습관을 들여야 합니다.

코드 7-12 파이토치에서 그레이디언트 클리핑 적용하기

```
# 시퀀스 모델 정의
model = ..
# 손실 함수 정의
loss_function = ..

# 훈련 반복
for _ in ...:
```

```
...
model.zero_grad()
output, hidden = model(data, hidden)
loss = loss_function(output, targets)
loss.backward()
torch.nn.utils.clip_grad_norm(model.parameters(), 0.25)
...
```

조기 종료를 사용합니다

시퀀스 모델은 과대적합되기 쉽습니다. 검증 세트에서 측정한 오차가 상승하기 시작하면 훈련 과정을 일찍 멈추기를 권장합니다.

8장에서 시퀀스 모델에 대한 논의를 이어갑니다. 시퀀스-투-시퀀스^sequence-to-sequence 모델과 다른 변종을 사용하여 길이가 다른 시퀀스를 예측하고 생성하는 방법을 알아보겠습니다.

7.5 참조 문헌

1. Hochreiter, Sepp, and Jürgen Schmidhuber. (1997). "Long Short-Term Memory." *Neural Computation 15*.

2. Hochreiter, Sepp et al. (2001). "Gradient Flow in Recurrent Nets: The Difficulty of Learning Long-Term Dependencies." In *A Field Guide to Dynamical Recurrent Neural Networks*. IEEE Press.

3. Pascanu, Razvan, Tomas Mikolov, and Yoshua Bengio. (2013). "On the Difficulty of Training Recurrent Neural Networks." *Proceedings of the 30th International Conference on Machine Learning*.

4. Chung, Junyoung et al. (2015). "Gated Feedback Recurrent Neural Networks." *Proceedings of the 32nd International Concference on Machine Learning*.

## CHAPTER 8

자연어 처리를 위한 시퀀스 모델링 - 고급

이 장에서는 6장과 7장에서 설명한 시퀀스 모델링 개념을 **시퀀스-투-시퀀스 모델링**sequence-to-sequence modeling(S2S)으로 확장합니다. S2S 모델은 시퀀스를 입력받아 다른 시퀀스를 출력으로 만듭니다. 입력과 출력 시퀀스는 길이가 다를 수 있습니다. S2S 작업의 활용 범위는 광범위합니다. 예를 들어 이메일 답장 만들기, 프랑스어 문장을 영어로 번역하기, 기사 요약하기 등입니다. 이 장에서는 시퀀스 모델의 변종인 양방향 모델을 소개합니다. 시퀀스 표현을 최대로 활용하기 위해 어텐션 메커니즘을 소개하고 자세히 설명하겠습니다. 그다음 이 장에서 설명한 개념을 담은 신경망 기계 번역neural machine translation(NMT) 구현 과정을 자세히 다루겠습니다.

8.1 시퀀스-투-시퀀스 모델, 인코더-디코더 모델, 조건부 생성

S2S 모델은 **인코더-디코더 모델**encoder-decoder model이라는 신경망 모델의 일종입니다. 인코더-디코더 모델은 인코더encoder와 디코더decoder 모델로 구성됩니다(그림 8-1). 두 모델은 일반적으로 함께 훈련됩니다. 인코더 모델은 입력을 받아 인코딩 또는 표현(φ)을 만듭니다.[1] 출력 결과는 일반적으로 벡터 하나입니다. 인코더는 입력에서 현재 문제와 관련된 중요한 성질을 감지하고, 디코더는 인코딩된 입력을 받아 원하는 출력을 만드는 데 사용합니다. 이런 인코더와 디코더의 성질을 이해하면 S2S 모델을 인코더-디코더 모델로 정의할 수 있습니다. 여기에서 인

---

1 이 장에서 φ 기호는 인코딩을 의미합니다.

코더와 디코더는 시퀀스 모델이고 입력과 출력은 모두 시퀀스입니다. 두 시퀀스의 길이는 다를 수 있습니다.

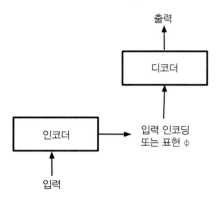

그림 8-1 인코더-디코더 모델은 함께 훈련되는 두 모델로 구성됩니다. 인코더는 입력의 인코딩 또는 표현 φ를 생성합니다. 디코더는 이 인코딩을 사용해 출력을 만듭니다.

인코더-디코더 모델은 **조건부 생성 모델**conditioned generation model의 일종이라 할 수 있습니다. 조건부 생성에서는 입력 표현 φ 대신 일반적인 조건 문맥 c를 사용해 디코더가 출력을 만듭니다. 조건 문맥 c가 인코더 모델에서 입력되는 조건부 생성 모델은 인코더-디코더 모델과 같습니다. 조건 문맥은 구조적인 데이터 소스에서 올 수도 있으니 조건 생성 모델이 모두 인코더-디코더 모델은 아닙니다. 일기 예보 생성을 예로 들어보죠. 온도, 습도, 풍속, 풍향의 값이 날씨 예측 문장을 생성하는 디코더의 조건이 될 수 있습니다. '모델 2: 조건이 있는 SurnameGenerationModel(7.3.5)'에서는 국적을 조건으로 성씨를 생성했습니다. [그림 8-2]는 조건부 생성 모델의 실제 예를 보여줍니다.

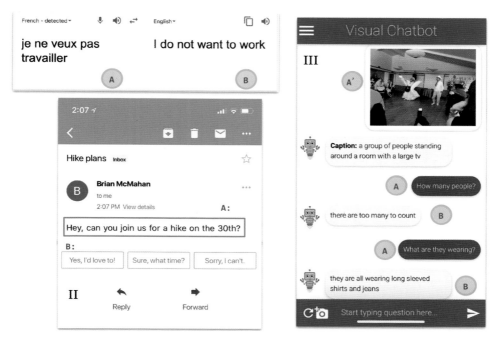

그림 8-2 인코더–디코더 모델을 사용해 문제를 해결하는 작업들. 기계 번역(왼쪽 위: 입력 A는 프랑스어 문장이고 출력 B는 영어 문장입니다), 이메일 응답 추천(왼쪽 아래: 입력 A는 이메일 텍스트이고 출력 B는 가능한 답변 중 하나입니다)이 있습니다. 오른쪽의 예는 더 복잡합니다. 챗봇이 입력 이미지(A')에 관한 A의 질문에 답변을 합니다. A와 A'의 인코딩이 응답(B)의 생성 조건입니다. 이런 작업이 모두 조건부 생성 작업입니다.

이 장에서는 S2S 모델을 자세히 배우고 기계 번역에 사용하는 방법을 설명합니다. 입력한 텍스트를 자동으로 이모지^{emoji}로 바꾸는 iOS/안드로이드 키보드를 생각해 보죠. 입력 토큰 하나가 출력 토큰을 0개 이상 만들 수 있습니다. 예를 들어 "omg the house is on fire"를 입력했다면 이 키보드는 🐱 🏠 ↔️ 🔥와 같은 출력을 만들 수 있습니다. 출력(토큰 4개)과 입력(토큰 6개) 길이가 다르다는 점에 주목하세요. 입력과 출력 사이의 매핑을 **정렬**^{alignment}이라고 하며 [그림 8–3]에서 볼 수 있습니다.

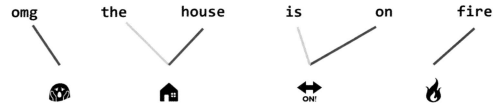

그림 8-3 S2S 예측 문제인 이모지 번역. 두 시퀀스에 있는 토큰 사이의 정렬은 번역 대상을 나타냅니다.

전통적으로 S2S 문제를 다루는 솔루션은 대부분 경험적으로 얻은 통계적 방법과 엔지니어링을 시도했습니다. 여기서 이런 방법을 다루지는 못하지만, 코엔Koehn(2009)의 논문과 statmt. org 자료를 추천합니다. 6장에서 시퀀스 모델이 임의 길이의 시퀀스를 어떻게 벡터로 인코딩하는지 배웠습니다. 7장에서 하나의 벡터가 다른 성씨를 생성하도록 신경망을 어떻게 편향시키는지 보았습니다. S2S 모델은 이런 개념을 확장한 것입니다.

[그림 8-4]는 전체 입력을 하나의 표현 φ로 인코딩하는 인코더를 보여줍니다. 이 표현은 올바른 출력을 생성하도록 디코더의 조건을 형성합니다. 엘만 RNN, LSTM, GRU 등 모든 RNN을 인코더로 사용할 수 있습니다. 다음 두 절에서는 최신 S2S 모델의 핵심 구성 요소 두 개를 소개합니다. 먼저 '강력한 시퀀스 모델링: 양방향 순환 모델(8.2절)'에서 하나의 시퀀스를 정방향과 역방향으로 처리해 더 풍부한 표현을 만드는 양향방 순환 모델bidirectional recurrent model을 알아봅니다. 그다음 '강력한 시퀀스 모델링: 어텐션(8.3절)'에서 어텐션 메커니즘을 소개합니다. 이 메커니즘은 해당 작업에 관련된 입력 부분에 초점을 맞추는 데 유용합니다. 두 절은 S2S 모델 기반의 고급 솔루션을 구축할 때 꼭 필요한 내용을 다룹니다.

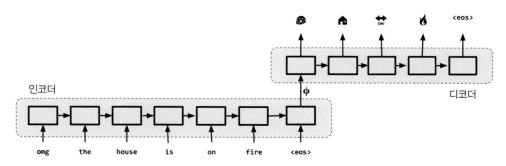

그림 8-4 영어를 이모지로 번역하는 S2S 모델

8.2 강력한 시퀀스 모델링: 양방향 순환 모델

순환 모델은 시퀀스를 벡터로 인코딩하는 블랙 박스로 생각할 수 있습니다. 시퀀스를 모델링할 때 지난 단어와 함께 앞으로 나타날 단어를 관찰하면 도움이 됩니다.[2] 다음 문장을 살펴보죠.[3]

The man who hunts ducks out on the weekends.

이 문장을 왼쪽에서 오른쪽으로만 처리하는 모델과 오른쪽에서 왼쪽으로도 처리하는 모델은 'ducks'[4]를 다르게 표현할 것입니다. 사람은 항상 이런 사후 의미 업데이트를 수행합니다.

과거와 미래의 정보를 합치면 문장에 있는 단어의 의미를 안정적으로 표현할 수 있습니다. 이것이 양방향 순환 모델의 목적입니다. 엘만 RNN, LSTM, GRU 등 모든 순환 신경망 모델은 양방향으로 구성할 수 있습니다. 6장과 7장에서 본 단방향 모델처럼 양방향 모델도 분류나 입력 단어마다 하나의 레이블을 예측하는 시퀀스 레이블링 작업에 사용할 수 있습니다.

[그림 8-5]와 [그림 8-6]에 두 방식이 자세히 나타나 있습니다.

[그림 8-5]는 모델이 어떻게 양방향으로 문장을 읽고 정방향과 역방향 표현을 합친 감성 분류를 위한 표현 φ를 만드는지 보여줍니다. 이 그림에는 최종 분류를 위한 선형 층과 소프트맥스 함수를 나타내지 않았습니다.

[그림 8-6]에서 ϕ_{love}는 단어 'love'가 입력되는 타임 스텝에서 신경망의 은닉 상태에 대한 표현 또는 인코딩입니다. 이 상태 정보는 어텐션을 다루는 '강력한 시퀀스 모델링: 어텐션(8.3절)'에서 중요한 역할을 합니다.

입력의 각 단어에 대한 정방향 표현과 역방향 표현을 연결해서 단어의 최종 표현을 만듭니다. 이 그림에는 타임 스텝마다 최종 분류를 위한 선형 층과 소프트맥스 함수는 나타내지 않았습니다.

---

2 스트리밍 애플리케이션에서는 불가능합니다. 하지만 스트리밍이 아닌 배치 환경을 사용하는 NLP 애플리케이션이 많습니다.

3 이 예제와 같은 문장을 다중 의미 문장(garden-path sentence)이라 합니다. 이런 문장은 생각보다 흔합니다. 예를 들어 신문 제목에 이런 방식이 자주 사용됩니다.

4 'duck'에는 다음과 같은 두 가지 의미가 있습니다. (1) 오리(명사) (2) 피하다(동사)

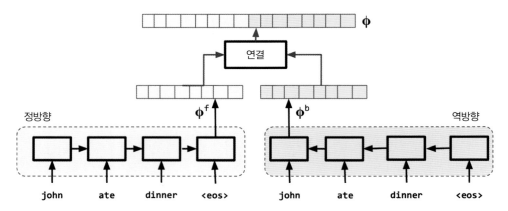

그림 8-5 시퀀스 분류를 위한 양방향 RNN 모델

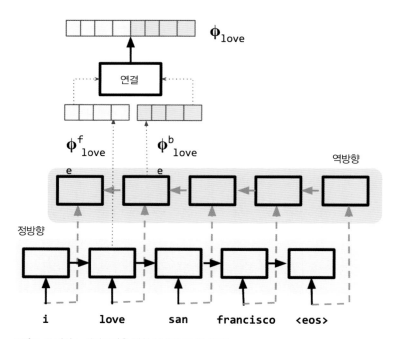

그림 8-6 시퀀스 레이블링을 위한 양방향 RNN 모델

8.3 강력한 시퀀스 모델링: 어텐션

8.1절 '시퀀스-투-시퀀스 모델, 인코더-디코더 모델, 조건부 생성'에서 소개한 S2S 모델에는 전체 입력 문장을 하나의 벡터 ϕ에 밀어 넣는다는(인코딩한다는) 문제가 있습니다. 그리고 이 인코딩을 사용해 [그림 8-7]에서처럼 출력을 생성합니다. 이런 모델은 매우 짧은 문장에서만 통할 뿐 긴 문장에서는 전체 입력 정보를 감지하지 못합니다.[5] 이는 인코딩에 최종 은닉 상태만 사용하는 제약 때문입니다. 긴 문장은 시간을 거슬러 역전파할 때 그레이디언트가 소실되어 훈련이 어렵다는 문제도 있습니다.

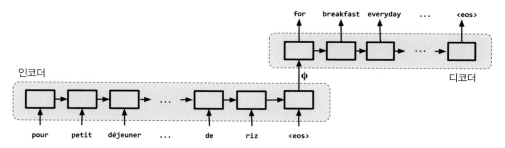

그림 8-7 인코더-디코더 모델을 사용해 긴 프랑스어 문장을 영어로 번역하기. 최종 표현 ϕ는 입력에서 넓은 범위의 의존성을 감지하지 못하고 훈련을 어렵게 합니다.

먼저 인코딩한 다음 디코딩하는 과정은 번역해본 적이 있는 독자에게는 이상하게 들릴 수 있습니다. 일반적으로 사람은 문장의 의미를 추출한 뒤 이를 바탕으로 번역하지 않습니다. [그림 8-7]의 예에서 프랑스어 pour를 보면 영어로 for임을 알고 petit-déjeuner를 보면 breakfast가 떠오르는 식으로 번역합니다. 다르게 말하면 사람은 출력을 생성할 때 관련된 입력 부분에 초점을 맞춥니다. 이런 현상을 **어텐션**attention이라 부릅니다. 어텐션은 신경 과학 등 여러 분야에서 널리 연구되었습니다. 사람은 어텐션 덕분에 적은 기억 용량으로도 여러 작업을 성공적으로 수행할 수 있습니다. 어텐션은 많은 곳에서 일어납니다. 사실 독자 여러분에게도 지금 일어나고 있습니다. 여러분은 읽고 있는 모든 단어에 어텐션을 부여합니다. 기억력이 뛰어나더라도 책 전체를 하나의 문장처럼 읽지 않을 것입니다. 그 대신 한 단어를 읽을 때 주변 단어에 주의를 기울이고 절과 장의 주제에 주의를 기울입니다.

이와 비슷하게 전체 입력의 최종 요약이 아니라 입력의 여러 부분에 어텐션을 부여하는 시퀀

---

5   1994년 벤지오 등의 논문과 2016년 레(Le)와 자위데마(Zuidema) 논문을 참고하세요.

스 생성 모델을 만들겠습니다. 이를 **어텐션 메커니즘**attention mechanism이라고 부릅니다. NLP에 어텐션의 개념을 사용한 첫 번째 모델은 바다나우Bahdanau 등의 2015년 논문에 있는 기계 번역 모델입니다. 그 이후 여러 종류의 어텐션 메커니즘과 어텐션을 향상하는 여러 방법이 개발되었습니다. 이 절에서는 기본적인 어텐션 메커니즘과 어텐션 관련 용어를 몇 가지 소개합니다. 어텐션은 입출력이 복잡한 딥러닝 모델의 성능을 높이는 데 매우 유용합니다. 사실 바다나우 등의 2015년 논문에서는 어텐션 메커니즘이 없을 때 입력이 길어질수록 BLEU 점수(8.4절 '시퀀스 생성 모델 평가' 참조)로 측정된 기계 번역 시스템의 성능이 저하됨을 보였습니다(그림 8-8). 어텐션을 추가하면 이런 문제가 해결됩니다.

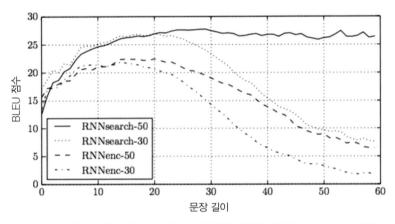

그림 8-8 어텐션이 필요한 이유. 이 그래프는 어텐션을 사용할 때(RNNsearch-30, RNNsearch-50)와 그렇지 않을 때(RNNenc-30, RNNenc-50) 기계 번역 시스템의 BLEU 점수 변화를 보여줍니다. RNN*-30와 RNN*-50 시스템은 각각 최대 단어 길이가 30과 50인 문장에서 훈련했습니다. 어텐션이 없는 기계 번역 시스템은 문장 길이가 길수록 성능이 감소합니다. 어텐션을 사용하면 긴 문장의 번역 성능이 향상되지만, 기계 번역 성능의 안정성은 훈련된 문장의 길이에 비례합니다. (출처: 바다나우 등의 2015년 논문)

8.3.1 심층 신경망의 어텐션

어텐션은 일반적인 메커니즘이며 이 책의 서두에서 소개한 모든 모델에 사용할 수 있습니다. 하지만 여기에서는 인코더-디코더 모델만 설명합니다. 이런 모델에서 어텐션의 진가가 드러나기 때문입니다. S2S 모델을 생각해 보죠. 전형적인 S2S 모델에서 각 타임 스텝은 은닉 상태 ϕ_w를 생성합니다. 이는 인코더의 해당 타임 스텝에 대응됩니다(그림 8-6 참고). 어텐션을 사용할 때는 인코더의 최종 은닉 상태뿐만 아니라 중간 타임 스텝의 은닉 상태도 고려합니다. 혼란스러울 수 있는 용어이지만 인코더의 이런 은닉 상태를 **값**value(또는 특정 상황에서는 **키**key)이라고 부릅니다. 어텐션은 디코더의 이전 은닉 상태도 고려하며 이를 **쿼리**query라고 부릅니다.[6]

[그림 8-9]는 타임 스텝 0에서의 어텐션 과정을 보여줍니다. 타임 스텝 t=0의 쿼리 벡터는 고정된 하이퍼파라미터입니다. 어텐션은 주의를 기울이려는 값의 개수와 차원이 같은 벡터 하나로 표현됩니다. 이를 **어텐션 벡터**attention vector 또는 **어텐션 가중치**attention weight, 때로는 **정렬**이라 부릅니다. 어텐션 가중치는 인코더 상태(값)와 연결되어 **문맥 벡터**context vector를 생성합니다. 이따금 이를 **글림스**glimpse라고도 부릅니다. 전체 문장의 인코딩 대신에 문맥 벡터가 디코더의 입력이 됩니다. 다음 타임 스텝의 어텐션 벡터는 **호환성 함수**compatibility function를 사용해 업데이트됩니다. 호환성 함수는 사용하는 어텐션 메커니즘에 따라 다릅니다.

어텐션을 구현하는 방법은 몇 가지가 있습니다. 그중 가장 간단한 **콘텐츠 인식 어텐션**content-aware attention을 가장 많이 사용합니다. '예제: 신경망 기계 번역(8.5절)'에서 콘텐츠 인식 메커니즘을 실제로 다뤄보겠습니다. 쿼리 벡터와 키만 사용하는 **위치 인식 어텐션**location-aware attention도 인기 있는 메커니즘입니다. 어텐션 가중치는 일반적으로 0과 1 사이의 실수입니다. 이를 **소프트 어텐션**soft attention이라고 합니다. 하지만 어텐션이 0 아니면 1인 이진 벡터를 학습할 수도 있습니다. 이를 **하드 어텐션**hard attention이라고 합니다.

[그림 8-9]의 어텐션 메커니즘은 입력의 모든 타임 스텝에 대해 인코더의 상태를 사용합니다. 이를 **전역 어텐션**global attention이라고도 합니다. 반면 **지역 어텐션**local attention은 현재 타임 스텝 주위에 있는 입력에만 의존합니다.

---

6 키, 값, 쿼리 용어가 처음에 혼란스러울 수 있습니다. 하지만 이런 용어가 표준이기에 여기서도 소개합니다. 개념이 잘 이해될 때까지 이 절을 여러 번 읽으세요. 초기에는 어텐션을 검색 작업으로 여겼기 때문에 이런 용어를 사용했습니다. 일반적인 어텐션과 개념에 관한 자세한 리뷰는 릴리안 웡(Lilian Weng)의 글 "Attention? Attention!"(*https://lilianweng.github.io/lil-log/2018/06/24/attention-attention.html*)을 참고하세요.

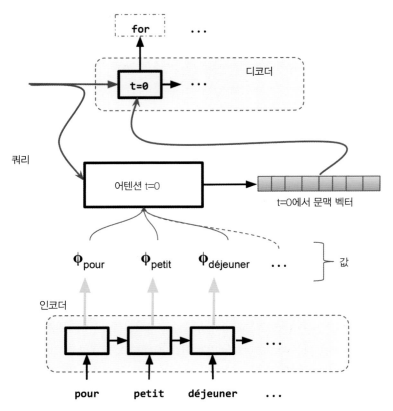

그림 8-9 디코더 타임 스텝 t=0에서 어텐션 동작. 예측된 출력은 'for'이고 어텐션 블록이 모든 입력 단어에 대한 인코더 은닉 상태 ϕ_w를 고려합니다.

특히 기계 번역에서는 명시적으로 정렬 정보를 훈련 데이터로 제공하기도 합니다. 이런 상황에서는 동시에 훈련되는 별도의 신경망을 사용해 어텐션 함수를 학습하는 **지도 어텐션**supervised attention 메커니즘을 구성할 수 있습니다. 문서와 같이 큰 입력에는 계층적인 어텐션 메커니즘을 만들 수 있습니다. 여기에서는 당장의 입력에만 초점을 맞추지 않고 문단, 절, 장 등의 문서 구조도 고려합니다.

바스와니Vaswani 등의 2017년 논문에서는 트랜스포머 네트워크를 위한 **멀티헤드 어텐션**multiheaded attention을 소개합니다. 여러 어텐션 벡터를 사용해서 입력의 다양한 영역을 추적합니다. 또한 **셀프 어텐션**self-attention 개념을 대중화했습니다. 입력의 어떤 영역이 다른 영역에 영향을 미치는지 학습하는 메커니즘입니다.

이미지와 음성처럼 입력의 형태가 다양할 때는 **멀티모달 어텐션**multimodal attention 메커니즘을 구성할 수 있습니다. 새롭지만 어텐션에 대한 논문은 이미 방대해서 이 주제가 얼마나 중요한지 알려 줍니다. 이 책에서는 각 방식을 자세히 소개하지 않습니다. 출발점으로 루옹Luong, 팜Pham, 매닝Manning의 2015년 논문과 바스와니 등의 2017년 논문을 추천합니다.

8.4 시퀀스 생성 모델 평가

정밀도, 재현율, F1 같은 분류 지표는 정답이 여럿인 모델에는 도움이 되지 않습니다. 예를 들어 프랑스어 문장 하나에서 다양한 영어 번역문이 나올 수 있습니다. 시퀀스 모델은 **참조 출력**reference output이라는 기대 출력으로 평가합니다. 여러 모델을 비교할 때 모델의 출력이 얼마나 참조 출력에 가까운지를 점수로 매깁니다. 예를 들어 기계 번역 작업에서 이해할 수 없는 번역문을 만든 모델보다 한 단어만 틀린 모델의 점수를 덜 깎을 수 있습니다. 입력 샘플 하나에 대한 참조 출력이 여럿일 수 있습니다. 예를 들어 프랑스어 문장 하나에 대해 조금씩 다른 단어를 사용하여 다양한 영어 번역을 만들 수 있습니다. 시퀀스 생성 모델에는 평가 방법이 두 종류 있습니다. 사람 평가와 자동 평가입니다.

기계 번역에서 사람 평가는 한 명 이상의 사람이 모델 출력에 '좋음' 또는 '나쁨'을 표시하거나 번역을 고치는 방법입니다. 이는 사람이 작업할 때와 유사하게 시스템 출력의 최종 목표와 매우 비슷한 간단한 '에러율'을 만듭니다. 사람 평가가 중요하지만, 사람은 평가 속도가 느리고 비용이 많이 들며 구하기 어려워서 자주 사용하지 않습니다. 또한 사람들 간의 평가가 다를 수도 있습니다. 따라서 사람 평가는 반드시 **평가자 간의 일치율**과 함께 사용해야 합니다. **HTER**human-targeted translation error rate는 널리 사용하는 사람 평가 지표입니다. 사람이 번역 결과를 더 자연스럽고 의미에 맞게 개선하려고 추가, 삭제, 이동한 횟수를 헤아려 계산한 가중치가 적용된 편집 거리입니다(그림 8-10 참조).

Judge Sentence

You have already judged 14 of 3064 sentences, taking 86.4 seconds per sentence.

Source: les deux pays constituent plutôt un laboratoire nécessaire au fonctionnement interne de l'ue .

Reference: rather , the two countries form a laboratory needed for the internal working of the eu .

Translation	Adequacy	Fluency
both countries are rather a necessary laboratory the internal operation of the eu .	1 2 3 4 5	1 2 3 4 5
both countries are a necessary laboratory at internal functioning of the eu .	1 2 3 4 5	1 2 3 4 5
the two countries are rather a laboratory necessary for the internal workings of the eu .	1 2 3 4 5	1 2 3 4 5
the two countries are rather a laboratory for the internal workings of the eu .	1 2 3 4 5	1 2 3 4 5
the two countries are rather a necessary laboratory internal workings of the eu .	1 2 3 4 5	1 2 3 4 5

Annotator: Philipp Koehn **Task:** WMT06 French-English   Annotate

Instructions	5= All Meaning 4= Most Meaning 3= Much Meaning 2= Little Meaning 1= None	5= Flawless English 4= Good English 3= Non-native English 2= Disfluent English 1= Incomprehensible

그림 8-10 번역 작업을 위해 진행 중인 사람 평가(출처: 필립 코엔Philipp Koehn)

반면 자동 평가는 실행하기 쉽고 빠릅니다. 생성된 시퀀스를 자동으로 평가하는 지표에는 두 종류가 있습니다. **n-그램 중복 기반 지표**n-gram overlap-based metric와 **혼란도**perplexity입니다. 이 지표는 여기서 예로 든 기계 번역 외에도 시퀀스 생성과 관련된 다른 작업에도 적용할 수 있습니다. n-그램 중복 기반 지표는 참조와 출력이 얼마나 가까운지 n-그램 중복 통계로 점수를 계산합니다. BLEU, ROUGE, METEOR가 n-그램 중복 기반 지표입니다. 이 중에서 BLEUBiLingual Evaluation Understudy는 기계 번역 논문에서 측정 지표로 오랫동안 사용되었습니다.[7] 여기에서는 BLEU의 공식을 소개하지는 않겠습니다. 파피네니Papineni 등의 2002년 논문을 참고하세요. 이

---

7 BLEU를 제안한 원래 2002년 논문이 2018년 Test of Time Award(*https://naacl2018.wordpress.com/2018/03/22/test-of-time-award-papers/*)를 수상했습니다. 옮긴이_ Test of Time Award는 오랫동안 큰 영향을 끼친 논문의 저자에게 수여하는 상입니다.

점수를 실용적으로 계산하려고 NLTK[8]와 SacreBLEU[9] 패키지를 사용합니다. 참조 데이터가 있다면 BLEU를 빠르고 쉽게 계산할 수 있습니다.

혼란도 역시 정보 이론에 기반한 자동 평가 지표입니다. 출력 시퀀스의 확률을 측정할 수 있다면 적용 가능합니다. 시퀀스 x의 확률이 $P(x)$일 때 혼란도는 다음과 같이 정의됩니다.

$$\text{Perplexity}(x) = 2^{-P(x)\log P(x)}$$

따로 떼어 놓은 데이터셋에서 모델의 혼란도를 측정해 여러 시퀀스 생성 모델을 쉽게 비교할 수 있습니다. 혼란도는 계산하기 쉽지만, 시퀀스 생성 모델의 평가에 사용할 때 여러 문제점이 있습니다. 첫째, 혼란도는 과장된 지표입니다. 혼란도 공식에는 지수 함수가 있습니다. 결국 모델 성능(가능도)의 작은 차이가 혼란도에서 큰 차이를 만듭니다. 크게 향상되었다고 착각할 수 있습니다. 둘째, 다른 지표와 달리 혼란도의 변화는 모델의 오차율에 직접 반영되지 않습니다. 마지막으로 (BLEU 등 n-그램 기반 지표처럼) 혼란도가 향상되더라도 사람이 판단하기에는 향상되었다고 느끼지 못할 수 있습니다.

다음 절에서 기계 번역 예제를 파이토치로 구현하면서 이런 개념을 연결해 보겠습니다.

8.5 예제: 신경망 기계 번역

이 절에서는 S2S 모델이 널리 사용되는 기계 번역을 구현해 보겠습니다. 2010년대 초에 딥러닝이 인기를 얻으면서, 데이터가 충분하다면 단어 임베딩과 RNN이 언어 번역에 매우 뛰어나다는 점이 드러났습니다. 기계 번역 모델은 '강력한 시퀀스 모델링: 어텐션(8.3절)'에서 설명한 어텐션 메커니즘으로 더욱 향상되었습니다. 이 절에서는 루옹, 팜, 매닝의 2015년 논문에 기반하여 S2S 모델의 어텐션 메커니즘을 간소화한 구현을 설명합니다.

먼저 데이터셋을 소개하고 신경망 기계 번역에 필요한 특별한 종류의 데이터 구조를 소개합니다. 데이터셋은 쌍으로 이루어진 말뭉치입니다. 영어 문장과 이에 상응하는 프랑스어 번역으로 구성됩니다. 길이가 다른 시퀀스 두 개를 다루기 때문에 입력 시퀀스와 출력 시퀀스의 최대 길

---

8 *https://github.com/nltk/nltk/blob/develop/nltk/translate/bleu_score.py*에 있는 예를 참고하세요.

9 SacreBLEU(*https://github.com/mjpost/sacreBLEU*)는 기계 번역 평가의 표준입니다.

이와 어휘 사전을 기록해야 합니다. 예제는 대부분 이전 장에서 본 예제를 확장해서 만들었습니다.

데이터셋과 기록용 데이터 구조를 설명한 후에 모델을 만들고 입력 시퀀스 위치에 주의를 기울이면서 타깃 시퀀스를 생성하는 방법을 구현하겠습니다. 모델의 인코더는 양방향 GRU 유닛을 사용하고 시퀀스에 있는 모든 부분의 정보를 기반으로 입력 시퀀스의 각 위치에 대한 벡터를 계산합니다. 이를 위해 파이토치의 `PackedSequence` 데이터 구조를 사용합니다. 'NMT 모델의 인코딩과 디코딩(8.5.3)'에서 이를 자세히 설명하겠습니다. '강력한 시퀀스 모델링: 어텐션(8.3절)'에서 소개한 어텐션 메커니즘은 양방향 GRU의 출력에 적용되고 타깃 시퀀스를 생성하는 조건으로 사용됩니다. '모델 훈련과 결과(8.5.4)'에서 모델의 결과와 개선 방법을 논의하겠습니다.

8.5.1 기계 번역 데이터셋

이 예제에서는 타토에바 프로젝트^{Tatoeba Project}의 영어–프랑스어 문장 쌍으로 구성된 데이터셋[10]을 사용합니다. 모든 문장을 소문자로 바꾸고 NLTK의 영어, 프랑스어 토큰화를 각 문장 쌍에 적용하며 전처리를 시작합니다. 그다음 NLTK의 언어에 특화된 단어 토큰화를 적용해 토큰 리스트를 만듭니다. 이어서 추가로 계산을 수행하더라도 전처리된 데이터셋은 토큰의 리스트입니다.

방금 설명한 기본 전처리에 더해서 특정 문장 패턴을 지정하여 데이터의 일부분만 선택해 학습 문제를 단순하게 만듭니다. 즉, 제한된 문장 패턴으로 데이터 범위를 좁힌다는 의미입니다. 결국 훈련하는 동안 모델의 분산을 낮추고 짧은 훈련 시간 안에 높은 성능을 달성할 수 있습니다.

> NOTE_ 새로운 모델을 만들거나 새로운 구조를 실험할 때는 모델 선택과 평가 사이를 빠르게 반복해야 합니다.

여기서 선택한 데이터는 'i am', 'he is', 'she is', 'they are', 'you are', 'we are'로 시작하는 영어 문장입니다.[11] 이렇게 해서 데이터셋의 문장 쌍을 135,842개에서 13,062개로 10배나 줄

---

10 *http://www.manythings.org/anki/*에서 가져온 데이터셋입니다.
11 주어–동사 쌍의 축약형인 'i'm', 'he's', 'she's', 'you're', 'we're', 'they're'도 포함합니다.

입니다.[12] 문장 쌍 13,062개 중 70%는 훈련 세트, 15%는 검증 세트, 15%는 테스트 세트로 나누며 학습 설정을 마무리합니다. 이때 패턴별로 문장을 모아 훈련, 검증, 테스트 세트의 비율에 맞게 나눈 다음 다시 세트별로 합쳐서 각 세트에 포함된 시작 문장의 패턴 비율을 일정하게 유지합니다.

8.5.2 NMT를 위한 벡터 파이프라인

소스 영어와 타깃 프랑스어를 벡터로 변환하려면 이전 장에서보다 복잡한 파이프라인이 필요합니다. 복잡도가 증가하는 데는 두 가지 이유가 있습니다. 첫째, 소스와 타깃 시퀀스는 모델에서 다른 역할을 하고, 언어가 다르며, 다른 두 방식으로 벡터화됩니다. 둘째, 파이토치의 PackedSequence를 사용하려면 소스 시퀀스의 길이에 따라 각 미니배치를 소팅해야 합니다.[13] 두 문제에 대비하려고 NMTVectorizer는 별도의 SequenceVocabulary 객체 두 개를 만들고 [코드 8-1]처럼 최대 시퀀스 길이를 따로 측정합니다.

코드 8-1 NMTVectorizer 클래스

```
class NMTVectorizer(object):
    """ 어휘 사전을 생성하고 관리합니다 """
    def __init__(self, source_vocab, target_vocab, max_source_length,
                 max_target_length):
        """
        매개변수:
            source_vocab (SequenceVocabulary): 소스 단어를 정수에 매핑합니다
            target_vocab (SequenceVocabulary): 타깃 단어를 정수에 매핑합니다
            max_source_length (int): 소스 데이터셋에서 가장 긴 시퀀스 길이
            max_target_length (int): 타깃 데이터셋에서 가장 긴 시퀀스 길이
        """
        self.source_vocab = source_vocab
        self.target_vocab = target_vocab

        self.max_source_length = max_source_length
        self.max_target_length = max_target_length
    @classmethod
```

---

12 이는 모델이 전체 데이터셋을 10배 빠르게 처리할 수 있다는 뜻입니다. 하지만 수렴이 10배 빨라지지는 않습니다. 이렇게 하려면 모델이 더 적은 횟수의 에포크 안에 데이터셋에 수렴하거나 이와 관련된 다른 요소가 필요하기 때문입니다.

13 시퀀스를 소팅하면 RNN을 위한 저수준 CUDA 연산을 효율적으로 사용할 수 있습니다.

```python
def from_dataframe(cls, bitext_df):
    """ 데이터셋 데이터프레임으로 NMTVectorizer를 초기화합니다

    매개변수:
        bitext_df (pandas.DataFrame): 텍스트 데이터셋
    반환값:
        NMTVectorizer 객체
    """
    source_vocab = SequenceVocabulary()
    target_vocab = SequenceVocabulary()
    max_source_length, max_target_length = 0, 0

    for _, row in bitext_df.iterrows():
        source_tokens = row["source_language"].split(" ")
        if len(source_tokens) > max_source_length:
            max_source_length = len(source_tokens)
        for token in source_tokens:
            source_vocab.add_token(token)

        target_tokens = row["target_language"].split(" ")
        if len(target_tokens) > max_target_length:
            max_target_length = len(target_tokens)
        for token in target_tokens:
            target_vocab.add_token(token)

    return cls(source_vocab, target_vocab, max_source_length,
               max_target_length)
```

복잡도가 증가하는 첫 번째 요인은 소스와 타깃 시퀀스를 다루는 방법이 다르다는 점입니다. 소스 시퀀스는 시작 부분에 BEGIN-OF-SEQUENCE 토큰이 추가되고 마지막에 END-OF-SEQUENCE 토큰이 추가되어 벡터화됩니다. 이 모델은 양방향 GRU를 사용하여 소스 시퀀스에 있는 토큰을 위한 요약 벡터를 만듭니다. 문장의 경계가 주어지면 요약 벡터에 크게 도움이 됩니다. 반면 타깃 시퀀스는 토큰 하나가 밀린 복사본 두 개로 벡터화됩니다. 첫 번째 복사본은 BEGIN-OF-SEQUENCE 토큰이 필요하고 두 번째 복사본은 END-OF-SEQUENCE 토큰이 필요합니다. 7장을 떠올려보면 시퀀스 예측 작업에는 타임 스텝마다 입력 토큰과 출력 토큰이 필요합니다. S2S 모델의 디코더가 이 작업을 수행하지만 인코더 문맥이 추가됩니다. 이런 작업을 단순화하려고 소스 인덱스와 타깃 인덱스에 상관없이 벡터화를 수행하는 _vectorize() 메서드를 만들었습니다. 그다음 소스 인덱스와 타깃 인덱스를 각기 처리하는 두 메서드를 만듭니다. 마지막으로

`NMTVectorizer.vectorize`에서 인덱스를 모두 관리합니다. [코드 8-2]에서 이런 메서드를 보여줍니다.

코드 8-2 NMTVectorizer의 벡터 변환을 위한 메서드

```python
class NMTVectorizer(object):
    """ 어휘 사전을 생성하고 관리합니다 """
    def _vectorize(self, indices, vector_length=-1, mask_index=0):
        """ 인덱스를 벡터로 변환합니다

        매개변수:
            indices (list): 시퀀스를 나타내는 정수 리스트
            vector_length (int): 인덱스 벡터의 길이
            mask_index (int): 사용할 마스크 인덱스. 거의 항상 0
        """
        if vector_length < 0:
            vector_length = len(indices)
        vector = np.zeros(vector_length, dtype=np.int64)
        vector[:len(indices)] = indices
        vector[len(indices):] = mask_index
        return vector

    def _get_source_indices(self, text):
        """ 벡터로 변환된 소스 텍스트를 반환합니다

        매개변수:
            text (str): 소스 텍스트. 토큰은 공백으로 구분되어야 합니다
        반환값:
            indices (list): 텍스트를 표현하는 정수 리스트
        """
        indices = [self.source_vocab.begin_seq_index]
        indices.extend(self.source_vocab.lookup_token(token)
                    for token in text.split(" "))
        indices.append(self.source_vocab.end_seq_index)
        return indices

    def _get_target_indices(self, text):
        """ 벡터로 변환된 타깃 텍스트를 반환합니다

        매개변수:
            text (str): 타깃 텍스트. 토큰은 공백으로 구분되어야 합니다
        반환값:
            튜플: (x_indices, y_indices)
```

```
                x_indices (list): 디코더에서 샘플을 나타내는 정수 리스트
                y_indices (list): 디코더에서 예측을 나타내는 정수 리스트
        """
        indices = [self.target_vocab.lookup_token(token)
                       for token in text.split(" ")]
        x_indices = [self.target_vocab.begin_seq_index] + indices
        y_indices = indices + [self.target_vocab.end_seq_index]
        return x_indices, y_indices

    def vectorize(self, source_text, target_text, use_dataset_max_lengths=True):
        """ 벡터화된 소스 텍스트와 타깃 텍스트를 반환합니다

        벡터화된 소스 텍스트는 하나의 벡터입니다.
        벡터화된 타깃 텍스트는 7장의 성씨 모델링과 비슷한 스타일로 벡터 두 개로 나뉩니다.
        각 타임 스텝에서 첫 번째 벡터가 샘플이고 두 번째 벡터가 타깃이 됩니다.

        매개변수:
            source_text (str): 소스 언어의 텍스트
            target_text (str): 타깃 언어의 텍스트
            use_dataset_max_lengths (bool): 최대 벡터 길이를 사용할지 여부
        반환값:
            다음과 같은 키에 벡터화된 데이터를 담은 딕셔너리:
                source_vector, target_x_vector, target_y_vector, source_length
        """
        source_vector_length = -1
        target_vector_length = -1

        if use_dataset_max_lengths:
            source_vector_length = self.max_source_length + 2
            target_vector_length = self.max_target_length + 1

        source_indices = self._get_source_indices(source_text)
        source_vector = self._vectorize(source_indices,
                                    vector_length=source_vector_length,
                                    mask_index=self.source_vocab.mask_index)

        target_x_indices, target_y_indices = self._get_target_indices
        (target_text)
        target_x_vector = self._vectorize(target_x_indices,
                                      vector_length=target_vector_length,
                                      mask_index=self.target_vocab.mask_index)
        target_y_vector = self._vectorize(target_y_indices,
                                      vector_length=target_vector_length,
                                      mask_index=self.target_vocab.mask_index)
```

```
        return {"source_vector": source_vector,
                "target_x_vector": target_x_vector,
                "target_y_vector": target_y_vector,
                "source_length": len(source_indices)}
```

복잡도를 올리는 두 번째 요인은 소스 시퀀스에서 옵니다. 양방향 GRU로 소스 시퀀스를 인코
딩하는 데 파이토치 PackedSequence 데이터 구조를 사용합니다. 일반적으로 가변 길이 시퀀
스의 미니배치는 각 시퀀스를 행으로 쌓은 정수 행렬로 표현됩니다. 여기에서 시퀀스는 왼쪽
정렬되고 제로 패딩되어 가변 길이를 허용합니다. PackedSequence 데이터 구조는 가변 길이
시퀀스 미니배치를 배열 하나로 표현합니다. [그림 8-11]처럼 시퀀스의 타임 스텝 데이터를
차례대로 연결하고 타임 스텝마다 시퀀스 길이를 기록합니다.

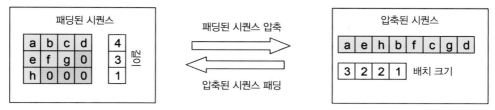

그림 8-11 패딩된 시퀀스의 행렬과 길이가 왼쪽에 나타나 있습니다. 패딩된 행렬이 가변 길이 시퀀스를 표현하는 기본
적인 방법입니다. 오른쪽에 0으로 패딩하고 행 벡터를 쌓습니다. 파이토치에서 패딩된 시퀀스 행렬을 하나의 텐서 표현
인 PackedSequence로 압축할 수 있으며 배치 크기와 함께 오른쪽에 나타나 있습니다. 이런 표현을 사용하면 GPU
가 타임 스텝마다 얼마나 많은 시퀀스(배치 크기)가 있는지 파악하면서 시퀀스를 처리할 수 있습니다.

PackedSequence를 만들려면 두 가지가 필요합니다. 각 시퀀스의 길이를 알아야 하고 시퀀스
의 길이 순서대로 내림차순 정렬되어야 합니다. 정렬된 행렬을 만들기 위해 미니배치에 있는
텐서를 시퀀스 길이 순서대로 정렬합니다. [코드 8-3]에서 generate_batches()를 수정한
generate_nmt_batches() 함수를 보여줍니다.

코드 8-3 NMT 예제를 위한 미니배치 생성하기

```
    def generate_nmt_batches(dataset, batch_size, shuffle=True,
                             drop_last=True, device="cpu"):
        """ 파이토치 DataLoader를 감싸는 제너레이터 함수. NMT 버전 """
        dataloader = DataLoader(dataset=dataset, batch_size=batch_size,
                                shuffle=shuffle, drop_last=drop_last)
```

```
for data_dict in dataloader:
    lengths = data_dict['x_source_length'].numpy()
    sorted_length_indices = lengths.argsort()[::-1].tolist()

    out_data_dict = {}
    for name, tensor in data_dict.items():
        out_data_dict[name] = data_dict[name][sorted_length_indices].to(device)
    yield out_data_dict
```

8.5.3 NMT 모델의 인코딩과 디코딩

이 예제에서는 소스 시퀀스(영어 문장)를 사용해 타깃 시퀀스(프랑스어 번역문)를 생성합니다. '시퀀스-투-시퀀스 모델, 인코더-디코더 모델, 조건부 생성(8.1절)'에서 설명했듯이, 인코더-디코더 모델을 사용하는 것이 표준입니다. [코드 8-4]와 [코드 8-5]에 있는 모델에서 인코더가 먼저 소스 시퀀스를 양방향 GRU로 벡터 상태의 시퀀스로 매핑합니다(8.2절 '강력한 시퀀스 모델링: 양방향 순환 모델' 참조). 그다음 디코더가 인코더의 은닉 상태를 초기 은닉 상태로 만들고 어텐션 메커니즘(8.3절 '강력한 시퀀스 모델링: 어텐션' 참조)으로 소스 시퀀스에 있는 다양한 정보를 선택해 출력 시퀀스를 만듭니다. 이 절의 나머지 부분에서 이 과정을 자세히 설명하겠습니다.

코드 8-4 NMTModel은 하나의 forward() 메서드에 인코더와 디코더를 캡슐화하여 관리합니다.

```
class NMTModel(nn.Module):
    """ 신경망 기계 번역 모델 """
    def __init__(self, source_vocab_size, source_embedding_size,
                 target_vocab_size, target_embedding_size, encoding_size,
                 target_bos_index):
        """
        매개변수:
            source_vocab_size (int): 소스 언어의 고유한 단어 개수
            source_embedding_size (int): 소스 임베딩 벡터의 크기
            target_vocab_size (int): 타깃 언어의 고유한 단어 개수
            target_embedding_size (int): 타깃 임베딩 벡터의 크기
            encoding_size (int): 인코더 RNN의 크기
            target_bos_index (int): BEGIN-OF-SEQUENCE 토큰 인덱스
        """
        super(NMTModel, self).__init__()
```

```python
        self.encoder = NMTEncoder(num_embeddings=source_vocab_size,
                                  embedding_size=source_embedding_size,
                                  rnn_hidden_size=encoding_size)
        decoding_size = encoding_size * 2
        self.decoder = NMTDecoder(num_embeddings=target_vocab_size,
                                  embedding_size=target_embedding_size,
                                  rnn_hidden_size=decoding_size,
                                  bos_index=target_bos_index)

    def forward(self, x_source, x_source_lengths, target_sequence):
        """ 모델의 정방향 계산

        매개변수:
            x_source (torch.Tensor): 소스 텍스트 데이터 텐서
                x_source.shape는 (batch, vectorizer.max_source_length)입니다.
            x_source_lengths torch.Tensor): x_source의 시퀀스 길이
            target_sequence (torch.Tensor): 타깃 텍스트 데이터 텐서
        반환값:
            decoded_states (torch.Tensor): 각 출력 타임 스텝의 예측 벡터
        """
        encoder_state, final_hidden_states = self.encoder(x_source,
                                                          x_source_lengths)
        decoded_states = self.decoder(encoder_state=encoder_state,
                                      initial_hidden_state=final_hidden_states,
                                      target_sequence=target_sequence)
        return decoded_states
```

코드 8-5 양방향 GRU로 단어를 임베딩하고 특성을 추출하는 인코더

```python
class NMTEncoder(nn.Module):
    def __init__(self, num_embeddings, embedding_size, rnn_hidden_size):
        """
        매개변수:
            num_embeddings (int): 임베딩 개수는 소스 어휘 사전의 크기입니다
            embedding_size (int): 임베딩 벡터의 크기
            rnn_hidden_size (int): RNN 은닉 상태 벡터의 크기
        """
        super(NMTEncoder, self).__init__()

        self.source_embedding = nn.Embedding(num_embeddings, embedding_size,
                                             padding_idx=0)
        self.birnn = nn.GRU(embedding_size, rnn_hidden_size, bidirectional=True,
                            batch_first=True)
```

```
def forward(self, x_source, x_lengths):
    """ 모델의 정방향 계산

    매개변수: ,
        x_source (torch.Tensor): 입력 데이터 텐서
            x_source.shape는 (batch, seq_size)입니다
        x_lengths (torch.Tensor): 배치에 있는 아이템의 길이 벡터
    반환값:
        튜플:
        a tuple: x_unpacked (torch.Tensor), x_birnn_h (torch.Tensor)
            x_unpacked.shape = (batch, seq_size, rnn_hidden_size * 2)
            x_birnn_h.shape = (batch, rnn_hidden_size * 2)
    """
    x_embedded = self.source_embedding(x_source)
    # create PackedSequence 생성 x_packed.data.shape=(number_items,
    # embedding_size)
    x_lengths = x_lengths.detach().cpu().numpy()
    x_packed = pack_padded_sequence(x_embedded, x_lengths, batch_first=True)

    # x_birnn_h.shape = (num_rnn, batch_size, feature_size)
    x_birnn_out, x_birnn_h  = self.birnn(x_packed)
    # (batch_size, num_rnn, feature_size)로 변환
    x_birnn_h = x_birnn_h.permute(1, 0, 2)

    # 특성 펼침. (batch_size, num_rnn * feature_size)로 바꾸기
    # (참고: -1은 남은 차원에 해당하며,
    #        두 개의 RNN 은닉 벡터를 1로 펼칩니다)
    x_birnn_h = x_birnn_h.contiguous().view(x_birnn_h.size(0), -1)

    x_unpacked, _ = pad_packed_sequence(x_birnn_out, batch_first=True)
    return x_unpacked, x_birnn_h
```

일반적으로 인코더는 정수 시퀀스를 입력으로 받아 위치마다 특성 벡터를 만듭니다. 이 예제에서 인코더의 출력은 이런 벡터와 특성 벡터를 구성하는 양방향 GRU의 최종 은닉 상태입니다. 다음 절에서 이 은닉 상태를 사용해 디코더의 은닉 상태를 초기화합니다.

인코더를 자세히 살펴보죠. 먼저 임베딩 층을 사용해 입력 시퀀스를 임베딩합니다. 보통 임베딩 층에서 padding_idx 매개변수를 설정해 가변 길이 시퀀스를 처리합니다. padding_idx와 동일한 모든 위치는 0 벡터가 되며 최적화 과정에서 업데이트되지 않습니다. 이를 **마스킹**masking 이라고 합니다. 하지만 이 인코더-디코더 모델에서 마스킹 위치는 다른 방식으로 처리해야 합니다. 양방향 GRU를 사용해 소스 시퀀스를 인코딩하면 역방향일 때는 마스킹된 위치에 영향

을 받을 수 있기 때문입니다. 시퀀스가 시작되기 전에 만나는 마스킹 위치 개수에 비례하여 영향을 받습니다.[14]

양방향 GRU에서 가변 길이 시퀀스의 마스킹 위치를 처리하는 데 파이토치의 PackedSequence 데이터 구조를 사용합니다. PackedSequence는 CUDA를 사용해 배치 형태의 가변 길이 시퀀스를 처리합니다. [코드 8-6]에 있는 인코더의 임베딩된 소스 시퀀스처럼 0으로 패딩된 시퀀스는 PackedSequence로 변환할 수 있습니다. 단, 시퀀스의 길이가 제공되며 미니배치가 시퀀스 길이로 정렬되어야 합니다. [그림 8-11]에 그림으로 표현했습니다. 복잡한 개념이므로 [코드 8-6]에서 예시와 출력을 확인해 보죠.[15]

코드 8-6 pack_padded_sequence와 pad_packed_sequence의 간단한 사용 예

```
In[0]   abcd_padded = torch.tensor([1, 2, 3, 4], dtype=torch.float32)
        efg_padded = torch.tensor([5, 6, 7, 0], dtype=torch.float32)
        h_padded = torch.tensor([8, 0, 0, 0], dtype=torch.float32)

        padded_tensor = torch.stack([abcd_padded, efg_padded, h_padded])

        describe(padded_tensor)

Out[0]  타입: torch.FloatTensor
        크기: torch.Size([3, 4])
        값:
        tensor([[ 1.,  2.,  3.,  4.],
                [ 5.,  6.,  7.,  0.],
                [ 8.,  0.,  0.,  0.]])

In[1]   lengths = [4, 3, 1]
        packed_tensor = pack_padded_sequence(padded_tensor, lengths,
                                             batch_first=True)

        packed_tensor

Out[1]  PackedSequence(data=tensor([ 1.,  5.,  8.,  2.,  6.,  3.,  7.,  4.]),
                       batch_sizes=tensor([ 3,  2,  2,  1]))

In[2]   unpacked_tensor, unpacked_lengths = \
```

---

14 계산을 쓰거나 그림을 그려서 확인해 보세요. 힌트는 하나의 순환 스텝을 생각해 보는 것입니다. 입력과 마지막 은닉 상태에 가중치를 곱하고 편향을 더합니다. 만약 입력이 모두 0이면 편향이 출력에 어떤 영향을 미치나요?

15 '텐서 만들기(1.4.2)'에서 describe() 함수를 소개했습니다.

```
                pad_packed_sequence(packed_tensor, batch_first=True)

        describe(unpacked_tensor)
        describe(unpacked_lengths)

Out[2] 타입: torch.FloatTensor
        크기: torch.Size([3, 4])
        값:
        tensor([[ 1.,  2.,  3.,  4.],
                [ 5.,  6.,  7.,  0.],
                [ 8.,  0.,  0.,  0.]])
        타입 torch.LongTensor
        크기: torch.Size([3])
        값:
        tensor([ 4,  3,  1])
```

이전 절에서 설명한 대로 미니배치를 만들 때 정렬을 수행합니다. 그다음 [코드 8-5]에서처럼 파이토치 pack_padded_sequence() 함수를 호출합니다. 이 함수에 전달하는 매개변수는 임베딩된 시퀀스, 각 시퀀스의 길이, 첫 번째 차원이 배치 차원인지를 나타내는 불리언값입니다. 이 함수는 PackedSequence를 출력합니다. 만들어진 PackedSequence는 양방향 GRU의 입력으로 사용되어 디코더에 주입할 상태 벡터를 만듭니다. 그다음 압축된 양방향 GRU의 출력을 풀어 패딩된 텐서를 만듭니다. 여기에서도 첫 번째 차원이 배치 차원인지 나타내는 불리언 매개변수를 사용합니다. [그림 8-11]에 있듯이 압축을 푸는 연산은 마스킹된 위치[16]를 0 벡터로 채웁니다. 이렇게 하여 이어지는 연산과 호환성을 유지할 수 있습니다.

코드 8-7 인코딩된 소스 문장에서 타깃 문장을 만드는 NMTDecoder

```
class NMTDecoder(nn.Module):
    def __init__(self, num_embeddings, embedding_size, rnn_hidden_size, bos_index):
        """
        매개변수:
            num_embeddings (int): 임베딩 개수는 타깃 어휘 사전의 고유한 단어의 개수입니다
            embedding_size (int): 임베딩 벡터 크기
            rnn_hidden_size (int): RNN 은닉 상태 크기
            bos_index(int): begin-of-sequence 인덱스
        """
```

---

16 시퀀스 차원의 왼쪽에서 오른쪽으로 가면서 시퀀스 길이를 넘어선 모든 위치를 마스킹되었다고 가정합니다.

```python
        super(NMTDecoder, self).__init__()
        self._rnn_hidden_size = rnn_hidden_size
        self.target_embedding = nn.Embedding(num_embeddings=num_embeddings,
                                             embedding_dim=embedding_size,
                                             padding_idx=0)
        self.gru_cell = nn.GRUCell(embedding_size + rnn_hidden_size,
                                   rnn_hidden_size)
        self.hidden_map = nn.Linear(rnn_hidden_size, rnn_hidden_size)
        self.classifier = nn.Linear(rnn_hidden_size * 2, num_embeddings)
        self.bos_index = bos_index

    def _init_indices(self, batch_size):
        """ BEGIN-OF-SEQUENCE 인덱스 벡터를 반환합니다 """
        return torch.ones(batch_size, dtype=torch.int64) * self.bos_index

    def _init_context_vectors(self, batch_size):
        """ 문맥 벡터를 초기화하기 위한 0 벡터를 반환합니다 """
        return torch.zeros(batch_size, self._rnn_hidden_size)

    def forward(self, encoder_state, initial_hidden_state, target_sequence):
        """ 모델의 정방향 계산

        매개변수 :
            encoder_state (torch.Tensor): NMTEncoder의 출력
            initial_hidden_state (torch.Tensor): NMTEncoder의 마지막 은닉 상태
            target_sequence (torch.Tensor): 타깃 텍스트 데이터 텐서
        반환값:
            output_vectors (torch.Tensor): 각 타임 스텝의 예측 벡터
        """
        # 가정: 첫 번째 차원은 배치 차원입니다
        # 즉 입력은 (Batch, Seq)
        # 시퀀스에 대해 반복해야 하므로 (Seq, Batch)로 차원을 바꿉니다
        target_sequence = target_sequence.permute(1, 0)

        # 주어진 인코더의 은닉 상태를 초기 은닉 상태로 사용합니다
        h_t = self.hidden_map(initial_hidden_state)

        batch_size = encoder_state.size(0)
        # 문맥 벡터를 0으로 초기화합니다
        context_vectors = self._init_context_vectors(batch_size)
        # 첫 단어 y_t를 BOS로 초기화합니다
        y_t_index = self._init_indices(batch_size)

        h_t = h_t.to(encoder_state.device)
```

```
            y_t_index = y_t_index.to(encoder_state.device)
            context_vectors = context_vectors.to(encoder_state.device)

            output_vectors = []
            # 분석을 위해 GPU에서 캐싱된 모든 텐서를 가져와 저장합니다.
            self._cached_p_attn = []
            self._cached_ht = []
            self._cached_decoder_state = encoder_state.cpu().detach().numpy()

            output_sequence_size = target_sequence.size(0)
            for i in range(output_sequence_size):

                # 1단계: 단어를 임베딩하고 이전 문맥과 연결합니다
                y_input_vector = self.target_embedding(target_sequence[i])
                rnn_input = torch.cat([y_input_vector, context_vectors], dim=1)

                # 2단계: GRU를 적용하고 새로운 은닉 벡터를 얻습니다
                h_t = self.gru_cell(rnn_input, h_t)
                self._cached_ht.append(h_t.cpu().data.numpy())

                # 3단계: 현재 은닉 상태를 사용해 인코더의 상태를 주목합니다
                context_vectors, p_attn, _ = \
                    verbose_attention(encoder_state_vectors=encoder_state,
                                      query_vector=h_t)

                # 부가 작업: 시각화를 위해 어텐션 확률을 저장합니다
                self._cached_p_attn.append(p_attn.cpu().detach().numpy())

                # 4단계: 현재 은닉 상태와 문맥 벡터를 사용해 다음 단어를 예측합니다
                prediction_vector = torch.cat((context_vectors, h_t), dim=1)
                score_for_y_t_index = self.classifier(prediction_vector)

                # 부가 작업: 예측 성능 점수를 기록합니다
                output_vectors.append(score_for_y_t_index)
```

인코더가 양방향 GRU로 상태 벡터를 만들고 압축과 해제를 처리한 후에 디코더가 타임 스텝을 순회하면서 출력 시퀀스를 만듭니다. 이 반복은 7장에 있는 생성 반복문과 기능적으로 매우 비슷하게 보입니다. 하지만 루옹, 팜, 매닝의 2015년 논문에 있는 어텐션 스타일의 방법에서 비롯한 몇 가지 차이점이 있습니다. 먼저 타깃 시퀀스가 타임 스텝마다 샘플로 제공됩니다.[17] GRUCell을 사용해 은닉 상태를 계산합니다. 인코더 양방향 GRU의 최종 은닉 상태에 Linear 층을 적용하여 초기 은닉 상태를 계산합니다.[18] 타임 스텝마다 디코더 GRU의 입력은 임베딩된 입력 토큰과 마지막 타임 스텝의 문맥 벡터를 연결한 벡터입니다. 문맥 벡터는 해당 타임 스텝에 유용한 정보를 감지하고 모델 출력에 대한 조건으로 작동합니다. 첫 번째 타임 스텝에서 문맥 벡터는 모두 0으로 문맥 정보가 없습니다. 이때는 수학적으로 입력만 GRU 계산에 영향을 미칩니다.

새로운 은닉 상태를 쿼리 벡터로 사용해 현재 타임 스텝에서 어텐션 메커니즘으로 새로운 문맥 벡터를 만듭니다. 이 문맥 벡터가 은닉 상태와 연결되어 해당 타임 스텝에서 디코딩 정보를 표현하는 벡터를 만듭니다. 분류기(여기에서는 간단한 Linear 층)에서 디코딩 정보 벡터를 사용해 예측 벡터 score_for_y_t_index를 만듭니다. 예측 벡터는 소프트맥스 함수를 사용해 출력 어휘 사전에 대한 확률 분포로 변환합니다. 또는 크로스 엔트로피 손실에 사용해 정답 타깃에 대해 최적화할 수 있습니다. 훈련 과정에서 예측 벡터를 어떻게 사용하는지 알아보기 전에 먼저 어텐션 계산부터 확인해 보겠습니다.

어텐션 자세히 알아보기

이 예제에서는 어텐션 메커니즘이 어떻게 동작하는지 이해해야 합니다. '심층 신경망의 어텐션 (8.3.1)'에서 어텐션 메커니즘을 쿼리, 키, 값을 사용해 설명했습니다. 쿼리 벡터와 키 벡터를 입력으로 받아 값 벡터를 선택하는 일련의 가중치를 계산합니다. 이 예에서는 점곱 함수를 사용하지만 다른 함수로 계산할 수도 있습니다.[19] 또한 디코더의 은닉 상태를 쿼리 벡터로 사용하고 인코더 상태 벡터를 키와 값 벡터로 사용합니다.

디코더의 은닉 상태와 인코더 상태 벡터의 점곱은 인코딩된 시퀀스에 있는 아이템마다 스칼라값 하나를 만듭니다. 소프트맥스 함수를 사용해 이 스칼라값을 인코더 상태 벡터에 대한 확률 분포로 변환합니다.[20] 이 확률을 사용해 인코더 상태 벡터에 가중치를 적용한 다음 모두 더해서 배치 아이템마다 벡터 하나를 만듭니다. 요약하면 디코더의 은닉 상태는 타임 스텝마다 인

---

17 NMTVectorizer가 시퀀스 앞에 BEGIN-OF-SEQUENCE 토큰을 추가하므로 첫 번째 토큰은 항상 경계를 나타냅니다.

18 신경망 기계 번역에서 인코더와 디코더를 연결하는 것에 대해서는 누빅(Neubig)의 2007년 논문 7.3절을 참고하세요.

19 다른 함수에 관해서는 루옹, 팜, 매닝의 2015년 논문을 참고하세요. 옮긴이_ 여러 가지 어텐션 계산 방법은 『핸즈온 머신러닝 2판』(한빛미디어, 2020)의 16장을 참고하세요.

20 각 배치 아이템은 하나의 시퀀스이고 각 시퀀스의 확률 합은 1입니다.

코더 상태에 먼저 가중치를 부여합니다. 이는 스포트라이트처럼 모델이 출력 시퀀스를 만드는 데 필요한 정보를 강조하는 법을 학습할 수 있습니다. [코드 8-8]에 이 어텐션 방식이 나타나 있습니다. 첫 번째 함수는 연산을 자세히 설명합니다. 텐서가 다른 텐서에 브로드캐스팅될 수 있도록 view() 연산을 사용해 크기가 1인 차원을 추가합니다.[21] terse_attention() 함수에서는 view() 연산을 일반적으로 널리 사용하는 unsqueeze()로 바꿉니다. 또한 원소별 곱셈과 덧셈 대신에 더 효율적인 matmul() 연산을 사용합니다.

코드 8-8 원소별 곱셈과 덧셈을 수행하는 어텐션 메커니즘

```python
def verbose_attention(encoder_state_vectors, query_vector):
    """ 원소별 연산을 사용하는 어텐션 메커니즘 버전

    매개변수:
        encoder_state_vectors (torch.Tensor): 인코더의 양방향 GRU에서 출력된 3차원 텐서
        query_vector (torch.Tensor): 디코더 GRU의 은닉 상태
    """
    batch_size, num_vectors, vector_size = encoder_state_vectors.size()
    vector_scores = \
        torch.sum(encoder_state_vectors * query_vector.view(batch_size, 1,
                                                            vector_size),
                  dim=2)
    vector_probabilities = F.softmax(vector_scores, dim=1)
    weighted_vectors = \
        encoder_state_vectors * vector_probabilities.view(batch_size,
                                                          num_vectors, 1)
    context_vectors = torch.sum(weighted_vectors, dim=1)
    return context_vectors, vector_probabilities

def terse_attention(encoder_state_vectors, query_vector):
    """ 점곱을 사용하는 어텐션 메커니즘 버전

    매개변수:
        encoder_state_vectors (torch.Tensor): 인코더의 양방향 GRU에서 출력된 3차원 텐서
        query_vector (torch.Tensor): 디코더 GRU의 은닉 상태
    """
    vector_scores = torch.matmul(encoder_state_vectors,
```

----

21 한 텐서에 크기가 1인 차원이 있을 때 브로드캐스팅이 일어납니다. 이 텐서를 텐서 A라고 하죠. 텐서 A가 다른 텐서 B와 원소별 수학 연산(덧셈이나 뺄셈)을 수행할 때 크기가 1인 차원을 제외하고 나머지 크기(각 차원에 있는 원소 개수)가 같아야 합니다. 텐서 B의 각 위치에 대해 텐서 A의 연산이 반복적으로 수행됩니다. 텐서 A의 크기가 (10, 1, 10)이고 텐서 B의 크기가 (10, 5, 10)이라면 A + B는 텐서 B에 있는 5개의 위치에 대해 텐서 A의 덧셈이 반복됩니다.

```
                        query_vector.unsqueeze(dim=2)).squeeze()
vector_probabilities = F.softmax(vector_scores, dim=-1)
context_vectors = torch.matmul(encoder_state_vectors.transpose(-2, -1),
                               vector_probabilities.unsqueeze(dim=2)).squeeze()
return context_vectors, vector_probabilities
```

탐색 학습과 스케줄링된 샘플링

모델은 작성한 코드대로 타깃 시퀀스가 제공되고 디코더에서 타임 스텝마다 입력으로 사용된다고 가정합니다. 테스트 시에는 이런 가정이 어긋납니다. 모델이 생성할 시퀀스를 알 수 없기 때문입니다. 이를 해결하는 한 가지 방법은 훈련하는 동안 자체 예측을 사용하는 것입니다. 논문에서 '탐색 학습learning to search'과 '스케줄링된 샘플링scheduled sampling'으로 연구되는 기법입니다.[22] 이 기법은 예측 문제를 탐색 문제로 생각하면 이해하기 쉽습니다. 타임 스텝마다 모델은 선택할 경우의 수(타깃 어휘 사전의 크기)가 많고 타깃 데이터는 정확한 경로를 나타냅니다. 테스트 시에는 확률 분포를 계산해야 할 올바른 경로가 제공되지 않으므로 모델이 경로를 벗어날 수 있습니다. 따라서 모델이 스스로 경로를 샘플링하는 기법은 데이터셋의 타깃 시퀀스에서 벗어날 때 확률 분포가 더 나아지도록 모델을 최적화할 수 있습니다.

코드를 세 군데 수정해서 훈련하는 동안 모델이 예측을 샘플링하도록 합니다. 첫째, 초기 인덱스를 명시적으로 BEGIN-OF-SEQUENCE 토큰 인덱스로 지정합니다. 둘째, 생성 반복문에서 단계마다 난수를 발생합니다. 이 난수가 샘플링 확률보다 작으면 반복하는 동안 모델의 예측을 사용합니다.[23] 마지막으로 실제 샘플링 자체는 if use_sample 조건문 아래에서 수행됩니다. [코드 8-9]에서 if use_sample 조건문 아래 주석 처리된 코드는 최댓값을 예측으로 사용하고 주석이 해제된 코드는 확률에 비례하여 인덱스를 샘플링합니다.

코드 8-9 정방향 계산에 샘플링 과정(굵은체)이 있는 디코더

```
class NMTDecoder(nn.Module):
    def __init__(self, num_embeddings, embedding_size, rnn_size, bos_index):
        super(NMTDecoder, self).__init__()
        # ... 다른 초기화 코드 ...
```

---

[22] 자세한 내용은 다우메(Daumé), 랭포드(Langford), 마쿠(Marcu)의 2009년 논문과 벤지오 등의 2015년 논문을 참고하세요.

[23] 마르코프 연쇄 몬테 카를로(Markov chain Monte Carlo)와 같은 최적화를 위한 몬테 카를로 샘플링을 안다면 이런 패턴을 이해할 것입니다.

```python
        # 임의로 설정합니다; 작은 정수값이면 충분합니다
        self._sampling_temperature = 3

def forward(self, encoder_state, initial_hidden_state, target_sequence,
            sample_probability=0.0):
    if target_sequence is None:
        sample_probability = 1.0
    else:
        # 가정: 첫 번째 차원은 배치 차원입니다
        # 즉 입력은 (Batch, Seq)
        # 시퀀스에 대해 반복해야 하므로 (Seq, Batch)로 차원을 바꿉니다
        target_sequence = target_sequence.permute(1, 0)
        output_sequence_size = target_sequence.size(0)

    # ... 이전과 같습니다

    output_sequence_size = target_sequence.size(0)
    for i in range(output_sequence_size):
        # 샘플링 여부를 나타내는 불리언 변수
        use_sample = np.random.random() < sample_probability
        if not use_sample:
            y_t_index = target_sequence[i]

        # 1단계: 단어를 임베딩하고 이전 문맥과 연결합니다
        # ... 코드 생략
        # 2단계: GRU를 적용하고 새로운 은닉 벡터를 얻습니다
        # ... 코드 생략
        # 3단계: 현재 은닉 상태를 사용해 인코더의 상태를 주목합니다
        # ... 코드 생략
        # 4단계: 현재 은닉 상태와 문맥 벡터를 사용해 다음 단어를 예측합니다
        prediction_vector = torch.cat((context_vectors, h_t), dim=1)
        score_for_y_t_index = self.classifier(prediction_vector)
        # 추가: use_sample이 True이면 샘플링을 수행합니다.
        if use_sample:
            # 샘플링 온도는 더 뾰족한 분포를 만듭니다
            p_y_t_index = F.softmax(score_for_y_t_index *
                                    self._sampling_temperature, dim=1)
            # 방법 1: 가장 확률이 높은 단어를 선택합니다
            # _, y_t_index = torch.max(p_y_t_index, 1)
            # 방법 2: 다항 분포에서 샘플링합니다
            y_t_index = torch.multinomial(p_y_t_index, 1).squeeze()

        # 부가 작업: 예측 성능 점수를 기록합니다
        output_vectors.append(score_for_y_t_index)
```

```
        output_vectors = torch.stack(output_vectors).permute(1, 0, 2)

        return output_vectors
```

8.5.4 모델 훈련과 결과

이 예제의 훈련 과정은 이전 장과 거의 같습니다.[24] 지정된 에포크 횟수 동안 미니배치로 데이터셋을 반복합니다. 하지만 여기에서 각 미니배치는 텐서 4개로 구성됩니다. 소스 시퀀스의 정수 행렬 하나, 타깃 시퀀스의 정수 행렬 두 개, 소스 시퀀스 길이의 정수 벡터 하나입니다. 두 개의 타깃 시퀀스 행렬은 토큰 하나가 어긋난 시퀀스입니다. 타깃 시퀀스 샘플로 사용하려고 BEGIN-OF-SEQUENCE 토큰으로 패딩하거나, 타깃 시퀀스 예측 레이블로 사용하려고 END-OF-SEQUENCE 토큰으로 패딩합니다. 모델은 소스 시퀀스와 타깃 시퀀스를 입력으로 받고 타깃 시퀀스 예측을 만듭니다. 손실 함수에서 타깃 시퀀스 예측 레이블을 사용해 크로스 엔트로피 손실을 계산합니다. 그리고 각 모델 파라미터로 역전파하여 그레이디언트를 계산합니다. 그다음 옵티마이저를 호출해 그레이디언트의 양에 비례하여 모델 파라미터를 업데이트합니다.

훈련 세트뿐만 아니라 검증 세트도 반복합니다. 검증 점수는 모델 향상을 측정하는 데 덜 편향된 기준을 제공합니다. 모델이 평가 모드로 전환되고 검증 데이터로 모델 파라미터를 업데이트하지 않는 점을 제외하면 훈련 반복과 같습니다.

모델을 훈련한 후에 성능을 측정하는 일은 중요하고 간단하지 않은 문제입니다. '시퀀스 생성 모델 평가(8.4절)'에서 여러 가지 시퀀스 생성 평가 지표를 설명했습니다. 하지만 예측 문장과 참조 문장 사이의 n-그램 중복을 평가하는 BLEU와 같은 지표가 기계 번역 분야의 표준입니다. 결과를 모으는 평가 코드를 싣지 않았지만, 책의 깃허브(*https://github.com/rickiepark/nlp-with-pytorch*)에서 볼 수 있습니다. 이 코드에서 모델 출력을 소스 문장, 참조 타깃 문장, 샘플에 대한 어텐션 확률 행렬과 함께 수집합니다. 마지막으로 소스 문장과 생성된 문장 쌍에 대해 BLEU-4 점수[25]를 계산합니다.

---

[24] 대부분 경사 하강법과 자동 미분이 모델 정의와 최적화 사이를 훌륭하게 추상화하기 때문입니다.

[25] 옮긴이_ BLEU-4 점수는 1-그램에서 4-그램까지 고려하여 계산합니다. NLTK의 bleu_score 함수의 weights 매개변수 기본값이 (0.25, 0.25, 0.25, 0.25)로 4-그램까지 같은 가중치를 부여하여 계산합니다. n-그램을 늘리거나 줄이려면 weights 매개변수에 원하는 n-그램까지의 가중치를 지정할 수 있습니다.

어텐션 확률 행렬을 소스 텍스트와 생성된 텍스트 사이의 정렬 행렬로 시각화해서 모델이 얼마나 잘 동작하는지 질적으로 평가해 보죠. 하지만 최근 연구에 따르면 어텐션 기반 정렬은 전통적인 기계 번역과 완전히 같지는 않습니다. 단어와 구 사이의 정렬은 번역의 동의어를 나타내지만 어텐션 기반 정렬 점수는 동사를 출력으로 생성할 때 문장의 제목에 주의를 기울이는 것처럼 디코더에 유용한 정보를 나타낼 수 있습니다(코엔Koehn과 놀스Knowles, 2017).

두 버전의 모델이 타깃 시퀀스를 다루는 방법이 다릅니다. 첫 번째 버전은 제공된 타깃 시퀀스를 타임 스텝마다 디코더의 입력으로 사용합니다. 두 번째 버전은 스케줄링된 샘플링을 사용해 모델이 자체 예측을 만들어 디코더의 입력으로 사용합니다. 이는 모델이 자체적인 오류를 최적화하도록 하는 장점이 있습니다. [표 8-1]은 두 모델의 BLUE 점수를 보여줍니다. 훈련을 쉽게 하려고 표준 NMT 작업을 간소화했음을 기억하세요. 이 때문에 일반적으로 연구 논문에서 볼 수 있는 점수보다 더 높은 점수를 얻었습니다. 스케줄링된 샘플링을 사용하는 두 번째 모델이 높은 BLEU 점수를 얻었지만 두 점수는 매우 비슷합니다. 하지만 이 점수가 정확히 무엇을 의미할까요? 이 질문의 답을 얻으려면 모델을 질적으로 조사해야 합니다.

표 8-1 앞서 보았던 두 모델의 BLEU 점수. BLEU는 1-그램, 2-그램, 3-그램, 4-그램 중복을 평균하여 계산합니다.

모델	BLEU 점수
스케줄링된 샘플링을 사용하지 않는 모델	46.8
스케줄링된 샘플링을 사용하는 모델	48.1

자세히 조사하려고 소스 문장과 타깃 문장 사이에 어떤 정렬 정보를 제공하는지 어텐션 점수를 그려보았습니다. 조사하는 동안 두 모델 사이에서 뚜렷한 차이를 보이는 부분을 찾았습니다.[26] [그림 8-12]는 스케줄링된 샘플링을 사용하는 모델의 디코더의 각 타임 스텝에서 어텐션 확률 분포를 보여줍니다. 이 모델의 어텐션 가중치는 검증 세트에서 샘플링한 한 문장에서 매우 잘 정렬되었습니다.

---

26 첫 번째 모델은 인코더 RNN의 마지막 상태에만 주의를 집중하기 때문에 그림을 포함하지 않았습니다. 코엔과 놀스의 논문(2017)에서 언급되었듯이 어텐션 가중치는 상황에 따라 다릅니다. 필요한 정보가 인코더 GRU의 상태에 이미 인코딩되었으니 첫 번째 모델의 어텐션 가중치는 어텐션에 많이 의존하지 않아도 된다고 생각합니다.

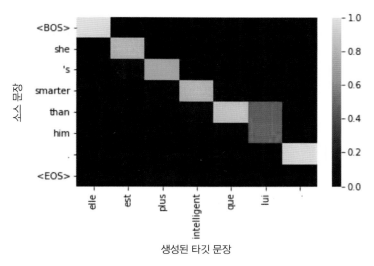

그림 8-12 모델 성능을 질적으로 평가할 때 스케줄링된 샘플링을 사용하는 모델의 어텐션 가중치 행렬을 나타낸 그림

8.6 요약

이 장은 조건부 생성 모델이라는 문맥이 조건으로 주어졌을 때 출력 시퀀스를 만드는 데 초점을 맞췄습니다. 조건 문맥이 다른 시퀀스에서 유도될 때 이를 시퀀스-투-시퀀스(S2S) 모델이라 합니다. 또한 S2S 모델이 왜 인코더-디코더 모델에 속하는지 설명했습니다. 시퀀스에서 많은 정보를 얻기 위해 6장과 7장에서 설명한 시퀀스 모델의 변종인 양방향 모델을 소개했습니다. 또한 어텐션 메커니즘이 넓은 범위의 문맥을 어떻게 효과적으로 감지하는지 배웠습니다. 마지막으로 S2S 모델의 평가 방법을 설명하고 엔드 투 엔드 기계 번역 예제를 만들어 보았습니다. 지금까지 각 장에서 특정 신경망 구조를 다루었습니다. 다음 장에서는 이전 장을 모두 합쳐서 다양한 모델 구조를 합성하여 실전 시스템을 만드는 방법을 알아보겠습니다.

8.7 참고 문헌

1. Bengio, Yoshua, Patrice Simard, and Paolo Frasconi. (1994). "Learning Long-Term Dependencies with Gradient Descent is Difficult." *IEEE Transactions on Neural Networks 5.*

2. Bahdanau, Dzmitry, Kyunghyun Cho, and Yoshua Bengio. (2015). "Neural Machine Translation by Jointly Learning to Align and Translate." *Proceedings of the International Conference on Learning Representations.*

3. Papineni, Kishore, et al. (2002). "BLEU: A Method for Automatic Evaluation of Machine Translation." *Proceedings of the 40th Annual Meeting of the ACL.*

4. Daumé III, Hal, John Langford, and Daniel Marcu. (2009). "Search-Based Structured Prediction." *Machine Learning Journal.*

5. Bengio, Samy et al. (2015). "Scheduled Sampling for Sequence Prediction with Recurrent Neural Networks." *Proceedings of NIPS.*

6. Luong, Minh-Thang, Hieu Pham, and Christopher D. Manning. (2015). "Effective Approaches to Attention-Based Neural Machine Translation." *Proceedings of EMNLP.*

7. Le, Phong, and Willem Zuidema. (2016). "Quantifying the Vanishing Gradient and Long Distance Dependency Problem in Recursive Neural Networks and Recursive LSTMs." *Proceedings of the 1st Workshop on Representation Learning for NLP.*

8. Koehn, Philipp and Rebecca Knowles. (2017). "Six Challenges for Neural Machine Translation." *Proceedings of the 1st Workshop on Neural Machine Translation.*

9. Neubig, Graham. (2017). "Neural Machine Translation and Sequence-to-Sequence Models: A Tutorial." arXiv:1703.01619.

10. Vaswani, Ashish et al. (2017). "Attention is all you need." *Proceedings of NIPS.*

## CHAPTER 9

고전 모델, 최신 모델, 더 배울 것들

이 장에서는 이전 장들을 전체적으로 리뷰하고 앞서 소개한 내용들이 어떻게 연관되는지 알아봅니다. 그리고 연구자들이 이런 아이디어를 어떻게 조합하여 주어진 문제를 해결하는지 살펴봅니다. 중간에 자세히 다루지 않았던 전통적인 NLP 주제도 간단히 정리합니다. 마지막으로 2018년을 기준으로 이 분야의 최신 기술을 소개합니다. NLP와 딥러닝같이 빠르게 발전하는 분야에서는 새로운 아이디어를 익히고 최신 기술에 뒤처지지 않아야 합니다. 지면을 약간 할애하여 NLP의 새로운 주제를 배우는 방법을 이야기하겠습니다.

9.1 지금까지 배운 내용

학습 패러다임으로 시작해서 계산 그래프를 사용해 복잡한 문제를 역전파로 훈련할 수 있는 하나의 모델로 구성하는 방법을 알아보았습니다. 파이토치를 계산 그래프 프레임워크로 소개했습니다. 블랙박스 같은 모델에 데이터를 주입하기 위해 텍스트를 다루는 딥러닝 NLP 책은 어렵습니다. 2장과 3장에서는 나머지 장을 이해하는 데 도움이 되는 내용을 다뤘습니다. 2장에서는 NLP의 기본 개념과 언어학을 소개했습니다. 3장에서 활성화 함수, 손실 함수, 지도 학습을 위한 그레이디언트 기반 최적화, 훈련-평가 반복 같은 기초적인 개념을 설명했습니다. 4장에서는 피드 포워드 신경망인 다층 퍼셉트론(MLP)과 합성곱 신경망(CNN)으로 예제를 두개 만들었습니다. 또한 신경망을 안정적으로 훈련하는 데 도움이 되는 L1, L2, 드롭아웃 같은 규제를 어떻게 사용하는지 보았습니다. MLP는 은닉층에서 n-그램과 유사한 관계를 감지할 수 있지만 효율적이지 않습니다. 반면 CNN은 '파라미터 공유'라는 효율적인 계산 방식으로 이런 부분 구조를 학습합니다.

6장에서는 순환 신경망(RNN)이 적은 파라미터로 시간에 따른 긴 의존성을 감지하는 방법을 알아보았습니다. CNN은 공간에 걸쳐 파라미터를 공유하고 RNN은 시간에 걸쳐 파라미터를 공유합니다. 엘만 RNN, 게이트가 있는 LSTM, GRU까지 3개의 RNN을 알아보았습니다. 또한 RNN을 사용해 예측이나 입력 타임 스텝마다 출력을 예측하는 시퀀스 레이블링 작업에 사용하는 방법을 알아보았습니다. 마지막으로 인코더-디코더 모델을 소개하고 기계 번역같이 조건이 있는 생성 문제를 푸는 데 유용한 시퀀스-투-시퀀스 모델을 배웠습니다. 이런 주제들을 다룰 때 파이토치로 엔드 투 엔드 예제를 구성했습니다.

9.2 전통적인 NLP 주제

책 한 권에 NLP에 관한 내용을 모두 담기는 어렵습니다. 이 책도 예외는 아닙니다. 2장에서 NLP에서 중요한 용어와 작업을 소개하고 나머지 장에서는 여러 종류의 NLP 작업을 다뤘습니다. 이번 절에는 입문서인 이 책에서 다룰만한 범위는 아니지만 중요한 주제 몇 가지를 간단히 언급하겠습니다.

9.2.1 대화 및 상호작용 시스템

컴퓨터와 사람이 원활하게 대화하는 것은 컴퓨터 분야의 중요한 목표이며 튜링 테스트[Turing test]와 뢰브너 상[Loebner Prize]에 영감을 주었습니다. NLP는 초기 인공 지능 시대부터 대화식 시스템과 관련이 있었습니다. 영화 〈스타 트렉[Star Trek]〉의 USS 엔터프라이즈[USS Enterprise]호에 실린 메인 컴퓨터와 〈2001년: 스페이스 오디세이[2001: A Space Odyssey]〉의 HAL 9000[1] 같은 가상 시스템으로 대중문화에 깊게 퍼졌습니다. 대화식 시스템과 상호작용 시스템 분야는 다양한 연구 결실을 보았습니다. 아마존의 알렉사, 애플의 시리, 구글의 어시스턴트[Assistant]와 같은 제품의 성공이 증거

---

1 HAL은 감정과 자아가 있어 단순한 대화 시스템이 아니지만, 여기서는 대화 시스템으로 언급합니다. 〈스타 트렉: 더 넥스트 제너레이션〉의 시즌 2: 에피소드 9에서는 '로봇의 감정을 소재로 다룹니다.

입니다. 대화식 시스템은 (무엇이든 물어볼 수 있는) 개방형이거나 (항공 예약과 차량 내비게이션 같은) 폐쇄형일 수 있습니다. 이 분야의 중요한 연구 주제는 다음과 같습니다. 대화 행위, 대화 문맥(그림 9-1), 대화 상태를 어떻게 모델링하는가? (음성, 영상, 텍스트를 입력으로 받는) 멀티모달multimodal 대화 시스템을 어떻게 만드는가? 어떻게 시스템이 사용자의 의도를 인식할 수 있는가? 어떻게 사용자의 기호를 모델링하여 사용자에게 잘 맞는 응답을 생성할 수 있는가? 어떻게 더 인간적인 응답을 만들 수 있는가? 최근에는 대화식 상용 시스템에서 '음umm'이나 '어uh' 같은 추임새를 사용해 시스템이 덜 로봇처럼 보이게 합니다.

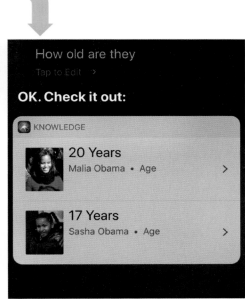

그림 9-1 실제 대화식 시스템(애플 시리). 시스템이 어떻게 문맥을 유지하여 이어지는 질문에 대답하는지 눈여겨보세요. 'they'를 버락 오바마Barack Obama의 딸로 인식합니다.

9.2.2 담화 분석

담화discourse 분석은 텍스트 문서의 부분-전체 특징을 이해하는 것입니다. 예를 들어 담화 파싱 작업은 두 문장의 문맥적인 연관성을 이해하는 작업입니다. [표 9-1]에 이런 작업에 대한

PDTB[Penn Discourse Treebank]의 예가 몇 가지 있습니다.

표 9-1 CoNLL 2015의 단순 담화 분석[Shallow Discourse Processing] 작업의 예

예시	담화 관계
GM officials want to get their strategy to reduce capacity and the workforce in place <u>before</u> **those talks begin**.	Temporal.Asynchronous. Precedence
But that ghost wouldn't settle for words, he wanted money and people—lots. <u>So</u> **Mr. Carter formed three new Army divisions and gave them to a new bureaucracy in Tampa called the Rapid Deployment Force.**	Contingency.Cause.Result
The Arabs had merely oil. <u>Implicit=while</u> These farmers may have a grip on the world's very heart	Comparison.Contrast

또한, 담화 이해는 **대용어 복원**[anaphora resolution]과 **환유 감지**[metonymy detection] 같은 문제를 해결하는 작업을 포함합니다. 대용어 복원은 대명사가 참조하는 해당 개체[entity]를 찾습니다. [그림 9-2]에 나타나 있듯이 이는 복잡한 문제일 수 있습니다.[2]

(a) The dog chewed the bone. It was delicious.
(b) The dog chewed the bone. It was a hot day.
(c) Nia drank a tall glass of beer. It was chipped.
(d) Nia drank a tall glass of beer. It was bubbly.

그림 9-2 대용어 복원에서 일어날 수 있는 몇 가지 문제. (a)에서 'It'은 dog 또는 bone을 의미하나요? (b)에서 'It'의 의미는 둘 다 아닙니다. (c)와 (d)에서 'It'은 각각 glass와 beer를 의미합니다. 유리잔보다 맥주에 거품이 있을 가능성이 높음을 아는 것은 참조 대상을 찾는 데 중요한 역할을 합니다(선택적 선호도[selectional preference]).

참조 대상이 다음 예에서처럼 환유어[metonym]이기도 합니다.

<u>Beijing</u> imposed trade tariffs in response to tariffs on Chinese goods.

여기에서 'Beijing'은 지역이 아니라 중국의 정부를 의미합니다. 참조 대상을 잘 파악하려면 때로는 기반 지식[knowledge base]이 필요합니다.

---

2 이 문제에 대한 자세한 설명은 Winograd Schema Challenge(*https://cs.nyu.edu/faculty/davise/papers/ WinogradSchemas/WS.html*)를 참고하세요.

9.2.3 정보 추출과 텍스트 마이닝

산업 분야에서는 정보 추출과 관련된 문제를 흔히 맞닥뜨립니다. 텍스트에서 개체명(사람 이름, 제품 이름 등), 이벤트, 관계를 어떻게 추출하나요? 텍스트에서 언급된 개체를 지식 데이터베이스에 있는 항목에 어떻게 매핑하나요(개체명 검색entity discovery, 개체명 연결entity linking, 슬롯 필링slot filling이라고도 부릅니다)?[3] 지식 베이스를 구축하고 관리하는 방법은 무엇인가요? 이런 질문은 정보 추출 연구가 다양한 맥락에서 해결하려는 작업입니다.

9.2.4 문서 분석과 문서 추출

대량의 문서를 이해하는 작업은 산업 분야 NLP의 또 다른 문제입니다. 문서에서 어떻게 주제를 뽑나요(토픽 모델링topic modeling)? 어떻게 문서를 지능적으로 인덱스하고 검색할 수 있나요? 어떻게 검색 쿼리를 이해할 수 있나요(쿼리 파싱query parsing)? 많은 문서를 어떻게 요약할 수 있나요?

NLP 기술의 범주와 적용 분야는 광범위합니다. 실제로 NLP 기술은 구조적이지 않거나 부분적으로만 구조를 갖춘 데이터가 있는 어느 곳에나 적용될 수 있습니다. 예를 들어 딜Dill 등의 2007년 논문에서는 자연어 파싱 기술을 적용해서 단백질 접힘protein folding을 설명했습니다.

9.3 최신 NLP 모델

혁신이 빠르게 일어나는 이 분야에는 '최신 NLP 모델' 같은 제목이 걸맞지 않은지도 모릅니다. 하지만 2018년 가을을 기준으로 최근 트렌드를 간략히 소개하겠습니다.

전통적인 NLP 연구에서 딥러닝 패러다임으로의 전환

NLP 분야의 역사는 수십 년이지만 딥러닝 분야는 몇 년 되지 않았습니다. 많은 혁신이 딥러닝(미분 가능한 학습) 패러다임 하에서 전통적인 방식과 작업을 검토하는 것 같습니다. 고전 NLP 논문을 읽을 때(읽어보기를 추천합니다!) 저자가 무엇을 학습하려는지 질문하는 것이

---

3   이런 작업들에 대한 자세한 내용은 다음 주소를 참고하세요. *https://tac.nist.gov/2018/SM-KBP/*

좋습니다. 입력 표현과 출력 표현은 무엇인가요? 이전 장에서 배운 기술로 어떻게 단순화할 수 있나요?

모델의 조합

이 책에서 NLP에 사용하는 여러 종류의 딥러닝 구조를 소개했습니다. MLP, CNN, 시퀀스 모델, 시퀀스-투-시퀀스 모델, 어텐션 기반 모델입니다. 이런 모델을 개별적으로 설명했지만 이는 순전히 교육적인 목적 때문입니다. 논문에서는 주어진 문제를 해결하는 데 여러 가지 모델을 조합하는 경향이 있습니다. 예를 들어 단어의 문자에 대한 CNN을 만든 다음 LSTM을 연결합니다. 마지막으로 MLP를 사용해 LSTM의 출력을 분류합니다. 작업에 따라 여러 구조를 조합할 수 있다는 점은 딥러닝의 가장 강력한 기능이며 작업을 성공적으로 수행하는 열쇠입니다.

시퀀스를 위한 합성곱

시퀀스 모델링에서는 합성곱 연산으로만 시퀀스를 모델링하는 경향이 최근 나타났습니다. 합성곱 기계 번역 모델의 예는 게링Gehring 등의 2017년 논문[4]을 참고하세요. 디코딩 단계에서는 전치 합성곱 연산을 사용합니다. 합성곱 모델을 사용하면 훈련 속도를 크게 높일 수 있습니다.

필요한 것은 어텐션이 전부이다

또 다른 최근 트렌드는 합성곱을 어텐션 메커니즘으로 바꾸는 것입니다(바스와니 등의 2017년 논문). 특히 셀프 어텐션과 멀티헤드 어텐션으로 알려진 어텐션 메커니즘을 사용해 넓은 범위의 의존성을 감지합니다. 일반적으로 RNN과 CNN을 사용해 모델을 만듭니다.

전이 학습

전이 학습은 한 작업에서 학습한 표현을 사용해 다른 작업의 학습을 향상시키는 방법입니다. 최근 신경망과 딥러닝이 NLP 분야의 주요 기술로 자리 잡으면서 사전 훈련된 단어 벡터를 사용한 전이 학습 기법이 많이 사용됩니다. 최근 논문(래드포드Radford 등의 2018년 논문과 피터

---

4 옮긴이_ 페이스북에서 발표한 fairseq 모델의 논문입니다. 파이토치로 구현된 버전은 다음 주소에서 볼 수 있습니다. *https://github.com/pytorch/fairseq*

스[Peters] 등의 2018년 논문)은 언어 모델링 작업에서 학습한 비지도 표현이 어떻게 (질의응답, 분류, 문장 유사도, 자연어 추론과 같은) 다양한 NLP 작업에 도움이 될 수 있는지 보여줍니다.

이 외에도 **강화 학습**[reinforcement learning] 분야는 최근 대화 기반 작업에서 어느 정도 성공을 거두었습니다. 복잡한 자연어 추론 작업에 메모리와 지식 기반을 사용한 모델링이 산업계와 학계의 연구자들에게 큰 관심을 끄는 것으로 보입니다. 다음 절에서는 고전과 최신 기술에서 벗어나 조금 더 직접적인 문제로 화제를 돌리겠습니다. NLP 시스템을 설계할 때 고려해야 할 사항을 살펴보겠습니다.

9.4 NLP 시스템을 위한 디자인 패턴

제품 수준의 NLP 시스템은 복잡할 수 있습니다. NLP 시스템은 문제를 푸는 수단이라는 점을 떠올리면서 구축해야 합니다. 시스템 구축 과정에서 엔지니어, 연구자, 설계자, 제품 관리자는 여러 선택을 해야 합니다. 이 책에서는 기술이나 기초적인 구성 요소에 초점을 맞추지만 이런 구성 요소를 연결해 상황에 맞는 복잡한 구조를 만들려면 패턴 사고와 패턴을 기술하는 언어가 필요합니다.[5] 소프트웨어 공학 등 많은 학문에서 널리 사용됩니다(알렉산더[Alexander], 1979). 이 절에서 NLP 시스템의 설계와 배포 패턴을 몇 가지 소개하겠습니다. 기술, 비즈니스, 전략, 운영 목표에 맞는 제품을 개발하려면 팀에서 선택해야 하는 사항 또는 트레이드오프[trade-off]입니다. 6가지 측면에서 설계 고려 사항을 알아보겠습니다.

온라인 시스템 vs 오프라인 시스템

온라인 시스템에서는 모델 예측이 실시간이나 거의 실시간으로 이루어져야 합니다. 스팸 필터나 콘텐츠 관리 등에는 작업 특성상 온라인 시스템이 필요합니다. 반면 오프라인 시스템은 실시간으로 실행될 필요가 없습니다. 입력 배치를 동시에 효과적으로 처리하도록 시스템을 구축하고 **변환 학습**[transductive learning][6]과 같은 기법을 활용할 수 있습니다. 일부 온라인 시스템은 실시

---

5 패턴 언어(pattern language)(*https://ko.wikipedia.org/wiki/패턴_언어*)는 '한 전문 분야에서 뛰어난 설계 사례나 유용한 구조 패턴을 설명하는 방법'입니다.

6 옮긴이_ 변환 학습은 준지도 학습(semi-supervised learning)과 유사하지만 함수를 모델링하지 않고 테스트 세트에 대한 레이블을 부여하는 데 초점을 맞춥니다. 이를 위해 테스트 세트를 미리 준비해야 합니다.

간으로 반응하거나 온라인 방식으로 학습할 수 있습니다(**온라인 학습**online learning)이라 부릅니다). 하지만 많은 온라인 시스템은 제품에 투여할 모델을 오프라인에서 주기적으로 만들고 배포하여 구성됩니다. 온라인 학습을 사용해 구축된 시스템은 적대적인 환경에 민감해야 합니다. 이와 관련한 최근 사례는 마이크로소프트의 트위터 챗봇 테이Tay(*https://ko.wikipedia. org/wiki/테이_(봇)*)입니다. 테이는 방향을 잃고 부적절한 대화를 학습했으며 공격적인 트윗으로 응답하기 시작했습니다. 소 잃고 외양간 고치는 격이지만 마이크로소프트는 론칭한 지 하루도 되지 않아 서비스를 중지했습니다.

일반적으로는 먼저 오프라인 시스템을 만들고 이를 온라인 시스템으로 만드는 순서로 시스템을 구축합니다. 여기에는 엔지니어링 노력이 많이 들어갑니다. 그다음 피드백 루프feedback loop와 때에 따라 학습 기법을 교체하여 온라인 학습 시스템으로 만듭니다. 이런 순서는 코드 베이스에 추가되는 복잡도 측면에서 어쩔 수 없지만 적대 샘플을 다뤄야 하는 등 사각지대를 만날 수 있습니다. [그림 9-3]은 온라인 시스템의 예로 스팸을 감지하는 '페이스북 면역 시스템Facebook Immune System'을 보여줍니다(주의: 2012년 자료로 현재 페이스북의 인프라는 아닙니다). 온라인 시스템에 비슷한 오프라인 시스템보다 얼마나 많은 엔지니어링이 필요한지 눈여겨보세요.

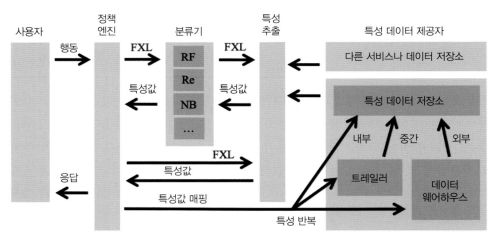

그림 9-3 페이스북 면역 시스템: 스팸과 피해 방지 목적으로 배포된 온라인 시스템의 예(스타인Stein 등의 2012년 논문).

상호작용 시스템 vs 비상호작용 시스템

자연어 시스템은 대부분 상호작용이 없습니다. 모델이 독자적으로 예측을 만들기 때문입니다. 사실 많은 제품 수준의 NLP 모델이 ETL[Extract, Transform, Load] 데이터 처리 파이프라인의 변환[Transform] 단계에 깊게 내장되었습니다. 어떤 상황에서는 예측을 만드는 과정에 사람이 개입하면 도움이 될 수 있습니다. [그림 9-4]는 상호작용이 있는 Lilt Inc.의 기계 번역 인터페이스의 예입니다. 소위 혼합 주도 모델[mixed-initiative model]로서 모델과 사람이 예측을 만드는 데 함께 관여합니다(그린[Green], 2014). 상호작용 시스템은 구성하기 어렵지만 피드백 루프에 사람을 참여시킴으로써 높은 정확도를 달성할 수 있습니다.

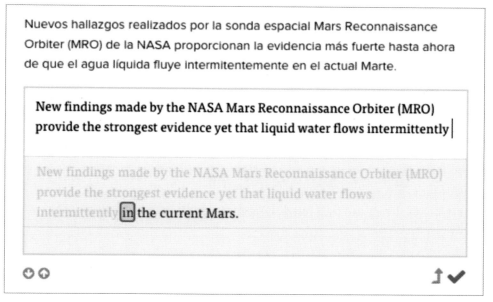

그림 9-4 사람이 참여하는 실제 기계 번역 모델. 사람이 기계 번역 시스템의 제안을 고치거나 수정하여 높은 정확도의 번역을 만들 수 있습니다(출처: Lilt Inc.).

유니모달 시스템 vs 멀티모달 시스템

학습과 예측 과정에 모드를 하나 이상 포함하면 도움이 될 때가 많습니다. 예를 들어 새로운 자막 시스템에 오디오 스트림뿐만 아니라 비디오 프레임도 입력으로 사용하면 유용합니다. 구글의 최근 연구인 「Looking to Listen」(에프라트[Ephrat] 등, 2018)은 까다로운 화자 분리[speaker source separation(칵테일파티 문제라고도 합니다) 문제를 해결하려고 여러 종류의 입력을 사용합니다. 멀티모달 시스템multimodal system은 구축과 배포에 비용이 많이 들지만 입력을 하나 이상 연결하여 복잡한 문제에서 유니모달unimodal에서는 얻을 수 없는 신호를 제공합니다. NLP에서도 이런 예를 볼 수 있습니다. 예를 들어 멀티모달 번역에서는 여러 소스 언어를 입력받아 번역 품질을 향상할 수 있습니다. 웹 페이지의 주제를 선정(토픽 모델링)할 때 [그림 9-5]처럼 페이지에 포함된 텍스트와 이미지에서 추출한 특성을 활용할 수 있습니다.

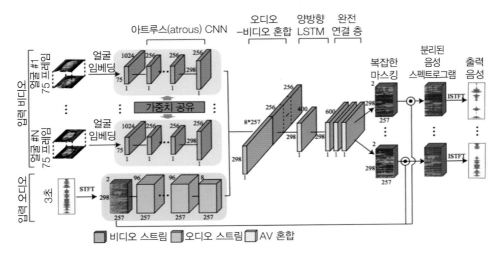

그림 9-5 칵테일파티 문제와 같은 어려운 문제를 푸는 데 음성과 비디오 특성을 함께 사용하는 멀티모달 시스템(출처: 에프라트 등의 2018년 논문).

엔드 투 엔드 시스템 vs 분할 시스템

딥러닝이 등장한 이후 연구자와 엔지니어에게 또 다른 선택 사항이 생겼습니다. 여러 구성 요소로 이루어진 파이프라인 또는 하나로 구성된 엔드 투 엔드 시스템으로 NLP 시스템을 만들수 있습니다. 기계 번역, 요약, 음성 인식과 같은 많은 분야에서 엔드 투 엔드 설계를 선호합니다. 잘 설계된 엔드 투 엔드 시스템은 구현과 배포의 복잡도를 낮추고 코드 라인 수를 크게 줄입니다. 분할piecewise 시스템(그림 9-6)은 복잡한 NLP 작업을 부분 작업으로 쪼개어 최종 작업 목적과 관계없이 개별적으로 최적화합니다. 분할 시스템의 부분 작업 덕분에 모듈화할 수 있고 제품의 특정 이슈를 수정하기 쉽지만, 보통 기술 부채technical debt가 약간 발생합니다.

구절 기반	계층 기반	문법 기반
번역된 원본 텍스트	번역된 원본 텍스트	번역된 원본 텍스트
⇓	⇓	⇓
문장 정렬	문장 정렬	문장 정렬
⇓	⇓	⇓
토큰화	토큰화	토큰화
⇓	⇓	⇓
		구문 파싱
		⇓
단어 정렬	단어 정렬	단어 정렬
⇓	⇓	⇓
구절 규칙 추출	계층 규칙 추출	문법 규칙 추출
⇓	⇓	⇓
규칙 점수화	규칙 점수화	규칙 점수화
⇓	⇓	⇓
파라미터 튜닝	파라미터 튜닝	파라미터 튜닝

그림 9-6 일부 전통적인 기계 번역 시스템의 훈련 파이프라인은 각기 고유 모델이 있는 부분 작업을 연속하여 수행합니다(출처: 호앙Hoang 등, 2009). '예제: 신경망 기계 번역(8.5절)'에서 소개한 신경망 기계 번역 모델과 비교해 보세요.

폐쇄형 도메인 시스템 vs 개방형 도메인 시스템

폐쇄형 도메인 시스템closed-domain system은 해당 도메인에서 잘 동작하도록 최적화됩니다. 예를 들어 어떤 기계 번역 시스템은 생의학 저널에 잘 맞도록 최적화될 수 있습니다. 이는 생의학 말뭉치에서 훈련하는 것 이상의 작업을 포함합니다. 반면 개방형 도메인 시스템open-domain system은 범용적인 목적으로 사용합니다(예를 들면 구글 번역). 또 다른 예로 문서 레이블링 시스템을 생각해 보죠. (일반적으로) 사전에 정의된 클래스 중 하나만 예측한다면 폐쇄형 도메인 시스템에 속합니다. 하지만 실행 중에 새로운 클래스를 발견하도록 고안되었다면 폐쇄형 도메인 시스템입니다. 번역과 음성 인식 시스템 입장에서 폐쇄형 도메인 시스템을 '고정 어휘 사전limited vocabulary' 시스템이라고도 부릅니다.

단일 언어 시스템 vs 다중 언어 시스템

한 언어를 다루는 NLP 시스템을 **단일 언어 시스템**^{monolingual system}이라 부릅니다. 단일 언어 시스템을 만들고 최적화하기는 쉽습니다. 반면 **다중 언어 시스템**^{multilingual system}은 여러 언어를 다루는 목적으로 구축됩니다. 이런 시스템은 다른 언어의 데이터셋으로 훈련할 때 바로 작동할 것이라 기대할 수 있습니다. 다중 언어 시스템은 매력적이지만, 단일 언어 버전에도 장점이 있습니다. 연구자와 엔지니어는 해당 언어의 전문가와 많은 자료를 활용해서 고품질 시스템을 만들 수 있습니다. 따라서 일반적인 다중 언어 시스템에서는 달성하기 힘든 결과를 냅니다. 이런 이유로 최적화된 개별 단일 언어 시스템을 묶어 다중 언어 시스템을 구현하기도 합니다. 이 경우 입력이 시스템에 주입될 때 언어를 식별하는 구성 요소가 있습니다.

9.5 더 배울 것들

파이토치 같은 프레임워크와 딥러닝같이 빠르게 변화는 분야에서 일하는 것은 움직이는 땅 위에 집을 짓는 것과 같습니다. 독자들이 책에서 얻은 지식을 계속 넓혀갈 수 있도록 이 절에서 딥러닝, 파이토치, NLP에 관련된 자료를 몇 가지 제시하겠습니다.

이 책은 파이토치의 모든 기능을 다루지 않습니다. 파이토치 문서를 참고하고 파이토치 포럼에 참여하여 기술을 계속 연마하기를 추천합니다.[7]

- 파이토치 문서(*https://pytorch.org/docs*)
- 파이토치 포럼(*https://discuss.pytorch.org*)

딥러닝 분야에 대한 산업계와 학계의 활동이 매우 활발합니다. 대부분의 딥러닝 연구는 다음과 같은 여러 카테고리로 나뉘어 arXiv에 게재됩니다.

- 머신러닝(*https://arxiv.org/list/cs.LG/recent*)
- 계산과 언어(*https://arxiv.org/list/cs.CL/recent*)
- 인공지능(*https://arxiv.org/list/cs.AI/recent*)

---

7 옮긴이_ 파이토치 코리아 그룹(https://www.facebook.com/groups/PyTorchKR)에 가입하면 파이토치와 딥러닝에 관한 많은 정보를 얻을 수 있습니다.

NLP 분야의 새로운 연구를 따라잡는 가장 좋은 방법은 다음과 같은 학술 콘퍼런스에 참여하는 것입니다.

- ACL Association of Computational Linguistics
- EMNLP Empirical Methods in Natural Language Processing
- NAACL North American Association for Computational Linguistics
- EACL European chapter of ACL
- CoNLL Conference on Computational Natural Language Learning

이를 포함한 다양한 콘퍼런스와 워크숍, 중요한 NLP 뉴스에 관한 최신 정보를 얻으려면 *aclweb.org*를 추천합니다.

기본을 넘어 더 많은 것을 배우려면 연구 논문을 읽게 될지 모릅니다. 논문을 효율적으로 읽는 방법을 알면 도움이 될 것입니다. 제이슨 아이즈너 Jason Eisner의 글(*https://www.cs.jhu.edu/~jason/advice/how-to-read-a-paper.html*)에서 NLP 논문을 읽는 유용한 팁을 볼 수 있습니다.

마지막으로 깃허브(*https://github.com/rickiepark/nlp-with-pytorch*)에 이 책의 코드를 지속해서 업데이트하겠습니다.

9.6 참고 문헌

1. Alexander, Christopher. (1979). *The Timeless Way of Building*. Oxford University Press.

2. Dill, Ken A. et al. (2007). "Computational linguistics: A New Tool for Exploring Biopolymer Structures and Statistical Mechanics." *Polymer 48*.

3. Hoang, Hieu, Philipp Koehn, and Adam Lopez. (2009). "A Unified Framework for Phrase-Based, Hierarchical, and Syntax-Based Statistical Machine Translation." *Proceedings of IWSLT*.

4. Stein, Tao, Erdong Chen, and Karan Mangla. (2011). "Facebook Immune

System." SNS.

5. Green, Spence. (2014). "Mixed−Initiative Language Translation." PhD thesis, Stanford University.

6. Vaswani, Ashish, et al. (2017). "Attention Is All You Need." *Proceedings of NIPS*.

7. Ephrat, Ariel et al. (2018). "Looking to Listen: A Speaker−Independent Audio−Visual Model for Speech Separation." SIGGRAPH.

8. Peters, Matthew E., et al. (2018). "Deep Contextualized Word Representations." *Proceedings of NAACL−HLT*.

pororo를 사용한 한글 자연어 처리

2021년 초에 카카오브레인(*https://www.kakaobrain.com/*)에서 다양한 한글 자연어 처리 작업을 위한 pororo('뽀로로'라고 읽습니다)(*https://github.com/kakaobrain/pororo*) 파이썬 라이브러리를 릴리스했습니다. pororo 라이브러리는 BERT, Transformer 등 파이 토치로 구현된 최신 NLP 모델을 사용해 30여 가지의 자연어 처리 작업을 수행합니다. 여기에서는 이 중에 대표적인 작업 몇 가지를 알아보겠습니다. pororo 라이브러리가 수행할 수 있는 전체 작업 목록은 온라인 문서(*https://kakaobrain.github.io/pororo/index.html*)를 참고하세요.

pororo 라이브러리는 pip 명령으로 간단히 설치할 수 있습니다. 현재는 파이썬 3.6 버전 이상과 파이토치 1.6 버전(CUDA 10.1)을 지원합니다.

```
> pip install pororo
```

Pororo 클래스에 원하는 작업을 지정하여 작업에 맞는 클래스 객체를 얻는 방법으로 pororo 패키지를 사용합니다. 전체 작업 목록은 온라인 문서에 있으며 다음과 같이 available_tasks() 메서드를 호출하여 확인할 수 있습니다.

```
In[0]  from pororo import Pororo

       Pororo.available_tasks()
```

```
Out[0]  "Available tasks are ['mrc', 'rc', 'qa', 'question_answering',
        'machine_reading_comprehension', 'reading_comprehension', 'sentiment',
        'sentiment_analysis', 'nli', 'natural_language_inference', 'inference',
        'fill', 'fill_in_blank', 'fib', 'para', 'pi', 'cse',
        'contextual_subword_embedding', 'similarity', 'sts',
        'semantic_textual_similarity', 'sentence_similarity', 'sentvec',
        'sentence_embedding', 'sentence_vector', 'se', 'inflection',
        'morphological_inflection', 'g2p', 'grapheme_to_phoneme',
        'grapheme_to_phoneme_conversion', 'w2v', 'wordvec', 'word2vec', 'word_vector',
        'word_embedding', 'tokenize', 'tokenise', 'tokenization', 'tokenisation',
        'tok', 'segmentation', 'seg', 'mt', 'machine_translation', 'translation',
        'pos', 'tag', 'pos_tagging', 'tagging', 'const', 'constituency',
        'constituency_parsing', 'cp', 'pg', 'collocation', 'collocate', 'col',
        'word_translation', 'wt', 'summarization', 'summarisation',
        'text_summarization', 'text_summarisation', 'summary', 'gec',
        'review', 'review_scoring', 'lemmatization', 'lemmatisation', 'lemma', 'ner',
        'named_entity_recognition', 'entity_recognition', 'zero-topic', 'dp',
        'dep_parse', 'caption', 'captioning', 'asr', 'speech_recognition', 'st',
        'speech_translation', 'tts', 'text_to_speech', 'speech_synthesis', 'ocr',
        'srl', 'semantic_role_labeling', 'p2g', 'aes', 'essay', 'qg',
        'question_generation', 'age_suitability', 'wsd']"
```

A.1 광학 문자 인식

먼저 이미지에서 문자를 읽는 광학 문자 인식Optical Character Recognition 작업을 수행해 보겠습니다. 광학 문자 인식 작업을 수행하려면 Pororo 클래스에 task='ocr' 매개변수를 지정하여 객체를 만듭니다.

```
ocr = Pororo(task='ocr')
```

ocr 객체를 사용하는 방법은 간단합니다. 문자 인식을 하려는 이미지를 매개변수로 전달하면 됩니다. [그림 A-1]과 같은 책 표지 이미지를 사용해 보죠.[1]

----

1 옮긴이_ 이 이미지는 번역서 깃허브에서 다운로드할 수 있습니다(https://github.com/rickiepark/nlp-with-pytorch/raw/main/ocr-test.png).

그림 A-1 책 표지 이미지

```
In[0]  ocr('ocr-test.png')

Out[0] ['Machine Leaming with Python Cookbook 파이썬을 활용한 머신러닝 쿡북',
        '크리스 알본 지음 빅해선 옮김',
        "Introduction to Machine Learning with Pythan 안드레아스 뮐러.
         세라 가이도 지음 파이썬 라이브러리를 활용한 머신러닝 번역개정판 '해선 옮김",
        'Hands-On Machine Learning with Scikit-Learn, Keras & TensorFlow',
        "핸즈온 머신러닝 '] 오렐리앙 제롱 지음 박해선 옮김",
        'GANS 텐서플로 2.x와 케라스로 구축하는 야쿠프 란그르, 블라디미르 보크 지음
         GAN 인 액션 생성적 적대 신경망 박해선 옮김 INAGTION',
        '데이비드 포스터 지음 Generative 미술관에 GAN 딥러닝 실전 프로젝트
         Deep Learning 박해선 옮김']
```

『핸즈온 머신러닝』에서 세로로 쓰인 '2판'은 인식하지 못했고『GAN 인 액션』과『미술관에 GAN 딥러닝』에서는 행을 조금 혼동했지만 전반적으로 인식률이 높습니다.

광학 문자 인식 작업에 지원하는 언어는 영어와 한국어입니다. 지원하는 언어 목록은 pororo 패키지의 온라인 문서를 참고하세요. 현재 Pororo 클래스에서 사용할 수 있는 언어를 직접 확인할 수는 없습니다. 다만 다음처럼 SUPPORTED_TASKS 딕셔너리에 매핑된 광학 문자 인식 클래스의 get_available_langs() 정적 메서드를 호출하여 확인할 수 있습니다.

```
In[0]  from pororo.pororo import SUPPORTED_TASKS
SUPPORTED_TASKS['ocr'].get_available_langs()

Out[0] ['en', 'ko']
```

로컬에 있는 파일뿐만 아니라 URL을 전달할 수도 있습니다. [그림 A-2]와 같이 영어로 쓰인 표지판(*https://bit.ly/london-sign, Goldflakes, CC BY-SA 4.0*)을 인식해 보죠.

그림 A-2 영문 표지판

```
In[0]  ocr('https://bit.ly/london-sign', detail=True)

Progress: |████████████████████████████████████| 101.0% Complete

Out[0] {'description': ['Central London A4 (West End) alternative route for goods vehicles',
        '37n',
        'pm 6 am',
        'C. London (Westminster A3220 (A3212)'],
        'bounding_poly': [{'description': 'Central London A4 (West End) alternative
        route for goods vehicles',
        'vertices': [{'x': 98, 'y': 68},
         {'x': 330, 'y': 68},
         {'x': 330, 'y': 182},
         {'x': 98, 'y': 182}]},
        {'description': '37n',
```

```
        'vertices': [{'x': 174, 'y': 254},
          {'x': 232, 'y': 254},
          {'x': 232, 'y': 280},
          {'x': 174, 'y': 280}]},
        {'description': 'pm 6 am',
         'vertices': [{'x': 160, 'y': 328},
          {'x': 254, 'y': 328},
          {'x': 254, 'y': 356},
          {'x': 160, 'y': 356}]},
        {'description': 'C. London (Westminster A3220 (A3212)',
         'vertices': [{'x': 132, 'y': 380},
          {'x': 333, 'y': 380},
          {'x': 333, 'y': 469},
          {'x': 132, 'y': 469}]}]}
```

결과에서 알 수 있듯이 인식한 글씨를 이미지 구역에 따라 나누어 리스트로 반환합니다. 또한 **detail=True**로 지정하면 인식된 글자 구역의 왼쪽 위에서 시계 방향으로 사각형 모서리 좌표 4개를 반환합니다. pororo의 광학 인식 문자에 사용되는 OCR 모델은 내부 데이터와 AI hub 의 한국어 글자체 이미지 AI 데이터(*https://www.aihub.or.kr/aidata/133*)를 사용하여 훈련되었습니다.

A.2 이미지 캡셔닝

이미지 캡셔닝^{image captioning}은 이미지를 설명하는 텍스트를 만드는 작업입니다. pororo의 이미지 캡션은 한국어, 영어, 중국어, 일본어를 지원합니다. 지원하는 언어 목록을 확인해 보죠. 이미지 캡셔닝 작업은 'caption'으로 지정합니다.

```
In[0]  SUPPORTED_TASKS['caption'].get_available_langs()

Out[0] ['en', 'ko', 'zh', 'ja']
```

광학 문자 인식과 마찬가지로 task 매개변수를 'caption'으로 지정하고 lang='ko'로 지정하여 한글 캡션용 객체를 만들어 보겠습니다.

```
caption = Pororo(task='caption', lang='ko')
```

Pororo 클래스는 새로운 객체를 만들 때마다 사용할 모델을 다운로드하여 로드합니다. 다운로드된 데이터는 리눅스에서는 ~/.pororo 아래 저장되고 윈도우에서는 C:\\pororo 아래 저장하여 나중에 재사용합니다.

[그림 A-3]과 같은 이미지(*http://bit.ly/ny-timesquare, Terabass, CC BY-SA 3.0*)의 캡션을 만들어 보겠습니다.

그림 A-3 도시 이미지

```
In[0]  caption('http://bit.ly/ny-timesquare')

Out[0]  '높은 건물들이 가득 차 있는 도시 거리'
```

이번에는 캡션을 영어로 만들어 보겠습니다.

```
In[0]  caption = Pororo(task='caption', lang='en')

       caption('http://bit.ly/ny-timesquare')

Out[0] 'A city street filled with lots of tall buildings.'
```

각 작업이 사용하는 모델은 Pororo 클래스의 available_models() 정적 메서드에서 확인할 수 있습니다. 이 메서드를 호출할 때 task 매개변수에 작업 이름을 지정합니다.

```
In[0]  Pororo.available_models(task='caption')

Out[0] 'Available models for caption are ([lang]: en, [model]: transformer.base.
       en.caption), ([lang]: ko, [model]: transformer.base.en.caption), ([lang]:
       zh, [model]: transformer.base.en.caption), ([lang]: ja, [model]: transformer.
       base.en.caption)'
```

또는 앞에서와 같이 SUPPORTED_TASKS 딕셔너리 객체를 사용해 얻은 클래스의 get_available_ models() 메서드를 호출할 수도 있습니다.

```
In[0]  SUPPORTED_TASKS['caption'].get_available_models()

Out[0] {'en': ['transformer.base.en.caption'],
        'ko': ['transformer.base.en.caption'],
        'zh': ['transformer.base.en.caption'],
        'ja': ['transformer.base.en.caption']}
```

사용하는 모델 목록에서 볼 수 있듯이 이미지 캡셔닝은 트랜스포머 기반의 영어 모델만 사용합니다. 그 외 언어는 다음 절에서 설명할 기계 번역 모델을 사용해 번역합니다.

A.3 기계 번역

기계 번역 작업은 페이스북에서 만든 fairseq의 TransformerModel(*https://fairseq. readthedocs.io/en/latest/models.html#module-fairseq.models.transformer*) 모델을 사용합니다. 훈련은 내부 데이터를 사용했고 테스트 데이터는 Multilingual TED

Talk(*http://www.cs.jhu.edu/~kevinduh/a/multitarget-tedtalks/*) 데이터를 사용했습니다.

번역 작업은 'translation'이며 lang 매개변수는 multi로 지정하여 한국어, 영어, 일본어, 중국어를 번역할 수 있습니다. 또한 model 매개변수에 사용할 모델을 지정할 수 있습니다. 기본적으로 인코더와 디코더가 각각 6개의 층으로 이루어진 'transformer.large.multi.mtpg'을 사용합니다. 기본 모델을 사용해 기계 번역 객체를 만들어 보겠습니다.

```
mt = Pororo(task='translation', lang='multi')
```

한국어 샘플 텍스트를 영어로 번역해 보겠습니다. 원본 텍스트의 언어는 src에 지정하고 번역하려는 타깃 언어는 tgt에 지정합니다. 지정할 수 있는 옵션은 앞에서 언급한 언어 4개('ko', 'en', 'ja', 'zh')입니다.

In[0]   text1 = '퍼서비어런스(Perseverance)는 화성 탐사차로 2020년 7월 30일 발사하여 2021년 2월 18일 화성에 착륙하였다. 화성의 생명체 거주 여부, 화성의 고대 환경 조사, 화성 지표의 역사 등을 밝히는 것이 이 탐사선의 목표다. 더불어 중요한 목표는 미래의 인류가 화성을 유인 탐사할 때 위험한 것이 없는지 탐색하고, 대기의 조성을 알려주어 미래의 기지를 건설하는 데 도움을 주는 것이다. 또 인간이 어떤 조건으로 착륙해야 되는지 등을 탐색한다. 예산은 원래 15억 달러를 배정했는데, 지금은 더 늘어나서 25억 달러다. 특이사항으로는 인사이트가 마스 큐브 원과 화성에 함께 갔던 것과 비슷하게 인제뉴어티와 함께 발사되었다. 또한 큐리오시티의 디자인을 많이 재사용했다. 따라서 새로운 기술보다는 이전 로버들의 좋은 점을 합친 것이라고 보면 된다. 참고로, 마스 2020(Mars 2020)은 퍼서비어런스와 인제뉴어티 드론 헬리콥터를 포함한, NASA의 화성 지표면 로봇 탐사 계획의 명칭이다. 최초로 화성의 바람소리를 녹음했다.'

         mt(text1, src='ko', tgt='en')

Out[0]   "Perseverance was launched on July 30, 2020 by a Mars exploration vehicle and
         landed on Mars on February 18, 2021. The probe's goal is to reveal whether
         Mars lives, the ancient environmental survey of Mars, and the history of Mars'
         indicators. In addition, the important goal is to explore whether there is any
         danger when future humans attract Mars, and to inform the creation of the
         atmosphere to help build a future base. We also explore what conditions humans
         should land on. The budget originally allocated $1.5 billion, which is $2.5
         billion now. In particular, the Internet was launched with Inje New York,
         similar to the fact that Insight went to Mars Cube One and Mars. It also reused
         many of the design of Curio City. Therefore, it can be seen as a combination of

```
the good points of the previous Roberts rather than the new technology. By
reference, Mars 2020 is the name of the NASA's Mars surface robot exploration
plan, including the Parseverance and the International New York drone
helicopter. For the first time, I recorded the wind of Mars."
```

몇몇 번역 오류가 있지만 번역 결과는 대체로 좋습니다.

기본 모델 외에 성능을 약간 희생하면서 2배 정도 빠른 속도를 내는 'transformer.large.
multi.fast.mtpg' 모델을 지정할 수 있습니다. 이 모델은 인코더 층 12개와 디코더 층 1개로
이루어집니다. 이 모델을 사용해 앞에서와 같은 텍스트를 번역해 보죠.

```
In[0]  mt_fast = Pororo(task='translation', lang='multi', model='transformer.large.
       multi.fast.mtpg')

       mt_fast(text1, src='ko', tgt='en')
```

```
Out[0] "Perseverance was launched on July 30, 2020 and landed on Mars on February
       18, 2021. The probe's goal is to reveal whether Mars lives in life, the ancient
       environmental survey of Mars, and the history of Mars indicators. In addition,
       an important goal is to explore whether there is anything dangerous when
       investigating Mars, and inform the creation of the atmosphere to help build
       a future base. It also explore what conditions humans have to land. The budget
       was originally allocated $1.5 billion, which is now increasing further and
       $2.5 billion. In particular, Insight was launched with Inje New Art, similar
       to the fact that Insight went with Mas Cube One and Hwaseong. Also, the design
       of Curio City has been reused. Therefore, you can see that it combines the
       good points of previous Robert rather than new technologies. For reference,
       Mas 2020 (Mars 2020) is the name of NASA's Mars surface robot exploration
       plan, including Per-subarance and Inje Newarty drone helicopter. For the first
       time, I recorded the wind of Mars."
```

이제 조금 더 재미있는 작업인 텍스트 요약을 다루어 보겠습니다.

A.4 텍스트 요약

텍스트 요약text summarization은 비교적 긴 텍스트를 짧은 문장 몇개로 압축하여 표현하는 작업입니
다. pororo는 텍스트 요약용 모델을 3개 제공합니다.

먼저 abstractive 모델은 텍스트 내용을 완전한 문장 하나로 요약합니다. 이 모델은 SKT에서 개발한 KoBART(*https://github.com/SKT-AI/KoBART*) 모델을 사용합니다. 학습에 사용한 데이터는 데이콘^{DACON}의 문서 추출요약 경진 대회 데이터(*https://dacon.io/competitions/official/235671/data/*)와 AI 허브에서 공개한 AI 학습용 데이터(*https://www.aihub.or.kr/node/9176*)입니다.

task='summary'로 지정하여 텍스트 요약 작업임을 알리고 lang='ko'로 지정합니다. 현재 텍스트 요약 작업은 한글만 지원합니다. 이제 abstractive 모델을 사용해 보죠.

```
In[0]  abs_summ = Pororo(task='summary', lang='ko', model='abstractive')

       abs_summ(text1)
```

```
Out[0]  '미래의서비어런스는 화성의 생명체 거주 여부, 화성의 고대 환경 조사,
        화성 지표의 역사 등을 밝히는 것이 목표이며 미래의 인류가 화성을 유인 탐사할
        때 위험한 것이 없는지 탐색하고, 대기의 조성을 알려주어 미래의 기지를 건설하는
        데 도움을 주는 역할을 수행한다.'
```

꽤 잘 요약되었습니다. 이번에는 bullet 모델을 사용해 보겠습니다. 이 모델은 텍스트를 짧은 문장 몇 개로 요약합니다.

```
In[0]  bul_summ = Pororo(task='summary', lang='ko', model='bullet')

       bul_summ(text1)
```

```
Out[0]  ['NASA 화성 지표면 로봇 탐사 계획', ' 퍼서비어런스, 인제뉴어티 드론 헬리콥터
        포함']
```

텍스트 요약 작업 시 텍스트 여러 개를 파이썬 리스트로 만들어 전달하면 한 번에 여러 텍스트를 요약할 수 있습니다. 예시로 두 번째 텍스트 샘플을 만들어 text1과 함께 전달해 보겠습니다.

```
In[0]  text2 = "알로사우루스(라틴어: Allosaurus)는 후기 쥐라기(1억 5600만 년 전 ~ 1억
        4500만 년 전)를 대표하는 큰 육식공룡이다. 알로사우루스라는 학명의 어원은 고대
        그리스어 (그리스어: αλλοσαυρος)인데, 이 말은 '특이한 도마뱀'이라는 뜻으로,
```

한자표기 이특룡(異特龍)은 여기서 비롯되었다. 미국의 고생물학자 오스니얼 찰스 마시가 알로사우루스속 화석을 처음으로 기재했다. 수각류 공룡 중 비교적 초기에 알려진 공룡 중 하나로, 그동안 여러 영화나 다큐멘터리에도 많이 등장했다. 알로 사우루스는 짧은 목에 큰 머리, 긴 꼬리와 짧은 앞다리를 가진 전형적으로 거대한 수각류 공룡이다. 생존 당시에는 대형 포식자로서 먹이사슬의 최고점에 있었다. 보통 아성체나 소형 용각류, 조각류, 검룡류와 같은 대형 초식공룡을 사냥했을 것 으로 추정된다. 아성체나 소형 용각류 등을 사냥할 때 무리를 지어 조직적으로 사 냥했다는 추정이 있지만, 이들이 사회적이라는 증거는 많지 않으며 심지어 자신들 끼리 싸움을 했을 수도 있다. 매복하다가 입을 크게 벌리고 윗턱을 손도끼 내리치 듯이 가격해 큰 사냥감을 잡았을 것으로 생각된다."

```
bul_summ([text1, text2])
```

Out[0] [['NASA 화성 지표면 로봇 탐사 계획', ' 퍼서비어런스, 인제뉴어티 드론 헬리콥터 포함'],
['짧은 목에 큰 머리, 긴 꼬리, 짧은 앞다리', ' 후기 쥐라기 대표하는 큰 육식공룡']]

이번에는 텍스트에서 가장 중요한 문장 3개를 추출하는 **extractive** 모델을 사용해 보겠습 니다. 이 모델은 페이스북의 RoBERTa(*https://ai.facebook.com/blog/roberta-an-optimized-method-for-pretraining-self-supervised-nlp-systems/*) 모델을 앞에서 언급한 말뭉치에서 훈련시켜 사용합니다.

```
In[0]  ext_summ = Pororo(task='summary', lang='ko', model='extractive')
       ext_summ(text1)
```

Out[0] '퍼서비어런스(Perseverance)는 화성 탐사차로 2020년 7월 30일 발사하여 2021년 2월 18일 화성에 착륙하였다. 화성의 생명체 거주 여부, 화성의 고대 환경 조사, 화성 지표의 역사 등을 밝히는 것이 이 탐사선의 목표다. 참고로, 마스 2020(Mars 2020) 은 퍼서비어런스와 인제뉴어티 드론 헬리콥터를 포함한, NASA의 화성 지표면 로봇 탐사 계획의 명칭이다.'

마찬가지로 여러 문장을 리스트로 묶어서 전달할 수 있으며 return_list=True로 지정하면 추 출한 문장 3개를 리스트로 만들어 반환합니다.

```
In[0]  ext_summ([text1, text2], return_list=True)
```

Out[0] [['퍼서비어런스(Perseverance)는 화성 탐사차로 2020년 7월 30일 발사하여 2021년 2월 18일 화성에 착륙하였다.',

'화성의 생명체 거주 여부, 화성의 고대 환경 조사, 화성 지표의 역사 등을 밝히는 것이 이 탐사선의 목표다.',
'참고로, 마스 2020(Mars 2020)은 퍼서비어런스와 인제뉴어티 드론 헬리콥터를 포함한, NASA의 화성 지표면 로봇 탐사 계획의 명칭이다.'],
['알로사우루스(라틴어: Allosaurus)는 후기 쥐라기(1억 5600만 년 전 ~ 1억 4500만 년 전)를 대표하는 큰 육식공룡이다.',
'알로사우루스는 짧은 목에 큰 머리, 긴 꼬리와 짧은 앞다리를 가진 전형적으로 거대한 수각류 공룡이다.',
'생존 당시에는 대형 포식자로서 먹이사슬의 최고점에 있었다.']]

A.5 감성 분석

감성 분석sentiment analysis은 텍스트를 긍정과 부정으로 분류하는 작업입니다. pororo는 페이스북의 RoBERTa 모델을 네이버 쇼핑 리뷰 데이터셋(*https://github.com/bab2min/corpus/tree/master/sentiment*)과 네이버 영화 리뷰 데이터셋(*https://github.com/e9t/nsmc*)에서 훈련한 모델을 제공합니다. 또한 일본어를 지원하는 모델도 제공합니다.

먼저 네이버 쇼핑 리뷰 데이터셋에서 훈련한 모델(model='brainbert.base.ko.shopping')을 사용해 보죠. 이 모델은 네이버 쇼핑 리뷰 데이터셋에서 약 95%의 정확도를 달성했습니다.

```
In[0]   sa_shop = Pororo(task='sentiment', model='brainbert.base.ko.shopping',
        lang='ko')

        sa_shop('정말 혼자 공부하기 너무 좋은 머신러닝 독학 책')


Out[0]  'Positive'
```

일반적인 텍스트의 감성은 쉽게 분류합니다. 하지만 비유적인 표현은 쉽게 감지하기 어렵습니다. 아래 텍스트는 달팽이에 비유하여 느린 배송 속도를 비꼬는 말이지만 긍정적으로 분류했습니다.

```
In[0]   sa_shop('달팽이 같은 놀라운 배송 속도')

Out[0]  'Positive'
```

쇼핑 리뷰 데이터를 사용해 훈련했기 때문에 비교적 쇼핑과 관련된 텍스트에 담긴 감정은 잘 잡아내지만, 영화 리뷰에서는 그렇지 못합니다. 다음 예를 살펴보죠.

```
In[0]  sa_shop('택배 속도 놀랍군')

Out[0] 'Positive'

In[1]  sa_shop('반전을 거듭하는데 와..')

Out[1] 'Negative'
```

이번에는 네이버 영화 리뷰 데이터셋에서 훈련한 모델을 사용해 보겠습니다. `model='brainbert.base.ko.nsmc'`로 지정합니다. 이 모델은 네이버 영화 리뷰 데이터셋에서 약 90%의 정확도를 냈습니다.

```
sa_movie = Pororo(task='sentiment', model='brainbert.base.ko.nsmc', lang='ko')
```

앞에서와 같은 예를 적용해 보죠. 여기에서는 반대로 영화와 관련된 감정은 잘 감지하지만 택배에 관해서는 그렇지 못합니다.

```
In[0]  sa_shop('택배 속도 놀랍군')

Out[0] 'Negative'

In[1]  sa_shop('반전을 거듭하는데 와..')

Out[1] 'Positive'
```

A.6 자연어 추론

자연어 추론natural language inference (NLI)은 두 문장 사이의 관계가 함의entailment, 모순contradiction, 중립neutral인지 추론합니다. pororo에서 자연어 추론 작업은 'nli'로 지정하며 RoBERTa 구조를 사용해 한국어, 영어, 일본어, 중국어 데이터셋에서 훈련한 모델을 제공합니다.

```
In[0]  SUPPORTED_TASKS['nli'].get_available_langs()

Out[0] ['en', 'ko', 'ja', 'zh']
```

lang='ko'로 지정하여 간단한 한국어 문장을 추론해 보겠습니다.

```
nli = Pororo(task='nli', lang='ko')
```

아래 3개의 예에서 처음 2개는 함의, 모순 관계를 잘 감지했습니다. 하지만 마지막 3번째 예는 함의가 아니라 중립으로 출력되었습니다. 이 모델은 두 문장의 인과 관계를 감지하기 쉽지 않아 보입니다.

```
In[0]  nli('비가 온다', '날씨가 우중충하다')

Out[0] 'Entailment'

In[1]  nli('비가 온다', '구름 사이로 햇살이 비친다')

Out[1] 'Contradiction'

In[2]  nli('비가 온다', '옷이 비에 젖다')

Out[2] 'Neutral'
```

다음 절에서는 자연어 추론과 관계가 깊은 제로샷 토픽 분류를 알아보겠습니다.

A.7 제로샷 토픽 분류

마지막으로 제로샷 토픽 분류zero-shot topic classification 작업을 알아보겠습니다. 제로샷 토픽 분류는 주어진 텍스트를 훈련에서 사용하지 않은 처음 본 클래스 레이블에 할당할 수 있습니다. 제로샷 토픽 분류 작업은 'zero-topic'으로 지정하며 자연어 추론과 마찬가지로 한국어, 영어, 중국어, 일본어를 지원합니다. 먼저 제로샷 토픽 분류에 사용할 객체를 만들어 보겠습니다.

```
zsl = Pororo(task="zero-topic", lang='ko')
```

zsl 객체를 호출할 때 분류하려는 대상 문장을 첫 번째 매개변수로 전달하고 분류 토픽 리스트를 두 번째 매개변수로 전달합니다. 예를 들면 다음과 같습니다.

```
In[0]  zsl('손흥민이 골을 넣었다', ['정치', '사회', '스포츠', '연예'])

Out[0] {'정치': 1.89, '사회': 10.9, '스포츠': 91.69, '연예': 37.32}
```

출력 결과를 보면 '스포츠' 점수가 높게 나왔으므로 올바르게 분류가 되었습니다. 사실 제로샷 토픽 분류는 이전에 살펴본 자연어 처리 모델을 사용합니다.

먼저 "손흥민이 골을 넣었다"와 "이 문장은 정치에 관한 것이다"라는 두 문장의 자연어 추론을 수행합니다. 그다음 나머지 '사회', '스포츠', '연예' 레이블에 대해서도 같은 작업을 반복하여 자연어 추론을 4번 수행합니다. 각 수행 결과에서 중립을 빼고 모순과 함의 결과를 소프트맥스 함수에 통과시켜 확률로 변환합니다. zsl 객체가 반환한 결과는 이렇게 각 레이블에 대해 수행한 후 얻은 함의에 대한 확률값입니다.

제로샷 토픽 분류가 자연어 이해를 사용하므로 토픽에 국한하지 않고 첫 번째 문장이 어떤 상황에 관한 문장인지를 파악하는 데 사용할 수도 있습니다.

```
In[0]  zsl('손흥민이 골을 넣었다', ['공격', '수비', '승리', '패배', '경기', '실수'])

Out[0] {'공격': 88.43, '수비': 18.86, '승리': 94.84, '패배': 4.25, '경기': 85.46,
        '실수': 24.96}
```

제로샷 토픽 분류는 한글 이외의 언어에서는 결과를 잘못 반환하는 버그가 있습니다. 자세한 내용은 깃허브 이슈(*https://github.com/kakaobrain/pororo/issues/52*)를 참고하세요.

지금까지 pororo를 사용한 다양한 한글 처리 작업을 수행해 보았습니다. 이 라이브러리에 관한 더 자세한 내용은 깃허브와 온라인 문서를 참고하세요.

연습문제 정답 및 풀이

B.1 1장 연습문제 정답 및 풀이

1. 2D 텐서를 만들고 차원 0 위치에 크기가 1인 차원을 추가하세요.

```
a = torch.rand(3, 3)
a.unsqueeze(0)
```

문제 해설: unsqueeze() 메서드는 음수 인덱스(−1이 마지막 인덱스를 나타냅니다)를 받을 수 있습니다. 따라서 a.unsqueeze(0)는 a.unsqueeze(-3)와 같은 결과를 반환합니다. unsqueeze() 메서드와 이와 반대로 추가된 차원을 제거하는 squeeze() 메서드는 뷰 텐서를 반환합니다.

2. 이전 텐서에 추가한 차원을 삭제하세요.

```
a.squeeze(0)
```

문제 해설: squeeze() 메서드는 크기가 1인 차원을 삭제합니다. 삭제할 차원을 지정하지 않으면 크기가 1인 모든 차원을 제거합니다.

3. 범위가 [3, 7)이고 크기가 5x3인 랜덤한 텐서를 만드세요.

```
3 + torch.rand(5, 3) * (7 - 3)
```

4. 정규 분포(평균=0, 표준편차=1)를 사용해 텐서를 만드세요.

```
a = torch.rand(3, 3)
a.normal_()
```

5. 텐서 torch.Tensor([1, 1, 1, 0, 1])에서 0이 아닌 원소의 인덱스를 추출하세요.

```
a = torch.Tensor([1, 1, 1, 0, 1])
torch.nonzero(a)
```

문제 해설: nonzero() 함수는 0이 아닌 값의 인덱스를 각 행에 담은 2차원 텐서를 반환합니다. as_tuple=True로 지정하면 1차원 텐서에 인덱스를 담아 반환합니다. 0이 아닌 값의 개수를 계산하려면 count_nonzero() 함수를 사용하세요.

6. 크기가 (3, 1)인 랜덤한 텐서를 만들고 네 벌을 복사해 쌓으세요.

```
a = torch.rand(3, 1)
a.expand(3, 4)
```

문제 해설: expand() 메서드는 크기가 1인 차원을 지정한 크기로 늘립니다. 이때 반환된 텐서는 뷰 텐서입니다. 즉 늘어난 영역이 새로운 메모리 공간을 점유하지 않습니다. 바뀌지 않을 차원을 -1로 지정할 수 있습니다. 따라서 a.expand(-1, 4)로 쓸 수 있습니다.

7. 2차원 행렬 두 개(a=torch.rand(3,4,5), b=torch.rand(3,5,4))의 배치 행렬 곱셈[batch matrix-matrix product]을 계산하세요.

```
a = torch.rand(3, 4, 5)
b = torch.rand(3, 5, 4)
torch.bmm(a, b)
```

문제 해설: 배치 행렬 곱셈은 첫 번째 차원을 배치 차원으로 인식하는 행렬 곱셈입니다. 따라서 (b×n×m) 크기 텐서와 (b×m×p) 크기 텐서를 배치 행렬 곱셈하면 (b×n×p) 크기 텐서가 출력됩니다. 이때 두 텐서의 배치 차원 크기는 같아야 합니다.

8. 3차원 행렬(a=torch.rand(3,4,5))과 2차원 행렬(b=torch.rand(5,4))의 배치 행렬 곱

셈을 계산하세요.

```
a = torch.rand(3, 4, 5)
b = torch.rand(5, 4)
torch.bmm(a, b.unsqueeze(0).expand(a.size(0), *b.size()))
```

문제 해설: 배치 차원을 맞추려고 b 텐서의 맨 앞에 차원을 추가하고 a 텐서의 첫 번째 차원 크기만큼 늘렸습니다. 이 대신 텐서 크기에 맞도록 자동으로 브로드캐스팅broadcasting해주는 텐서 점곱product 연산인 matmul() 함수를 사용할 수 있습니다. torch.matmul(a, b)이 위와 같은 결과를 반환합니다.

INDEX

INDEX

INDEX

INDEX

INDEX